创新创业理论与实践教学系列教材

创新创业理论与实践

主　编　雷宏振
副主编　李华敏　杨　娜

CHUANGXIN
CHUANGYE
LILUN YU SHIJIAN

Theory and Practice of Innovation and Entrepreneurship

高等教育出版社·北京

内容提要

本书是创新创业理论与实践教学系列教材之一。

全书分为五大部分，分别介绍了创新创业理论与实践课程设计、创新创业理论、基于 Blackboard 的创新创业理论与实践平台、创新创业理论与实践习题、创新创业理论与实践案例分析。

本书内容翔实，层次性强，理论知识丰富，配有相应的习题与案例，可作为高等学校创新创业教育教学用书。

图书在版编目(CIP)数据

创新创业理论与实践 / 雷宏振主编. —北京：高等教育出版社，2017.9

ISBN 978-7-04-048043-6

Ⅰ. ①创… Ⅱ. ①雷… Ⅲ. ①创业－高等学校－教材 Ⅳ. ①F241.4

中国版本图书馆CIP数据核字(2017)第180430号

策划编辑 刘自挥 **责任编辑** 刘自挥 张正阳 **封面设计** 张文豪 **责任印制** 高忠富

出版发行	高等教育出版社	**咨询电话**	400-810-0598
社　　址	北京市西城区德外大街4号	**网　　址**	http://www.hep.edu.cn
邮政编码	100120		http://www.hep.com.cn
印　　刷	上海天地海设计印刷有限公司		http://www.hep.com.cn/shanghai
开　　本	787mm×1092mm 1/16	**网上订购**	http://www.landraco.com
印　　张	14.25		http://www.landraco.com.cn
字　　数	304千字	**版　　次**	2017年9月第1版
购书热线	021-56717287	**印　　次**	2017年9月第1次印刷
	010-58581118	**定　　价**	30.00元

物 料 号 48043-00

本书获陕西师范大学创新创业课程群建设
重大委托专项课题支持

前言

自从1934年制度经济学家熊彼特提出创新是经济增长的持续动力以来，经济学家对创新理论的研究不断深化，爱得温·曼斯菲尔德在20世纪60年代初提出了技术创新及模仿，戴维斯和诺斯提出制度创新，创新与创业日益成为经济学界和管理学界乃至科学界的重要视角和着眼点。诺贝尔经济学奖得主埃德蒙德·菲尔普斯曾提到中国经济新引擎将带来的“非物质性好处”，他说：“如果大多数中国人，因为从事挑战性工作和创新事业获得成就感，而不是通过消费得到满足的话，结果一定会非常美好。”

2013年，纽约的一位高科技创业者丹尼尔·古拉蒂(Daniel Gulati)将他的创业经验写成《激情与目的：最优秀、最聪明的青年商业领袖的故事》一书，书中详细介绍了如何发挥自身优势、综合利用各种资源和优势进行创业，使得全球不同地区和不同领域的创业浪潮再度兴起。创新与创业正在成为21世纪新的工作方式、就业方式、生活方式，人们之间的关系和社会组织等领域也将随着这一系列新方式而产生巨大的变化。

不仅如此，创新与创业也正在成为各个国家推动社会经济可持续发展、提升竞争能力的重要战略选择。2013年10月21日，习近平在欧美同学会成立一百周年庆祝大会上的讲话中指出，“创新是一个民族进步的灵魂，是一个国家兴旺发达的不竭动力，也是中华民族最深沉的民族禀赋。在激烈的国际竞争中，唯创新者进，唯创新者强，唯创新者胜”。2013年11月8日，习近平在致全球创业周中国站活动组委会的电文中指出，青年是国家和民族的希望，创新是社会进步的灵魂，创业是推动经济社会发展、改善民生的重要途径。青年学生富有想象力和创造力，是创新创业的有生力量。希望广大青年学生把自己的人生追求同国家发展进步、人民伟大实践紧密结合起来，刻苦学习，脚踏实地，锐意进取，在创新创业中展示才华、服务社会。2015年12月18日，习近平在中央经济工作会议上的讲话中强调，“要坚持创新驱动，推动产学研结合和技术成果转化，强化对创新的激励和创新成果应用，加大对新动力的扶持，培育良好创新环境。”2014年9月的夏季达沃斯论坛上，李克强发出“大众创业、万众创新”的号召，提出要在960万平方公里土地上掀起“大众创业”“草根创业”的新浪潮，形成“万众创新”“人人创新”的新势态。2015年10月19日，李克强在给首届中国“互联网+”大学生创新创业大赛总决赛的批示中指出，大学生是实施创新驱动发展战略和推进大众创业、万众创新的生力军，既要认真扎实学习、掌握更多知识，也要投身创新创业、提高实践能力。在之后的考察中，李克强经常与当地年轻的“创客”会面，他希望能激发民族的创业精神和创新基因。2015年6月11日，国务院以国发〔2015〕32号文件印发《关于大力推进大众创业万众创新若干政策措施的意见》，提出了创新创业的总体思路和协同机制，即创新体制机制，实现创业便利化；优化财税政策，强化创业扶持；搞活金融市场，实现便捷融资；扩大创业投资，支持创业起步成长；发展创业服务，构建创业生态；建设创业创新平台，增强支撑作用；激发创造活力，发展创新型创业；拓展城乡创业渠道，实现创业带动就业并在30个方面明确了96条政策措施。2015年3月13日，国务院办公厅以国办发〔2015〕36号文件印发《关于深化高等学校创新创业教育改革的实施意见》，基于当前高校创新创业现状，提出了健全创新创业教育课程体系、改革教学方法和考核方法、强化创新创业实践等一系列任务和措施。要求高等院校要面向全体学生开发开设研究方法、学科前沿、创业基础、就业创业指导等方面的必修课和选修课，纳入学分管理，建设依次递进、有机衔接、科学合理的创新创业教育专门课程群。各地区、各高校要加快创新创业教育优质课程信息化建设，推出一批资源共享的慕课、视频公开课等在线开放课程。建立在线开放课程学习认证和学分认定制度。组织学科带头人、行业企业优秀人才，联合编写具有科学性、先进性、适用性的创新创业教育重点教材。并要求通过构建各种教学实践平台以及举办创新创业大赛开展创新创业实践。

在国家创新创业战略引领下，根据教育部关于创新创业课程教育的总体部署，在陕西师范大学积极支持和推动下，2016年9月由国际商学院教学团队开发的陕西师范大学通识教育必修课“创新创业理论与实践”的课程面向2015级全体学生成功同时开设，该课程的开设不仅对全校创新创业教育建设产生了很大影响，而且在该课程设计理念指导下，对省内外高校也起到了一定辐射作用。目前，创新创业理论与实践课程建设成效日益显著，社会影响也在不断扩大。2016年10月14日，教育部全国高校教师网络培训中心召开主题为“互联网＋创新创业教育的教学实践与案例”培训会议，陕西师范大学通识教育必修课“创新创业理论与实践”团队负责人国际商学院雷宏振教授和李华敏副教授被聘请为培训主讲专家，分别作了“基于O2O的高校大规模在线创新创业公共必修课建设与运行管理”和“创造性思维、创业灵感激发与案例分析”的专题报告，详细介绍了陕西师范大学通识教育必修课“创新创业理论与实践”的教学设计和运行管理。讲授在线下和线上同时进行，并与全国各地高校线上参加培训的老师进行了互动交流，受到了各地高校老师的广泛关注，达到了良好效果。2016年11月，由陕西省教育厅和西北地区高等学校教师教学发展中心联盟联合主办、西安电子科技大学教师教学发展中心承办的“西北地区高校创新创业教育师资高级研修班”在西安电子科技大学北校区成功举办。来自西北地区50余所高校的200余名教师参加了此次研修班，课程负责人雷宏振教授作了“基于O2O的高校大规模在线创新创业公共必修课建设与运行管理”专题报告，获得强烈反响；随后在2016年11月海南省教育厅举办的“海南省高校青年教师创新创业教育能力提升培训班”，雷宏振教授介绍了创新创业基础课程的设计理念和教学方法，进一步扩大了本课程在全国高校的影响。2017年5月13日，在教育部西北高校教师培训中心举办的“互联网＋创新创业教育的教学实践与案例分析”会议上，陕西师范大学通识教育必修课“创新创业理论与实践”被作为一个经典课程案例进行了专题介绍。

本教材由雷宏振任主编，李华敏、杨娜任副主编，同时丁越兰、张淑惠、尹海员、杨博参与了本教材的编写。本教材是在陕西师范大学通识教育必修课“创新创业理论与实践”课程建设的基础上开发出来的课程配套教材。教材首先从创新创业创意创造、创新创业市场分析、创新创业团队组织与管理、创新创业金融、创新创业计划书编写等方面比较全面系统地介绍了基于课程学习的创新创业理论知识体系；其次介绍了如何通过“创新创业O2O学习支撑平台”及系统的功能开展线下和线上学习与考核，并构建起基于在线团队的创新创业计划设计，这不仅是该课程也是本教材的重要特色和创新之处。此外，为方便学习者抓住每一部分创新创业理论的知识点，专门开辟了一部分内容，针对不同的理论部分就需要重点理解和掌握的内容和原理进行答疑解惑。最后，本教材还提供了一些典型案例给读者参考，以促进创新创业理论知识学习和创新创业设计的有机结合。

编 者

2017年7月

目　录

第1部分 创新创业理论与实践课程设计

第 1 章
“基于 O2O 的创新创业理论与实践”课程理念及设计

1.1 课程目标、性质、对象及特色

创新创业理论与实践课程是专门面向高校学生创新创业能力和素质而设计开发的，为了确保该课程能够满足创新创业教育理念，实现课程任务，首先需要建立明确的课程目标、课程性质、课程对象及课程特色。

1.1.1 课程目标

本课程旨在坚持创新引领创业、创业带动就业，主动适应经济发展新常态的原则，把创新创业教育作为推进高等教育综合改革的突破口，激发学生的创新思维、创业意识，培养学生的创新精神和勇于投身实践的创新创业能力。

通过创新与创业理论和实践能力的培养，使得学生具备创新性思维和探索精神，提高沟通能力、写作能力、策划设计能力、计划能力、组织能力、领导能力和团队合作能力等。

1.1.2 课程性质

按照国务院办公厅《关于深化高等学校创新创业教育改革的实施意见》和教育部创新创业教育的总体部署，高等院校本科生的“创新创业教育”应该包括两部分：一是与专业教育相结合的渗透式课程；二是建立专门的创新创业教育课程。本课程是根据第二部分要求建立起来的专门的创新创业教育课程。本课程是全校各专业学生的公共必修课程，在各专业教学计划中可以列入通识教育必修课程模块，也可列入实践技能模块作为实践技能必修课程。

1.1.3 课程对象

本课程的教学对象是大学各专业二年级学生，建议在二年级第一学期开设，同时为了结合这门创新创业理论与实践的综合必修课程，可以开设一些相关的选修课程作为支撑性课程，帮助学生基于本课程进一步在相关方面深化或者拓展个人兴趣。

1.1.4 课程特色

本课程采取创新教学模式，采取“四个结合”开展教学与组织：

(1) 线上与线下学习结合(online to offline)。本课程作为基于“O2O”的创新创业理论与实践课程，其首要特色在于学生的学习通过线上观看视频、参与讨论、阅读案例、创业设计与线下参加创业论坛、创业报告、创业讲座相结合的方式完成创业相关知识的学习，学习内容丰富。线上学习方式基于课程 APP 和 Blackboard 教学平台进行，线下学习方式通过大课堂讲授和论坛等面对面形式进行。

(2) 课内与课外学习结合(in class to out class)。为了有效地实现课程目标，体现创业创新教育的特殊性，本课程不局限于简单的封闭性课堂学习，学生在学习中既可以选择课堂学习，也可选择网络视频学习，学习方式多样化。

(3) 知识传授与行动计划相结合(knowledge to practice)。本课程将传统的教学理念与教学方式和当前国际上最新的教学理念和方式相结合，改变以往简单的课堂讲授模式，开创大规模反转课堂模式，即在系统讲授创新创业知识的基础上，激发学生的创新创业激情，并借助在线网络平台实现学生与专业教学团队老师的互动沟通交流，并能够组建团队撰写创业计划书。

(4) 校内与校外教学相结合(school to social)。为了充分体现创新创业理论实践的理论性和实践性，本课程在专业教师讲述理论知识的基础上，引入校内外创新创业成功人士建立企业家论坛，以座谈、沙龙等形式带给学生丰富的创新创业实践，即课程主讲老师分别由校内老师和校外成功创业者担任，既有理论、知识点的讲授，也有实践经验传授，拓展学生的思维与意识。

1.2 课 程 计 划

创新创业理论与实践课程是基于“O2O”的线上线下相结合的大规模混合课堂教学创新课程，并引用现代教育理念和反转教学方式，为了让学生对该课程的学习有一个清晰的认识，需要对课程计划作进一步明晰。

1.2.1 课程计划学时及学分

本课程计划 36 学时，2 学分，课程开设时间为各专业学生的第三学期。

1.2.2 授课形式与学时安排

创新创业理论与实践课程分为五个大的模块，采取灵活多样的授课形式和学习方式：第一个模块为创新创业理论知识模块，通过这个模块主要学习创新创业基本理论，为创业设计能力提供基本的支持。第二个模块为创新创业成功人士经验分享模块，主要通过邀请校内外创新创业方面的成功人士，在课堂上和同学们分享他们的成功经验，以增强对创新创业的感性认识。第三个模块为创新创业企业家论坛模块，主要邀请在不同领域有竞争力的企业家就创新创业方面的现实问题以及做法结合当前的市场环境进行分析和探讨。第四个模块为国内外创新创业案例分析模块，主要由专业教师选择国内外成功的典型创新创业案例进行案例分析。第五个模块为创新创业设计模块，这个模块是专门由学生在线通过组建创新创业设计小组完成的，为了支持在线设计，由课程组老师作为专业指导团队进行在线指导。

(1) 创新创业总体课程计划如表 1-1 所示。

表 1-1　总体课程计划表

授课内容	授课形式	授课教师	授课次数	计划学时	说　　明
创新与创业理论	课堂	校内老师	5	10	● 学生可根据教学安排参与线下课堂学习，并在课后通过线上视频学习，并参加在线考试 ● 每次授课时间为 2 学时
创新与创业经验分享	课堂	创业成功人士	4	8	● 学生可根据教学安排参与线下课堂学习，并在课后通过线上视频学习 ● 每次授课时间为 2 学时
创新创业企业家论坛	课堂	校内老师主持；校外企业家分享	2	4	● 学生可根据教学安排参与线下课堂学习，并在课后通过线上视频学习 ● 每次授课时间为 2 学时 ● 学生必须完成 4 次课程学习
创业案例学习	在线	校内老师	2	4	● 学生可根据教学安排参与线下课堂学习，并在课后通过线上视频学习 ● 每次授课时间为 2 学时
创新创业方案设计	在线	校内老师	5	10	● 学生按照 10 人一组分组设计方案，小组选择不受专业和班级限制 ● 校内老师负责在线答疑与总结

(2) 创新创业理论讲座安排如表 1-2 所示。

表 1-2　创新创业理论讲座安排表

序号	课　　程	主讲	授课方式
1	创新与创业灵感的捕获与价值塑造	雷宏振	线下课堂＋线上视频
2	目标客户评价与消费者市场细分策略	李华敏	线下课堂＋线上视频
3	如何编写一个创业计划书	丁越兰	线下课堂＋线上视频
4	如何形成可信赖的创业财务计划	张淑惠	线下课堂＋线上视频
5	创业金融及风险管理	尹海员	线下课堂＋线上视频

(3) 创业成功人士经验分享安排如表 1-3 所示。

表 1-3　创业成功人士经验分享安排表

序号	主　　题	主持	授课方式
1	如何将自己的创意变为现实	杨　娜	邀请在市场竞争中形成竞争优势的成功创新创业企业家代表、校园创业成功人士、科研创新人才代表作报告
2	如何寻找并激励你的创业合伙人	刘　辉	
3	如何设计并传播创业企业品牌	张丽君	
4	如何推动创业企业的发展	杨　博	

(4) 创新创业企业家论坛安排如表 1-4 所示。

表 1-4 创新创业企业家论坛安排表

序号	内　　容	主持	授课方式
1	创新创业组织管理	刘　湖	邀请三名以上成功人士、科研创新人才代表参加主题论坛
2	"互联网+"环境下的电子商务策略与创业	韩　菁	

(5) 创新创业案例分析内容安排如表 1-5 所示。

表 1-5 创新创业案例分析内容安排表

序号	内　　容	主讲	授课方式
1	国内外创新案例分析	李正峰	组织学生在 BB 教学平台上，结合所学的知识和分享的经验，将对相关案例的分析发表到相关论坛上，或参加一些主题讨论
2	国内外创业案例分析	刘　辉	

(6) 创新创业方案设计如表 1-6 所示。

表 1-6 创新创业方案设计表

内　容	辅导团队	备　　注
创新创业方案设计	雷宏振，刘湖，李华敏，丁越兰，张淑惠，尹海员，韩菁，杨娜，李正峰，刘辉，张丽君，杨博，贾妮莎，兰娟丽，张萌萌	● 整个课程团队分为五个创新创业设计辅导小组，在线辅导学生并解答创新、创业方案设计中存在的问题 ● 组织评价、考核创新创业方案，选拔出优秀项目，参加大学生挑战杯以及其他创新创业类比赛，为大学生创新创业项目获取风险投资提供智库支持

1.3 课程考核及管理

为了确保学生能够将所学的理论知识与实践设计活动有效对接，学以致用，将知识转化为能力，创新创业理论与实践课程采取"过程管控"与"结果评价"相结合的考核方式。考核内容包括：

(1) 个人考核：考核形式为在线测试，测试内容为课程模块中创新创业理论部分和创新创业案例分析部分。个人在线上看完创新创业理论部分与创新创业案例分析后，通过每一讲座后面的知识点测试就可以获得一次在线测试成绩，每一个讲座后面的在线测试成绩累计计入课程总成绩。个人考核成绩占课程总成绩的 60%。

(2) 团队考核：考核形式为团队创新创业方案设计，在系统学习了创新创业理论、创新创业案例等内容以后，全体学生通过课程在线平台自愿组合，形成创新创业设计小组，并推选出小组长带领小组进入方案设计，每个小组 10 人，可以通过在线或者线下研讨等方式形成设计方案，并进行分工协作完成创新创业设计，每个设计方案字数不少于 5 000 字，设计方案完成后由小组负责人通过课程平台提交，课程教师团队将根据不同的创新创业类型进行方案评审，并进行重复性审查，每个方案的成绩作为个人方案设计成绩计入个人总成绩，团队考核成绩占课程总成绩的 40%。

1.4 趣味化学习导图

首先，可以使用课程 APP 提前了解课程的总体设计和要求。
第二步，按照教材第一部分的详细介绍进一步了解本课程的内容。
第三步，查看自己的课表，明确自己要上的线下课程哦，会点名的！
第四步，登录 Blackboard 课程平台，熟悉页面及功能，有问题及时通过 APP 反馈！
第五步，根据平台上的课程内容，按照要求完成在线学习和知识点测试，记得！
第六步，根据在线分配的小组自愿加入，形成你们的方案设计小组，不要太晚！
按时提交小组设计方案，OK，
搞定了！
还有问题吗？

第2部分 创新创业理论

第 2 章 创新与创业灵感的捕获与价值塑造

创新与创业灵感不是“灵机一动”，也不是“冥思苦想”，而是一种“知识碰撞”和一种方法。

2.1 创新与创业灵感来自哪里

2.1.1 什么是灵感

歌德在听到耶路撒冷自杀的消息时，仿佛突然见到一道光在眼前闪过，立刻就把《少年维特之烦恼》全书的纲要想好了，然后一口气把它写完。当他再次看稿子时，自己都觉得十分诧异，因为他丝毫没有费力。他说：“这部小册子好像是一个患睡行症的人在无意识中写成的。”音乐家柏辽兹替贝朗瑞的《五月五日》诗谱乐曲，谱到收尾的叠句：“可怜的士兵，我终于要再见法兰西”时，猛然停住，再三思索，最终也没有想出一段乐调来传达这叠句的情思。结果，过了两年，他游罗马，有一天失足落下河去，遇救没有淹死，爬出水时口里所唱的一段乐调，就是两年之前再三寻思而不能得到的。

关于灵感的论述西方早期的人们就已经关注了，并在后来形成相应的灵感理论和流派。然而，现在来看这些论述还只是主要反映文艺创作方面的“突然所得”。

中国古代文论中，没有“灵感”这一概念。但论述灵感的文论却很早就出现。公元3世纪，陆机在《文赋》中就曾描述过文学创作中灵感闪现的情景，他说：“若夫应感之会，通塞之纪，来不可遏，去不可止。藏若景灭，行犹响起。”他所说的“应感之会”就是一种灵感现象。公元5世纪，刘勰在《文心雕龙 · 神思》中，更具体细致地描写了作家在灵感状态下的创作活动：“文之思也，其神远矣。故寂然凝虑，思接千载，悄焉动容，视通万里；吟咏之间，吐纳珠玉之声；眉睫之前，卷舒风云之色；其思理之致乎！故思理为妙，神与物游。……夫神思方运，万涂竞萌，规矩虚位，刻镂无形。”所谓“神思方运，万涂竞萌”，说的就是当灵感闪现时，作家的创作欲望极其强烈，想象极为丰富，无数生动形象纷至沓来，思绪如泉涌。唐朝张怀瓘在《书断》中也谈到灵感在书法创作中的作用，说灵感不来时，“或笔下始思，困于钝滞”“心不能授之于手，手不能受之于心”。而灵感涌现时，则“意与灵通，笔与冥会，神将化合，变出无方”。苏轼在《书蒲永升画后》一文中，描述蜀人孙知微为成都大慈寺寿宁院壁作画，初时，他“营度经岁，终不肯下笔”，突然“一日，仓皇入寺，索笔墨甚急，奋袂如风，须臾而成，作输泻跳蹙之势，汹汹欲崩屋也”。苏轼在这里描述的，是画家孙知微在灵感爆发时作画的状态，从中可以看到灵感对艺术家的创作有十分重大的影响。明代著名哲学家、文论家李贽也曾在《焚书》中对灵感状态作过极其生动的描绘，他说：“且夫世之真能文者，此其初皆非有意于为文也。其胸中有如许无状可怪之事，其喉间有如许欲吐而不敢吐之物，其口头又时时有许多欲语而莫可所以告语之处，蓄极积久，势不能遏。一旦见景生情，触目兴叹；夺他人之酒杯，浇自己之块垒；诉心中之不平，感数奇于千载。既已喷玉唾珠，昭回云汉，为章于天矣，遂亦自负，发狂大叫，流涕恸哭，不能自止。”中国古代文论中对灵感的描绘和表述是各种各样的，如一些文论中所说的“感兴”“天机”“神思”“灵气”“妙语”等，就是一些与灵感有关的概念。其中的“感兴”，是指艺术创作发展到高潮时的高度兴奋状态，也就是灵感。由于中国古代文论的概念内涵具有多义性和不确定性，相同的概念在不同的文论中往往有不同的内涵。

“灵感”一词源于古希腊，由希腊文“神”和“气息”两个词复合而成，原意是指神的灵气。对于古希腊的诗人们来说，灵感是极为重要的“创作元素”。“灵感”一词经常出现在作品的开篇，诗人求神灵赐予他们灵感，让他们的创作之路一帆风顺。此时“灵感”一词频繁地出现在具体的文学作品中。尽管灵感尚未被世人讨论并加以研究，但在众多作品中出现的灵感却有着一个共同的特点——灵感源于神赐。最早把灵感作为概念提出来的是 2 300 多年前古希腊的哲学家德谟克利特（约公元前 460—370 年），他曾写过《节奏与和谐》《论音乐》《论诗的美》《论绘画》等一系列的有关美学的著作。尽管大部分已经失传，但从他的一些断简残篇中依然能够看出很大一部分是在谈论灵感的问题。德谟克利特认为：“荷马由于生来就得到神的才能，所以创造出丰富多彩的伟大的诗篇”“没有一种心灵的火焰，没有一种疯狂式的灵感，就不能成为大诗人。”从他的这些话中不难看出，灵感对于诗的创作具有十分重要的意义。当诗人得到神赐予的灵感时，他所写出的诗篇是最美的。至此，灵感作为文艺创作中的一个概念进入到了古希腊先哲们的法眼，被他们讨论着、研究着。在他们的著作中，灵感源于神赐被不断地理论化。

其实，在日常生活中的各个方面，灵感都起着重要的作用，灵感不仅仅存在于文艺创作，而且存在于科技、工业生产、服务等各个方面。一般而言，灵感指文艺、科技活动等过程中瞬间产生的富有创造性的突发思维状态。灵感是人们不用平常的感觉器官而能使精神互相交通，亦称远隔知觉，或指无意识中突然兴起的神妙能力。

2.1.2 创新与创业灵感的来源

在《美国学者》这篇著名的演讲稿中，爱默生极为形象地描述了灵感的三大来源——大自然、文化传统和现实社会生活。他将源于大自然的灵感置于首位，说道：“自然之于人类心灵的影响，具有首位的重要性。白天有太阳的照耀，日落之后则是夜空与星星。风总是在吹，草不断地生长。每日每夜，世上的男人和女人都在谈话，观察，或被别人观察。所有的人里，学者最多地受到自然景象的吸引。他必须在自己心目中确定它的价值。大自然对于他来说是什么？这绵延不绝、无可解释的上帝之网，既无起点，亦无终点，却带着循环的力量，不断返回它自身。如此规律之中恰恰反映着学者本人的精神,他永远不可能找到自己心灵的端末——它包揽一切,宽广无限。"爱默生从根本上建立起人与大自然之间的精神联系,展示"自我"与"非我"之间的诗意契合;他以理想主义和浪漫主义的情怀,倡导从整体上运用直觉方法感知大自然的规律和神性,进而运用类比方法领悟人的心灵的规律和可臻完善性;他强调大自然在精神范畴的象征意义和启蒙作用,呼吁美国学者从大自然中汲取灵感,增强灵性,吐故纳新,返璞归真,透过千差万别的表象发现大自然内在的统一性,满怀感激之情分享用之不竭的大自然的精神宝库,做名副其实的学者,即"思想着的人(thinking man)"——履行天职的思索者、文化领域的行动者、精神财富的创造者。

彼得·德鲁克指出,大多数有效创新并非来自人的突发奇想,它们应该有章可循。他将创新来源归结为意外事件、不协调事件、程序需求、商业和市场结构、人口统计数据、认知变化和新知识七个方面。斯科特·安东尼则将创新思想来源归纳为消费者、外部专家、渠道和其他合作伙伴、竞争对手以及新兴企业五个方面。Rachel Cooper 和 Andrew B. Wootton 认为需求是创新之母,企业创新思维来源由企业内外部信息构成,并经历信息筛选、转换和需求定义三个阶段。

2.2 创新驱动理论

2.2.1 创新的周期性理论

最先提出创新理论的是著名经济学家熊彼特,他提出的有关企业创新的"创造性破坏"(creative destruction)和"创造性积累"(creative accumulation)思想认为创新是经济持续增长的动力。那么,什么是"创新"呢?熊彼特认为"创新"是对循环流转均衡的突破,是企业家实行"对生产要素的新组合"建立的一种"新的生产函数"。也就是说把一种从来没有过的生产要素和生产条件的"新组合"引入生产体系。

熊彼特式的"创新"或"新组合"包括以下五种情况:①采用一种新的产品;②采用一种新的生产方法;③开辟一个新的市场;④掠取或控制原材料或半制成品的一种新的供应来源;⑤实现任何一种工业的新的组织。因此,熊彼特所说的"创新"是一个经济概念,不是一个技术概念。它主要指经济上引入某种新的东西,与技术上的新发明并不是一回事。一种新的发明只有在被应用于经济活动时才成为创新。而要使创新成为可能,需要依靠银行的贷款,又需要企业履行其职能。所以,"创新"是一个"内在的因素",经济发展也就是这种"来自内部自身创造性的关于经济生活的一种变动"。

企业家为什么要创新?熊彼特认为这是因为社会上存在着某种潜在的利益。创新的直接目的就是获得这种利益,当创新者发现潜在利益后,便组织人力、物力并吸引其他人投资,去完成创新。同时,这个"创新者"也为其他企业开辟了道路。一旦其他企业纷纷起来模仿,就能促成利润的不断下降,使赢利机会逐渐趋于消失。可见,利润来自垄断,它产生于从无赢利状态到新状态的过渡时期,这种过渡时期是由企业家推动的。所以,"创新者"事实上就是新产品的垄断者,或新技术、新组织形式的唯一持有者,这种有利条件使他得到利润。这也就是一个完整的创新过程。

熊彼特认为，经济增长的过程是通过经济周期的变动来实现的，而经济周期变动的原因又在于"创新"。"创新"刺激了投资，势必会引起信贷的膨胀，信贷的膨胀必然会扩大对生产资料的需求，从而推动经济走向繁荣。熊彼特把这个过程分解为三个步骤：首先，是为谋取额外利益而进行的"创新"；其次，为分享这种利益而开始的模仿，如试制新产品，采用新技术，推广新的组织形式；此外，其余那些采用旧技术的企业为了确保自己的生存而进行的"适应"，就是对新产品、新技术的进一步推广，或更大规模的模仿。以上这些活动都是在激烈的竞争中发生的。所以，"创新""模仿""适应"推动着经济的增长。在这个过程中，由于投入了许多新资本，那些适应能力太差，或行动过于迟缓的企业就会被挤垮。因此，创新活动就像旋风一样推动了经济的增长，又造成了旧资本的破灭。熊彼特的这一创新过程循环的思想也在知识创新链过程及其循环中得到了应用。

2.2.2 技术创新与制度创新理论

20 世纪 60 年代初，在熊彼特创新概念的基础上，"技术创新"理论诞生了，西方经济学界一般称之为"新熊彼特学派"。此学派比较著名的学者有爱得温·蔓斯菲尔德(Edwin Mansfield)、莫尔顿·卡曼(Morton I. Kamien)、南赛·施瓦茨(Nancy Schwartz)、理查德·列文(R. Levin)、海莱纳(G. K. Helleiner)等人。

爱得温·蔓斯菲尔德在 20 世纪 60 年代初提出了技术模仿及其影响因素，分析了新技术在不同企业之间推广对经济的影响，研究了技术创新与模仿之间的关系以及二者变动速率，填补了熊彼特创新理论的空白。莫尔顿·卡曼、南赛·施瓦茨通过对技术创新与市场结构的研究，突破了熊彼特的完全竞争的市场结构分析，揭示了技术创新与市场结构的关系，提出了竞争程度、企业规模和垄断力量这三个变量如何决定技术创新问题。与此同时，莫尔顿·卡曼和南赛·施瓦茨还提出了两种类型的技术创新：一类是垄断前景推动的技术创新，而另一类是竞争前景推动的技术创新。这两种创新形式互相依存，共同推动企业创新活动。此外，理查德·列文在对技术创新与企业规模、数量等的变化进行研究后，提出了企业用于研究的费用在其总收入中所占的比例的多少与行业发展和竞争强弱的关系等，为揭示技术创新投入规模具有重要意义。这种有关技术创新的思想对后人的技术知识开发与吸纳过程的研究产生了很大的影响。

熊彼特的创新理论体系的另一个重要发展是制度创新理论，主要代表人物是兰斯·戴维斯(L. E. Daivis)和道格拉斯·诺斯(D. C. North)等人。

戴维斯和诺斯认为，制度创新是指能够使创新者获得追加利益的现存制度的变革。制度创新与技术创新有类似的一面，这就是技术创新往往是采用技术上一种新发明的结果，制度创新往往是采用组织形式或经营管理形式方面的一种新发明的结果。只有在预期纯收益超过预期成本时，技术创新才得以实现。同样的道理，只有在预期纯收益超过预期成本时，制度创新才能够实现。技术创新往往需要在几种可供选择的可能性中进行选择，制度创新也与此类似。一个行业和领域的技术创新可能引起另外一些行业和领域的技术创新。同样的情况，一个行业和领域的制度创新也有相似的影响，但制度创新也有与技术创新不同的地方，那就是技术创新时间依存于物质资本的寿命长短，而制度创新时间则并不取决于物质资本的寿命长短。一旦制度创新得以实现以后，就会出现“制度均衡”的局面，直到外界条件发生变化，例如采用新生产技术，或有了组织形式或经营管理形式的新发明或社会政治环境有了新的变化，又出现了获取潜在利益的机会时，才产生制度创新的可能性。所以，制度发展的过程也就是从“制度均衡”到“制度创新”再到“制度均衡”不断演进的过程。

2.3 创新与创业的基石与灵魂

2.3.1 理论是创新的依托和基石，需要从现实中寻找它的应用价值

从现代关于灵感的一般解释可以看出，灵感来源于一种突发的思维状态，而这种突发思维背后不是简单的“灵机一动”或“突发奇想”，而是一种积累性认知和逻辑，这种积累性认知和逻辑就是某方面的专业理论了。因此，创新可以理解为是一种由于艰苦学习、长期实践，不断累积经验和知识而突然出现的富有创造力的思路，是人们在广泛的探索过程中由于某种机缘的启发，而突然出现的豁然开朗、精神亢奋，取得突破的一种心理现象。

当然，脱离现实的纯粹理论是不存在的，理论是长期以来人类在实践中对规律性的活动和现象把握得出的，并反过来指导实践，预见实践活动的未来趋势，并提供有效的解决方案。

2.3.2 理论的灵魂是方法论，只有在解决现实问题中才显示出其威力

理论能够帮助人们实现创新和创业，是因为它不是空洞的，而是具有方法论特征的，这种方法论主要表现在，理论具有专门的分析问题的视角，具有将问题模型化的方法，以及相应的分析和表现工具等，正是因为理论的这种方法论特征，才使得它在帮助人们认识现实问题、解决现实问题中发挥其重要作用。

2.3.3 “见多”并不能“识广”

在现实生活中，人们常常认为见多可以识广，这种认识存在较大的偏颇。人们那些日常生活的所见所闻，以及旅游所开阔的视野，实际上大多数情况下只是在现象层面上的堆积，而简单的现象只是一堆杂乱无章的“感觉碎片”，本身难以形成系统认知，现象本身也并不能带来正确的“因果关系链”，原因在于，现象只能反映客观事实的一部分信息和知识，而且是比较表面的信息和知识，然而，反映事物本质特征的大部分信息和知识，是隐藏在现象背后的大量没有表现出来的部分，这部分知识和信息，往往难于编码，或者某种逻辑方面的因素不容易被人们捕获，因此，要实现深刻创新就必须通过理论，借助有效的工具才能做到。

2.3.4 “经验”是个“顽固的老头”

如果要进行创新，经验可靠吗？根据熊彼特的创造性破坏理论，在经济活动中本身

存在着一种推动其发生非连续变化和移动的力量，它破坏均衡而又恢复均衡，这就是“创新”活动，正是创新活动推动经济的发展。那么创新需要破坏的是什么呢？主要就是过去形成的经验，即人们在传统思维模式下形成的对客观世界的认知模式，当然，以往的经验也存在多个方面和多个层次，这里说的经验主要是那种在未来新的发展周期和新的环境条件不再支持人的实践的部分。

此外，许多经验不能够支撑创新的另一个重要原因是“经验”常常具有不可分析性和不可逆性，因此，不能像理论那样具有精密的结构和严密的逻辑，可以帮助人们纠正以往认识事物所带来的片面性、条件性，正是由于这一点，“经验”往往会忽视变革，甚至影响创新。

2.3.5 创新与创业思维的知识源模型

创新与创业灵感来源于具有特定理论支撑的逻辑思维，这一过程是在新的环境下对散乱现象的重新构架和分析。一般而言，这一过程需要一个从现象到新知识的重新生成过程，一个人知识向创新结果的转化模型如图 2-1 所示。

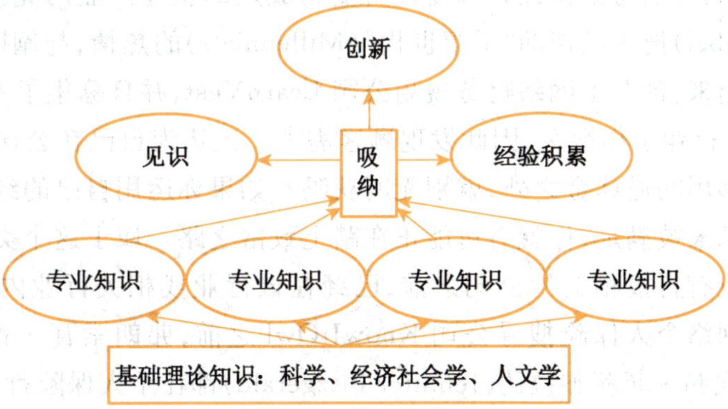

图 2-1 知识向创新结果的转化模型图

在以上模型中，创新首先依赖于基础的理论知识，包括专业科学、经济社会科学以及人文学等知识，这些基础理论知识通过不同领域的专业知识形成一种吸纳能力，通过对经验积累和现象观察的重新分析，形成创新观点和创新产品，这样才能实现“一种带有持续性差异化的长期绩效”。

2.4 “创新”模式

2.4.1 如何发现创新与创业的着眼点

丹尼尔·古拉蒂(Daniel Gulati)是纽约一个高科技创业者。在他的《激情与目的：最优秀、最聪明的青年商业领袖的故事》一书中提出了如何发现创新与创业灵感。

(1) 想要解答在生活中遇到的痛点。到目前为止，接受调查的人当中最常提到的想法来源，就是创业者在个人生活中，所经历到的某一项挫折或是让人沮丧的事物。你是否想过,自己的疑问可能会值多少钱吗?你可以去问普兰克特(Kent Plunkett),他之所以会创办 Salary.com,就是当他要雇用一位秘书时,发现自己不确定要付多少薪水。在建立了全世界最大的薪酬数据库之后,公司于 2007 年上市,市值高达 1.75 亿美元。

(2) 遇到有才华的人,然后一起创业。如果你想要创办一家公司,那就好好地观察身边的人,尤其是你工作的场所或学校。一些人曾警告,跟商学院的朋友创业并不是一个好策略,但数据却显示了不同的结果。从 2003 年起就创立、私募投资或公开上市市值超过 10 亿美元的 39 家企业当中,几乎一半都是由在学校里就结识的创始人所创立的。想法接近的人能够近距离地相处,似乎是让新点子出现的关键催化剂。Spinback 的共同创办人科里·卡帕索(Corey Capasso)、安德鲁·佛瑞纳西(Andrew Fereneci)以及丹·瑞希(Dan Reich)先是在威斯康辛大学认识,多年之后才一同创办这家公司,Buddy Media 在 2011 年将其收购。

(3) 天赋异禀或斗志昂扬,然后投身事业。花一个小时,写下自己拥有的技能及热情,你可能就会发现自己的下一个创业好点子。属于这个类别的创业者,都非常了解自己,并寻找创新的方法将工作经验和爱好转变为成熟的企业。亚历克莎·冯·托贝尔(Alexa Von Tobel)把自己帮助"千禧世代"(Millennials)的热情,与阐明复杂的金融问题的技能结合起来,创办了网络财务规划公司 LearnVest,并且募集了 4 000 多万美元。

(4) 在一个行业工作很久,因此发现顾客需求。还认为自己在公司里任劳任怨,最后除了一份不够用的退休金之外,就别无所获吗?如果你运用自己的经验,好好地思考顾客的哪些需求未被满足,你就有可能正在踏上致富之路。属于这个类别的创业者,在创办跟某个产业有直接相关的公司之前,已经在该行业或相关行业内工作了很多年。在成立创新的网络个人保险搜寻公司 KnowItOwl 之前,弗朗索瓦·德拉梅(Francois de Lame)跟珍妮弗·菲茨杰拉德(Jennifer Fitzgerald)都在个人保险行业里累积了大量的经验和知识。

(5) 研究许多创业想法,最后精简成一个。精明的人充分运用诸如 Quora 和 Hacker News 等问答网站的信息资源,进行"从上而下"的研究,并且使用一种以数据驱动的消除法,最后得到一个商业点子。许多人也非常善于追踪有效的商业模式和企业,抱有能够找到突破性成功并将其运用到新市场的目标。Diapers.com 的创办人金柏尔·汤玛斯(Kimball Thomas)和戴斯·史密斯(Davis Smith)看到了把公司营运模式带到巴西市场的价值。他们最新的目标是再过几年之后,公司营业额能够达到 10 亿美元。

2.4.2 创新模式的分类

自主创新以追求自主知识产权为目标,并根据技术创新源(指率先将某项技术开发至可应用状态的企业或个人)的来源不同,可以把自主创新模式区分为三种基本类型:原始创新模式、模仿创新模式和集成创新模式。

(1) 原始创新模式。原始创新的技术创新源在创新主体系统(如研究机构、高校和企业)的内部,这是一种源于自主研发基础上的技术创新。它往往孕育着科学技术的重大发展和飞跃,是科技创新能力的重要基础和科技竞争力的源泉。从 2004 年全国科技奖励大会的获奖情况看,在体现原始创新能力的自然科学奖和技术发明奖获奖项目中,第一完成人为研究院所和高校的项目占全部项目的 90%。这一现象说明,作为一项重要核心竞争力——自主创新能力,仍然是我国大多数企业的"软肋"。原始创新模式是创新主体以自身的研究开发为基础,通过实现科技成果的商品化,进而获取商业利益的创新活动。它具有率先性,通常率先者只能有一家,其他都只能是跟随者。由原始创新产生的核心技术来源于创新主体系统内部的技术积累和突破,如美国英特尔公司的计算机微处理器,我国北大方正的中文电子出版系统就是典型的例证,这是它区别于其他创新模式的本质特点。此外,在原始创新模式中,技术创新的后续过程也都是通过创新主体自身知识与能力的支持实现的。

原始创新模式具有很大优势。一是有利于创新主体在一定时期内掌握和控制某项产品或工艺的核心技术,在一定程度上左右行业的发展,从而赢得竞争优势。二是在一些技术领域的原始创新往往能导致一系列的技术创新,带动一批新产品的诞生,推动新兴产业的发展。三是有利于创新主体先于竞争对手积累起生产技术和管理经验,获得产品成本和质量控制方面的经验。四是原始创新产品初期处于完全独占性垄断地位,有利于创新主体较早建立原料供应网络和牢固的销售渠道,获得超额利润。

原始创新模式的应用具有较大难度。一是需要巨额的投入。不仅要投巨资于研究与开发,还必须拥有实力雄厚的研发队伍,具备一流的研发水平。如微软公司一年的研发投入就相当于有些国家一年的科技经费。二是高风险性。原始研发的成功率相当低,即使在美国,基础性研究的成功率也仅为 5%,在应用研究中有 50%能获得技术上的成功,30%能获得商业上的成功,只有 12%能给企业带来利润。三是周期长、市场开发难度大。

(2) 模仿创新模式。模仿创新的技术创新源在创新主体系统的外部,这是一种源于引进技术基础上的自主创新。它是国际上技术相对落后的国家和地区为实现跨越式发展的普遍做法,在国内各类企业中的应用已相当广泛。大量的典型案例表明,这种模式是创新主体通过学习模仿率先创新者的方法,引进、购买或破译率先创新者的核心技术和技术秘密,并以此为基础进行消化吸收、二次开发和再创新的过程。

模仿创新不是指那种重复性的简单仿制,而是指在引进技术基础上的消化吸收、二次开发和再创新,如性能优化、产品换代和工艺创新等。这种模式具有技术上的跟随性、产品的差异化和市场适应性强等特点,以及研发周期短、开发成本低、成功率高等优点。但同时,模仿创新模式也具有明显的弱点。一是在技术上具有较大的被动性、缺乏超前性。当新的原始创新高潮到来时往往处于从属的地位、不利的境地,如日本企业在信息技术革命中就处于从属的地位。二是还可能受到率先创新者技术壁垒、市场壁垒的制约,有时还面临法律、制度方面的障碍等。

正因为如此,对模仿创新模式的应用有必要强调以下几点:一是要强化消化吸收。企业引进技术必须把技术创新放在更加突出的重要地位。通过消化吸收将先进技术融入企业的研发和生产体系，在消化吸收基础上力争实现创新，并形成具有自主知识产权的技术体系。二是要立足于自主创新。对于能够引进、可以降低创新成本的技术，以引进为主；对于不能引进的关键技术和核心技术，一定要力争自主开发。三是在由引进吸收向二次创新的过渡中，强化实施自主创新和知识产权战略。

(3) 集成创新模式。集成创新的技术创新源在创新主体系统内外部创新要素的持续融合，它是一种源于系统创新要素集成基础上的自主创新。集成创新模式已成为国际上大型跨国公司制胜的法宝，目前在大中型企业中的应用日益突出。这种模式是创新主体利用各种信息技术、管理技术等，对各种创新要素进行选择、优化和整合，以最佳的结构结合成为一个有机整体，形成具有功能倍增和能适应更大目标的自主创新过程。大量的典型案例表明，集成创新具有以下显著特征：

一是系统的层面性。集成创新虽然以系统的信息、技术、资金、人才、知识、战略、组织等要素集成为基础，但它区别于单一的信息集成、技术集成、知识集成、战略集成和组织集成等要素集成，并超越了传统的企业边界。系统要素在组织结构中构成了具有特殊功能的各个层面，如操作层面、管理层面和战略层面等，它们之间是相互连结和相互影响的。从企业系统看，集成创新通过对内部创新要素及其层面的集成和外部创新网络的建设，打破组织间沟通的障碍，迅速汇聚各种创新资源，从而使企业建立起核心技术能力。实践证明，任何层面的创新都不仅仅是要素组合，更重要的是按照既定的目标来组织和集成资源。

二是要素的协同性。创新主体是具有一定知识、能力、资源等创新要素的集成对象。集成创新包含着创新主体的主动性和优选行为，以及经过有目的、有意识的比较选择，并要求创新主体的各成员既能发挥各自的最大优势，又能够在相互之间实现优势互补和高度协同。同时，集成创新对信息、技术、知识、资源、能力、文化等要素的集成，亦要求它们之间相互一致和高度协同，并实现系统整合与企业核心能力相匹配。集成创新已经超越了单纯的技术创新范畴，注重操作层面、管理层面和战略层面等双向优化集聚，以整合企业的资源和能力，从而有效地促进创新主体系统核心竞争能力的形成和发展。

三是持续的融合性。集成创新的关键在于实现创新的持续融合。诸多企业通过并行的方法，把横向与纵向的创新要素和环节融合起来。在横向上加强设计、研发、中试、生产、销售的内部协作信息化，以及向前端和后端环节延伸的供应链协作信息化；在纵向上从业务操作层面和管理层面向决策层面提升，实现企业内外部资源的集成与共享，提升供应链的协同能力。集成创新对创新环节和创新层面的持续融合，使得创新及其成果被进一步开发和利用，并持续不断地强化整个集成创新活动。

集成创新的显著优点是创新主体可以采用“拿来主义”，将世界上一流的技术与产品拿来为我所用；同时，又能够充分发挥自身的技术力量优势，通过对特定目标的各要素和各层面的系统集成，在较短时间内形成自己的产品，再配合自己的品牌战略，率先占领市场，从而取得经济竞争上的主动权。这同样是一个较大的创新过程，且成本低、周期短、风险小，具有重大的经济价值。在这一过程中，有利于加速培养自己的技术力量，尽快了解和掌握先进技术的产品本质特征，并为最终掌握这一领域的核心技术或关键技术奠定基础。波音 747 飞机的研制开发就是一个例证。它是集成创新的产物，把当时在喷气发动机、航空材料、导航等方面的最新技术都集成起来，适应了民用航空市场的发展需求。波音公司造就的一批工程师看准了这一方向，研发出各种与之配套的技术和工艺，终于在 1969 年完成了飞机定型，并很快在 20 世纪 70 年代初投入商业运营，至今已经使用 30 多年。

2.4.3 创业模式

目前常见的创业形式分为四种，分别是：创业者代理或加盟创业、创业者依附创业、创业者入驻孵化园创业、法人股份制创业。

(1) 创业者代理或加盟创业模式。具体指创业者凭借所加盟企业的知名度或品牌影响力来进行创业。在实际生活中，很多刚走出校园的大学生创业者选择了这种模式且从事的行业多为第三产业。具体表现如下：①为广大的学生消费群体提供服务，辐射高校及周边城中村或周边市场，刚毕业的大学生作为高校的一部分主体明白自身的需求，其所提供的产品或者服务能非常恰当地满足还未走出校园的学弟或者学妹；②很多来自经济条件比较差的边远地区的大学生，为了能减轻家庭的负担而进行勤工俭学的创业者；③适合时间充裕，有资金支持，不影响学业而且具备创业精神的大学生创业者，创业者代理或者加盟模式对大学生创业者的市场嗅觉以及洞察能力有着极高的要求，对于如何处理人际关系要求也极为苛刻。只有深入了解大学生市场，才能在这种模式下走得远。创业者可以单独也可以一起代理或者加盟，具体特征表现为：一是机动性强，可供选择的内容丰富；二是创业者只需要投入小部分资金即可启动；三是对于所选择的项目最好是大家耳熟能详、接受度较高的企业；四是大学生进行创业首先应该在不影响学业的基础上进行。

(2) 创业者依附创业模式。是指创业者有针对性地将大型公司的资源进行分享，借助其密集的关系网，在此优秀的平台上进行创业。知名企业能为创业者带来意想不到的便利。在这种合作模式中，创业者虽然由于自身条件的限制处于弱势的地位，但是可以在创业初始阶段以及随后的发展过程中学到很多东西。随着时代的不断发展进步，上述这种强帮弱或者强带弱的模式广泛存在且逐渐深入人心。在这种必然的趋势下，大学生创业者自身必须本着谦虚的态度去学习合作，选择合作伙伴的时候必须谨慎，一旦选定则必须团结伙伴，积极沟通一起走向更好的明天。创业者依附创业有其自身的特色：①相比其他的创业模式来说，该种模式成功率高、创业率高；②创业者往往不需要从头开始，搭顺风车即可快速成长；③大学生创业者毕竟是受过高等教育，素质相对较高；④创业者所依附的企业往往都经过若干年的发展，企业的规章制度比较完善规范；⑤大学生创业者选择这种模式可以降低自身创业风险；⑥从某种意义上来说，该种模式下的市场较为不错，资金可以在创业过程中周转得较为不错。

(3) 创业者入驻孵化园创业模式。具体是指大学生创业者在先进的技术指导下进行的创业活动。中国首届大学生创业大赛于 1998 年在清华大学举办，社会各界反响很不错。在随后的时间里,全国各地高校间以及各个企业孵化园创业大赛不断涌现。从中央到地方,政府和社会对孵化园中大学生创业活动给予了积极的政策导向和相当力度的资金支持。在这样的基础上,具备优势的大学生创业者们取得了不俗的成绩。但是这种模式对大学生创业者的要求极高,比如大学生创业者自身必须具备相当程度的管理能力和领导能力,大学生创业者在创业初始就得出具详细而可靠的计划,只有具备了相当的条件,才能敲开投资者的大门获得可观的支持,如温州在该模式中走在全国前列,值得借鉴。此种模式的特征如下:①风险低,创业者受到的关心和帮助大;②从创业初始就必须考虑周全,计划必须详尽;③产学研互相结合,从技术到产出连接紧密;④各级政府在政策上给予支持和保证。

(4) 法人股份制创业模式。具体指的是大学生以股份形式合资从事创业活动,大学生进行创业活动选择该模式较多。某种意义上说,多人一起创业等于解决了自己的就业。扎实深厚的学业基础搭配含金量较高的行业能帮助刚刚走出校门的青涩的大学生创业者走得更远。该种模式的特征:①创业风险大;②有稳定的组织形式;③资金投入大;④管理能力是创业者的短板;⑤无法准确地把握市场变化;⑥资金周转差决定该种模式未必适合所有怀揣创业梦想的创业者。

就大学生的创业模式而言,按照大学生参与创业的时间可以划分为以下三种:兼职创业、休学创业和毕业后创业。这三种模式是大学生对创业实践的选择结果。

兼职创业是指学生不放弃或中断自己的大学学习而采取的在课余时间从事创业活动的创业模式。我国目前的大学生创业者对于这种模式倾向性很高。这种模式要求学生在创业的同时不能影响大学课程的学习,因此选取此种模式的创业者在创业活动中所涉及的行业通常都是对创业者时间投入要求较灵活的行业,而创业者本人对于学习和创业的时间、精力安排必须合理,否则将会是一事无成。从大学生创业者的角度来看,选择此种模式主要有以下几种情况:①创业的目的是为大学学习服务的,即大学生创业是为了更好地完成大学的学习而开展创业活动,通常可以归为两类:一是为了筹集上学费用开展创业,二是为了锻炼自己的实践能力开展创业;②创业的风险性太高,即大学生创业者认为创业的风险太高,为了给自己创业失败后多留一种选择,因此选择了兼职创业;③迫于社会、家庭的压力,我国大学生对于家庭、社会的依赖程度高,所以大学生在对创业模式进行选择时,往往需要征得家庭、社会的同意。

休学创业是指学生为了创业而申请休学从事创业活动的一种模式。这种模式受教育体制的影响较大。因为我国高校中现在还有很大一部分实行的是学年制或不完全学分制,学生由于创业提出的休学申请很难获得批准。这种现状的改变还需要社会、学校对大学学生创业的认识进一步加强和我国教育体制改革的进一步深化。目前我国创业大学生中采用此种模式的比例很小。选择这种模式的大学生不仅要面对创业的风险和挑战还要应对周围环境的压力。从另外一个角度,由于这部分创业者创业失败后还有另外的选择,即回到大学继续读书,所以在创业过程中要有充分的应对风险和困难的准备,否则容易半途而废。这种模式也可以称之为缓冲模式,即创业大学生可以在休学期内通过自己的实践和创业企业的发展能更有针对性地对创业模式作出选择。

毕业后创业是指大学生在结束大学课程之后走上创业的道路。选择此种模式的大学生其动机通常都是出于自我实现或就业的需要。这种模式对于高等教育的冲击较小。而且,创业者在接受高等教育的过程中实践能力、自身知识水平等各方面素质也会有较大提高。同时由于自身的素质提高,其在创业的过程中可选择范围也较大。这对创业者的成功都起到了很大的作用。从大学生的从业意义角度来讲,这种模式的大学生创业对于社会经济发展和缓解大学生就业压力的作用都非同一般。因此,这种模式应该是我国应该大力提倡和引导的。

2.4.4 创新创业模式的培育平台

(1)“模拟企划+资金注入”模式。这种创业模式以参赛学生创业方案企划案为创业教育及能力培育平台,多以高校之间或高校与企业联合举办各类模拟经营、模拟企划大赛为形式,在有乐趣和竞争的氛围下引导大学生逐步走向创新创业之途。

利用参加大学生创业计划竞赛的机会进行创业,可以说是很多大学生迈向创业之路的捷径。要实现这种创业模式,首先需要提出独特的创业构思和意向,并将创业构思概念化,形成发明创造实体产品或技术专利等参赛作品。同时经过一系列的市场调研、可行性分析后,制定出一套具体、可实施的能把产品或服务成功推向市场的商业计划书。在这类大赛中,参与学生多以团队加入比赛,在成员自由选择、性格与能力磨合过程中相互促进,往往就此形成一个好的创业团队。参加比赛的大学生通过创业大赛熟悉了创业基本程序,储备了相关创业知识,积累了珍贵的创业经验,接触并了解了社会,这正是实施创业前的模拟实验。且全国性的大赛会引起全社会的关注,好的创意方案通过遴选脱颖而出后,便极可能获得有识之士的认可,相关企业便可出资扶助,或者凭借风险投资基金开创新事业。

这类活动在国内并不鲜见。如由共青团中央、中国科协、教育部和全国学联联合推出的全国“挑战杯”创业大赛就为怀揣创业梦想的大学生提供了极佳的展示平台。自其首届赛事于 1999 年由清华大学承办后,创业计划竞赛便掀起了一股大学生创业风潮。每届创业计划竞赛都有许多获奖成果得到利用,孕育出一批高科技公司。在第三届“挑战杯”中国大学生创业计划竞赛中,获奖创业企划案中正式签约项目获得的投资金额高达 5 760 万元。第五届“挑战杯”创业大赛中,赛前便有 25 家企业与 13 个参赛项目达成投资意向,获得共 5 921.35 万元的风险投资。其中来自浙江大学的高科技化工品创业计划更是独占 1 100 万元风险投资资金。总体来看,此种创业模式通过创业大赛进程的逐步演进,对大学生创业团队的能力培养效果显著,可以说将创业教育与创业实施融为一体,经过激烈的竞争和筛选后,实体成果初见雏形,是一套完整、成熟的大学生创业扶助思路,实践性极强。

(2)“技术导向+园区孵化”模式。大学校园是丰硕的科研成果聚集之地,各高校和各地政府也往往热衷于兴建大学生科技创新创业园。成熟的创业园区的产业往往以市场为导向,涉及电子、化工、生物、信息等科技含量高、知识密集型产业领域,为掌握关键技术及研发成果的大学生指引了正确的探索方向,是一种由“政府搭台、学生唱戏、企业参与”的优质创业模式。

在这种创业模式引导下，创业大学生需要对科研成果进行市场潜在价值和前景预测分析，在认真撰写商业计划书、联系组建创业和管理团队的同时及时获取政策扶持信息，以匹配入园条件，申请进入创业园区。顺利成立创业企业后，便可实现经营管理新企业，推出新产品或服务等。建立创业科技园的同时可以达到完善大学生创业培训体系的目的，进而完成创业模式和创业教学的协调配合。创业园区内提供持续性的年度培训计划，专家授课、企业参与、模拟流程实践、头脑风暴讨论与企业实地观摩等各种丰富多彩的形式，使参与园区培养计划的创业大学生得以身临其境，真切体验创业实境。同时，由园区聘请的各类创业基金会的导师、大学生创业大赛的评委、具有丰富企业经营管理经验或是创业经验人士等担任讲师，使创业大学生在实践过程中迅速成长，获取各种创业要素和能力拓展的机会。

在此模式下，创业企业的孵化过程可融合多种经营方式，如在大学生进行创业实体化操作的前期，由孵化企业提供资金、技术辅助支持，而创业企业则通过相关业务联系和定期考核经营状况为主要纽带，与孵化企业形成链接。当创业企业发展到一定阶段后，创业企业团队和孵化企业可进行双向选择，孵化企业可选择享有创业企业的部分股份，获取利润回报，也可由社会企业持有创业企业的控股权，而创业团队则掌握部分股份，并得到一定数量的股份回购资金。这种创业模式因其政策指向效果显著，在各地区都呈现良好的发展态势。在浙江海盐大学生创业园区中，浙江吉安纸容器公司大学生创业二期团队完成了 30 个技术改造项目和 10 个技术创新项目，为孵化公司增加经济效益 1 000 多万元，年均为公司节约成本或增加收益 1 600 多万元，真正做到了通过技术改造活动实现公司技术改进和创业大学生迅速成长的双丰收。同济大学通过建立大学生创业基金同济分基金，利用“孵化服务和大学生创业基金管理”的新型孵化模式，两年内培育了多达 36 家完成工商注册的大学生创业企业，注册资本金约 1 900 万元。如此丰硕的实践成果也证明了创新创业学生所掌握的技术成果只有通过园区有步骤的管理、孵化，有效规避市场信息不对称的创业风险，才能取得更为辉煌的成绩。

(3) “创意课程＋多渠发展”模式。以上两种创新创业模式的培育平台通过多年的探索和各个高校、地方政府的大力扶持、推广，已经发展得较为成熟。虽然通过竞赛平台和园区孵化取得创业成果的大学生较多，但相比全国数百万的亟待解决就业问题的大学生，我们更加迫切地需要打造一个与学生关系更密切、创业形式更为多样、孵化门槛更低的创业模式及培育平台。将培养创新创业意识的创意课程纳入大学生教学计划大纲，不仅是从起步阶段宣传了正确、积极的创业价值观，同时更是将创业资源铺设在了最广泛的平台，弥补了创业竞赛或创业园区模式可能造成的稀缺资源配比不均的马太效应。

将创意课程纳入教学体系的实践是构建大学生创业教育的常规步骤，在全国各高校也均有体现。但过分专业、系统化的传统课程体系将知识板块划分得过窄，同时也割裂了学生对创业能力的理解，这显然不符合当代新形势下对创新创业人才的培养，更无法保证大学生创业能力的输出。因此，在创意课程体系设计当中，要把大学生创新创业教育及创业能力培养作为核心内容，将制定科学合理的创新创业人才培养计划贯穿于大学生四年教育的全过程。在该创业模式指导下的创意课程主要分为三个层次。首先，建立面向全体学生的以激发学生创新创业意识、创业精神的通识课程体系，作为培养在校大学生创新创业基本素质的基础环节。其次，对于那些在通识课程中体现出极大积极性和有较强创新创业潜质的学生，设置专门的培育课程。通过案例教学、头脑风暴讨论等方式，提高其创新创业的基本知识和技能。最后，由创业导师精心设计各类实践活动课程，以相关项目或创业活动为引导，鼓励志同道合的学生组成创业小分队，定期汇报创意方案成果，在教师及同学的交流互动中不断磨合改进，逐步完成可供操作的创业企划。这三大课程层次构成了一个系统的创新创业课程结构模型，辅之以多样性的融资渠道，实现创业成果迈向市场的孵化模式。该模式的优势及特点在于能最大限度地激发和提升大学生潜在的创业素养，是真正的“平民化”创新创业模式。

2.5 创新与创业的能力及知识要求

杰拉尔德·希尔斯的一份研究中指出，大多数的人都认为创业教育最重要的目标是增加学生对新创事业创始与管理的过程的认知与了解，其次为增加学生对创业生涯的职业选择有所了解。创业是一种需全身心投入的事业，积极的态度和务实精神才能使创业成功。在这个过程中，没有人会给创业者部署安排，没有人会给创业者决策计划，面临困难、问题、危机，创业者只有积极努力、脚踏实地奋斗，才有可能取得创业效益。

2.5.1 创新与创业的能力要求

(1) 把握机会的能力。把握机会的能力即具有独到的创造性思维和敏锐洞察力。创造性思维是指能够以较高的质量和效率获取知识，并能根据市场需求灵活运用所学知识开发出新产品和新技术的思维方式。敏锐洞察力是运用已有的经验和知识，对问题从总体上直接加以认识和把握，以一种高度简练、浓缩的方式洞察问题的实质，并迅速解决问题或对问题作出某种猜测的思维形式。敏锐洞察力在寻求商机和科学发现等创新行为中具有极为重要的作用，它是一种内在本能，来自经验的积累。通过以往的工作经历，善于总结各种经验，对宏观微观经济形势以及各种商业运营的态势，做到心中有数，善于把握做生意的基本技术和技巧。

(2) 决策能力。决策能力是管理能力的核心部分，管理者决策水平的高低对创业企业的成败影响巨大。据美国兰德公司估计，世界上破产倒闭的大企业，85%是因企业家决策失误造成的，中国的企业就更是如此。对于创业者而言，必须具有收集、处理、分析信息的意识和技能，善于捕捉来自社会生活各个方面的信息，以获得感知，经过科学分析，进而形成理性思维，根据客观情况作出决策，具有高瞻远瞩的能力。

(3) 领导能力。领导才能已日渐成为衡量创业成功的重要标志，创业者必须树立科学的企业发展目标，其领导能力体现在指挥、带领、引导、鼓励部下为实现目标而努力的过程中。具备优秀价值观和人格的领导者容易使组织成员对其产生敬佩、认同和服从等心态,并拥有一批坚定的追随者和拥护者,使组织群体取得良好绩效。领导者的个人价值观会吸引具有同类价值取向的人凝聚于组织,增加了组织成员的认同感和归属感;正直、公正、信念、恒心、毅力、进取精神等优秀的人格品质无疑会提升领导者的影响力和个人魅力,企业凝聚力无疑会提高,从而扩大其追随者队伍。

(4) 用人能力,即团队协调能力。构筑一项事业,既需要有形资产,也需要无形资产——他们的人际关系网络,着手做任何一件新的事情的时候,肯定需要很多人的帮助和支持,例如团队成员、投资者、地方政府等。钢铁大王都说过"我宁愿花费 90%的时间去建立人脉。"可见此种能力的重要性。在一个团队中,创业者可以是团队的核心,也可以是这个团队中的一员,需要具备良好的心理素质、团队意识,以及具有良好的人际交往能力、协调沟通能力,具有配合奉献精神。发达国家创业企业的成功经验之一,就是通过技术专家、管理专家、财务专家、营销专家的有机组合,形成团队的整体优势,从而为创业企业奠定坚实的组织基础。如今随着"金字塔式"的管理逐步被"网络式"的管理所代替,管理的强制性及权威性弱化,目标服从性和协调性强化,这就要求管理者必须具备极强的协调能力,通过整合各行为主体的经济活动,使经济过程协调一致,达到整体效益最大化。

(5) 学习能力。人类已步入知识经济新时代,新知识诞生的数量,传播的速度都是惊人的,企业内、外每时每刻都会遇到新思想、新观念、新技术、新事物的冲击。终身不断学习,将越来越成为企业生存和发展的第一需要,同时也必将成为人们追求幸福与财富品质的主要诱发因子及原动力。在 21 世纪整个企业组织将是一个学习型组织。这种组织形式能够不断进行自我调整和改造,以适应迅速变化的环境,求得自身生存和发展。创新创业者更应具有学习的能力,不断吸取新的东西,才能紧跟时代的步伐。

(6) 抗风险能力。创业者必须具有冒险精神,只有敢于冒险才能果断地抓住机会,但是当一个机会突然出现的时候,风险也随之而来,这就需要有勇气承担风险。创业路上,风险无处不在、无时不在。要创业就一定要在风险和收益之间进行抉择和权衡,既不能为了收益而不顾风险的大小,也不能因害怕风险而错失良机,而是要在争取实现目标的前提下,管理风险、控制风险、规避风险,这才是创业者对待风险的正确态度。

2.5.2 创新与创业的知识结构要求

"创业及其相关内容是可以被教的"这一认识正逐渐被许多学者接受。彼特曼和肯尼迪的研究发现,创业教育项目能改变受教育者的创业意向。在 20 世纪 70 年代,全世界只有 16 所大学进行创业领域的教学活动。如今,全世界从事创业教育(entrepreneurship education)的大学超过 1 600 所,开设课程超过 2 200 门。可见全世界都在探索创业者所需的知识结构。个人的知识越多,知识面越广,结构越合理,创造力也就越大。建立合理的知识结构,是创新创业的必要条件。

(1) 要具有扎实宽厚的综合基础知识以及工具性知识,如人文社会科学知识:思想道德修养、法学、哲学、文学、历史学、政治学、艺术、社会学、人类学、心理学、宗教文化等方面的知识,其中包括政策、法规、工商、税务、金融、保险、人际交往、公共关系等;自然科学知识:科学哲学、自然科学史等方面的知识;工程技术类知识:工程设计、机械、电子、纺织服装工程等方面的知识。这类知识属于综合性知识,是发挥社会关系运筹作用的多种专门知识。

(2)要具有提高创新创业能力的知识。如创造学、科技发明、创业管理、商务沟通与交流、战略型创业(市场机会分析)、新企业创建(商业计划)、新事业融资(投资新事业)、创业高级原理(与企业家共事)、内部创业—公司创业(现有组织中的创业)、科技创业、团队训练、拓展训练、国际创业(跨国界的创业)、管理成长型的组织(促进组织成长)、科技创业(科技型组织创业)等。

知识结构具有动态性,因此,创新创业人才应当掌握各类知识的最新发展动态,并及时将其补充到自己的知识领域中。只有自己掌握最牢固的基础理论知识和最先进的科学知识,才能站在科学技术前沿,提高创新能力。

2.6 创新与创业当前面临的挑战和机遇

随着我国改革开放日益深化,在社会创业热潮的推动下,出现了大学生创业热。虽然我国的改革开放、创业政策等为大学生创业提供了良好机遇,但是大学生创业同时也面临着诸多的挑战,使得大学生创业成功率比较低。如何使大学生更好地把握机遇、迎接挑战,在新形势下采取有效的应对措施就显得尤为重要。

随着我国产业政策的调整、制度的日趋完善、创业门槛的降低等,创业活动趋向活跃。大学生创业也遇到了很好的机遇,不过机遇与挑战往往是并存的,大学生创业遭遇的困难与挑战也是不容忽视的。

2.6.1 大学生创业面临的挑战

(1)政策的影响。我国政府为了鼓励大学生创业,陆续出台了一些有利于促进大学生创业的优惠政策,这些政策对于营造公平的市场竞争环境,帮助大学生创业从而带动就业是十分有利的,但是也存在着一些问题。

首先是政策执行力不强。例如,有些地方政府并不知道如何具体贯彻落实已经出台的相关优惠政策,甚至出现了一些地方政府或相关单位因误读政策,而无法落实大学生创业优惠政策的问题。其次是一些地方政府创业服务不到位。创业服务是指为大学生创业提供人才、中介、法律、咨询、科技、税收、信息等方面的服务。虽然一些地方政府为大学生创业成立了相关的服务部门,但是服务体系不健全、服务不到位的现象还存在。再次是相关政策不配套。表现为政府未能建立创业保障体系,没有失业保障,没有相应的大学生创业的社会福利制度;此外政府贷款优惠审查严格,办理手续非常繁杂。政策性贷款往往成本比较低,但是由于大学生创业贷款业务利润低并且风险比较大,就算政府进行一定的优惠与帮扶,也难以避免的会遇到风险问题。因此,政府在没有找到更好的解决办法之前,只能加大对贷款申请人审查的力度。

（2）“融资难”的影响。大学生创业者可能有好的技术或者创意，但是创业者往往资金短缺，希望获得外部融资，而又会遭遇“融资难”的问题，“融资难”可以说是大学生创业所面临的最大障碍，大学生创业“融资难”的原因主要有以下几个方面：

第一，大学生创业融资形式单一。大学生创业以自筹资金为主，即向包括父母、亲戚、朋友在内的关系密切的人借款，但是一旦创业失败，会给自己和亲友带来巨大压力；而向银行借贷，数量有限。银行在贷款前，除了对贷款申请人审查把关比较严格外，还要求贷款申请人有担保人并且具有一定的偿还能力。然而大学生创业者在创业初期，生产经营等业务由于受一些因素的影响，往往会出现财务报表账面亏损等问题；并且大学生创业者受人脉资源的局限，找到合适的担保人并不是一件很容易的事情。因此，大学生即便获取了银行创业贷款，数量也不是很多；此外，尽管风险投资越来越受到创业大学生的青睐，但是要想获得风险投资资金很难。例如，2010 年我国大学生自主创业的资金仅有 3％来自创业投资基金，而且大多属于政府的公益性基金，由此可见风险投资家投给创业大学生的资金是比较少的。

第二，大学生初创企业自身的原因。大学生初创企业一般情况下规模都比较小，科技含量不高，抗风险的能力不强，经营风险比较大，资金匮乏，融资困难。由于初创企业财务制度不健全，不能提供准确的财务报表，从而使得银行因顾虑风险过大而不愿为其提供贷款。同时初创企业法制意识淡薄，有时会欠息、赖债，这就在一定程度上制约了企业的融资。而且大学生初创企业所能提供的土地、房屋等抵押物较少，再加上寻求担保比较困难，因此，通过抵押贷款来获取资金的难度是非常大的。而银行对于创业企业的贷款，一律要办理抵押和担保手续，但初创企业往往很难找到有能力的大企业为其担保，从而造成抵押困难。2013 年，受银行提高合作门槛以及宏观经济下行等诸多不利因素的影响，中小企业担保业务增速放缓，这势必会对大学生初创企业融资造成冲击与影响。

（3）大学生自身因素的影响。大学生大多缺乏坚定的创业信念和必要的抗挫能力。他们往往自命不凡，这就容易导致大学生创业时出现眼高手低的状况。特别是刚创业的大学生对如何创业以及如何应对创业过程中可能遭遇的困难、风险等问题认识不足，一旦遇到困难、遭受挫折，就容易灰心丧气，甚至放弃创业；大学生对于创业往往空想大于实际。例如，在大学生提交的一些创业计划书中，许多人还试图用一个自认为很新奇的创意来吸引投资。但投资人看重的往往是创业计划中的真正技术含量有多少，市场空间有多大，市场赢利的空间有多少。对于这些，创业者必须有一整套细致周密的可行性论证与实施计划，绝不是仅凭三言两语的一个主意就能让人家掏钱的。事实上，思与行是有一定差距的，大学生创业者不仅要敢想，更应该事先做足功课，多搞社会调研，反复论证其可行性有多大。大学生自身素质不强，创业是一个复杂而又艰巨的过程，它对创业者的综合素质要求很高。首先，创业者应该具有合理的知识结构，包括管理知识、金融、商务、税务、投资、法律知识、创业知识和专业知识等。其次，创业者应该具备比较全面的综合能力，例如，实践能力、开拓创新、组织领导、协调协作和沟通能力、创业能力、创造能力和社会交往能力等。最后，大学生创业者还应该具备自立、自强、自信、乐观、创新精神等创业素质。而大学生受以上一些因素的制约，难以避免地影响到创业。鉴于上述大学生创业者所遭遇的挑战，如何采取有效的对策来加以应对是十分重要的。

2.6.2 促进创新与创业的对策

(1) 政府的政策对策。政府不仅要制定有利于创业的产业政策，还应保证政策能够真正地贯彻与落实，为此要建立完善健全的监督机制，对创业政策的落实情况进行监管，明确责任到具体的部门、科室和个人，经常进行检查，检查不能只走过场，敷衍了事，而是要认真对待，对查出的问题要进行批评与教育，追究其责任。此外政府还应增强服务意识，强化服务职能，例如为大学生提供服务信息，搭建服务平台。国外大学生创业之所以取得成功，与政府相关部门着重搭建优质的公共创业服务平台密不可分。为此，我国也应该学习国外的成功经验，搭建大学生创业服务交流平台，建立健全大学生创业项目库、人才库、政策法规库、技术专利库等，为大学生创业提供快捷的网络信息服务。当然大学生创业因为涉及全社会的方方面面，因此还需要全社会各行各业的大力支持与帮助，政府要建立一种以政府为主导，全社会共同参与的体制，要积极协调社会各方的力量来对大学生创业予以支持，要努力形成以政府为主导、全社会共同支持的创业格局；要建立并完善与创业相配套的政策，例如银行、保险、工商、税务、司法、创业教育与培训系统都要出台相应的优惠政策，并且保证政策的有效实施。

(2) 解决大学生创业"融资难"的对策。首先，要拓宽大学生初创企业的融资渠道，保护和规范民间融资。民间融资主要是亲朋好友之间的借贷，企业之间资金借款以及民间融资机构。但是由于民间融资机构不具有合法身份，业务活动不受有关部门的监督，因此可能会引发经济纠纷等问题的发生，所以应对其进行规范和引导，尽早将民间融资纳入国家金融体系，使其正规化，从而更好地发挥积极作用。其次，金融机构要积极与政府相关部门合作，为创业贷款打开方便之门。地方银行可充分发挥机制灵活的优势，加大对大学生创业企业的支持力度。各级政府组织可为其配备专业导师，进行专业辅导，以此来提高创业项目的成功率；要建立信用识别制度，降低小额贷款风险。银行可建立信用识别制度，对贷款客户进行详细的跟踪调查，利用熟人、亲朋邻里、同学、同事等口碑信用来降低贷款的风险。再次，要完善社会服务机构。大学生初创企业市场竞争风险大，又缺乏有效的资产抵押和信用担保，是造成企业"融资难"的深层次原因。因此，我国应加快初创企业信用担保体制的建设，创造条件扶持一批经营业绩好、制度健全、管理规范的担保机构；还要建立健全中小企业担保机构的风险防范和分担机制，制定担保公司的保险制度，有效化解担保机构的经营风险。

(3) 解决大学生自身问题的对策。首先，高校应积极探索指导大学生创业的现代方式，加强对大学生综合能力的培养。当前大学生创业率和创业成功率不高的主要原因在于创业意识不强、实际能力与实践经验缺乏等。这说明一些高校还不同程度地存在着重理论、轻实践的问题，此外，一些高校课程设置、教学方式比较传统和单一，或者过于重视技能训练，或者习惯知识性的应试教育，忽视创业行为引导与创新能力的培养，这些问题既影响高校竞争力的提高，也制约创新人才的培养。为此，高校必须以培养学生的创新精神和实际能力为重点，进行教育改革，把创新教育摆在高等教育的重要位置，积极探索指导大学生创业的现代方式。要加强对大学生实践能力、开拓创新、组织领导、协调协作和沟通能力、创业能力以及社交能力等综合能力的培养，同时要强化大学生的抗挫折教育。其次，大学生创业者要做好创业项目选择，增强风险意识。对于刚创业的大学生来说，任何低估创业风险的行为都可能导致创业失败。如何规避风险呢？一是，要了解相关的政策及法律法规。近年来为支持大学生创业，党和政府先后出台了一些优惠政策，涉及融资、税收、创业培训及创业指导等许多方面。大学生应该了解这些政策，充分利用好这些政策。二是，要控制好市场风险，增强市场意识。如果企业生产的新产品不能适应市场的需求，就可能给企业带来巨大的风险。所以在选择项目时大学生不应该过于盲目。大学生在创业初期一定要做足功课，进行比较充分的市场调研，如果有不懂的问题，可以向相关的专家、前辈、老师进行了解和咨询，在对市场有了一定程度了解的情况下再选择项目进行创业，在创业初期要脚踏实地，不能好高骛远。三是，要注意规避管理上的风险。大学生在创业过程中不乏因管理不善而导致失败的案例。因此，创业者应该努力学习管理知识，增加管理经验，争取用最先进、最科学的管理方法来管理企业。

第3章
目标客户评价与消费者市场细分策略

3.1 目标客户

3.1.1 目标客户的概念

目标客户,即企业或商家提供产品、服务的对象。目标客户是市场营销工作的前端,只有确立了消费群体中的某类目标客户,才能展开有效且具有针对性的营销事务。企业与市场营销渠道中的各种力量保持密切关系的目的就是为了有效地向其目标客户提供产品和服务。客户的需求正是企业营销努力的起点和核心。因此,认真分析目标客户需求的特点和变化趋势是企业极其重要的基础工作。

市场营销学根据购买者和购买目的来对企业的目标客户进行分类。包括:

(1) 消费者市场:消费者市场由为了个人消费而购买的个人和家庭构成。

(2) 生产者市场:生产者市场由为了加工生产来获取利润而购买的个人和企业构成。

(3) 中间商市场:中间商市场由为了转卖来获取利润而购买的批发商和零售商构成。

(4) 政府市场:政府市场由为了履行政府职责而进行购买的各级政府机构构成。

(5) 国际市场:国际市场由国外的购买者构成,包括国外的消费者、生产者、中间商和政府机构。

每种市场类型在消费需求和消费方式上都具有鲜明的特色。企业的目标客户可以是以上五种市场中的一种或几种。也就是说,一个企业的营销对象可以不仅包括广大的消费者,也包括各类组织机构。企业必须分别了解不同类型目标市场的需求特点和购买行为。

3.1.2 目标客户群的定位

随着我国经济市场化程度的不断加深及买方需求的多样化趋势,构成产业链的元素进一步分裂,市场细分成为了21世纪中国经济成熟的标志,为满足消费者日益细化的需求而衍生出许多细分行业使单元产业的价值链条愈见加长,通吃产业链的产品已经成为过去时,针对部分消费者(目标客户群体)的细分需求制定产品定位方可打造企业的核心竞争力。

企业在制订营销方案的时候所面临的最大问题就是把产品卖给“谁”,也就是确定目标客户群体的问题。市场之大,消费者何其众也,国内尚且如此,更何况国际市场,企业在确定目标客户群体的时候,首先要针对所有的客户进行初步判别和确认。

在初步确定目标客户群体时,必须关注于企业的战略目标,它包括两个方面的内容:一方面是寻找企业品牌需要特别针对的具有共同需求和偏好的消费群体;另一方面是寻找能帮助公司获得期望达到的销售收入和利益的群体。通过分析居民可支配收入水平、年龄分布、地域分布、购买类似产品的支出统计,可以将所有的消费者进行初步细分,筛选掉因经济能力、地域限制、消费习惯等原因不可能为企业创造销售收入的消费者,保留可能形成购买的消费群体,并对可能形成购买的消费群体进行某种一维分解,分解的标准可以依据年龄层次,也可以依据购买力水平,也可以依据有理可循的消费习惯。由于分析方法更趋于定性分析,经过筛选保留下的消费群体的边界可能是模糊的,需要进一步的细化与探索。

(1) 需求分析。定义了目标客户群体,企业下一个目标就是明确向该目标客户群体提供怎样的产品价值,为此,企业需要从多个角度了解消费者对产品的不同需求:

① 将不同变量中的数据结合在一起。如通过地理分析的、人口统计的、心理研究的、行为研究和需求研究的数据,带来有意义和可操作的目标客户群体需求定义轮廓。

② 有技巧地进行消费者的调查研究。如通过问卷、座谈、家庭访问、组织训练营了解消费者每一天的生活。

③ 了解除了功能利益之外消费者还需要的产品体验。如未满足的个性需求或者未被重视的心理优越感等。

为了通过目标客户群体为企业带来更好的效益,企业需要从消费者的行为、态度、信仰、购买动力等各个方面来了解他们的真正需求:

① 定量分析。对市场中的消费者行为的基本概括,例如,产品测试、包装测试、广告文案测试等。

② 基础性的消费者研究。主动对一个品类或者产品中消费者基本行为的了解。例如,业务分类研究,品牌资产调查,习惯和经验研究等。

③ 经验性的消费者研究。是对消费者的深入研究,将定性和定量研究与消费者的生活联系起来进行分析。

(2) 二次细分。在根据企业战略目标初步判别目标客户群体的轮廓之后,企业需要对这个范围较大的目标客户群体进行二次细分,目的是帮助企业确认目标客户群体的最终方案。

首先通过综合定性判别,结合小规模的客户调查或经销商访谈,丰富已经初步确定的战略目标客户群体分解标准,赋值形成购买驱动/衰竭曲线,如以年龄层次、购买频率、购买支出占可支配收入的额度为分解标准赋值切等。

其次,需要对总体目标客户群体进行排序。即确定首要关注对象、次要目标和辐射人群。首要关注对象是指在总体目标客户群体中,有最高消费潜力的那部分消费者;次要目标是指与企业战略目标有分歧的但能为产品创造重要销售机会的消费者;辐射人群是指处于总体目标客户群体内购买欲望最弱的那部分群体,但他们可以被企业的营销手段影响而形成偶然购买甚至最终成为固定购买群体。首要关注对象是企业在营销战略中最值得关注的群体,是在总体目标客户群体中具有最高消费潜力的那部分消费者,他们有如下四种类型:

① 经常性或者大量购买该产品的消费者,如偏好西式食品,经常性购买沙拉酱、意大利通心粉的消费者;

② 刚刚开始接触和购买同类产品的消费者,如刚刚有能力购买小型住房的年轻消费者;

③ 对产品有最高期望值的消费者,如女性对于化妆品的需求;

④ 产品的早期使用者,他们能够产生示范效应,影响他人购买选择的消费者,如数码 DV 的早期使用者。

通过营销乃至推广手段使首要关注对象成为产品的忠实拥护者、品牌的深刻感知者能够帮助企业获得较高的稳定销售收入。同时,企业通过客户关系管理手段经营次要目标及辐射人群,有望在中长期获得较高的销售收入。

(3) 动态调整。许多企业在推出新产品的时候都会非常慎重地进行产品定位,但往往忽略了在产品上市与消费者"亲密接触"一段时间之后,接受消费者信息反馈并对目标客户群体进行调整。一家内墙涂料企业在将产品投放市场之前做足了准备工作,事实证明效果也非常理想,但不到 15 个月的时间,销售收入就出现了较大幅度的下跌,企业开始以为是没有加大推广和促销力度,于是在两个月间在西南市场内投放了总额度超过 500 万元的推广和促销作为改进试点,但情形并未如他们所料那样有所好转。经过分析,销售业绩下滑的原因很大程度上来自这 10 多个月来,消费者的产品需求和消费习惯已经发生了很大的转变,而企业并没有察觉这一点,在业绩不佳时只是简单地加大推广和促销力度,而这些手段实质上大部分是加之于无效客户的投放渠道的,因为原有的目标客户群体定位已经发生转变了。最后,该企业通过建立有效的信息跟踪机制,对市场上的变化及时跟踪了解,在需要的时候调整策略,并适时推出针对性产品迎合客户需求,后来从业绩反映上看,效果非常明显。

同时,企业在理解客户需求并有针对性地对战略、营销加以调整的时候,也需要注意一些策略性的问题:

① 消费者行为很多时候是从感性角度出发的,而不只是理性的考虑技术方面的因素;

② 消费者在个人价值观动摇或者观念与现实不协调的时候会表现得很消极;

③ 在我们提高了消费者的自我意识或让他们感觉更好的情况下他们会表现得很友好;

④ 消费者只有在产品能够满足他们真正的需求或尚未满足的期望时会对产品产生兴趣;

⑤ 消费者在选择产品时有很强的主动性；

⑥ 消费者很难改变，但同时也是善于合作的；

⑦ 一些观念需要在被消费者接受之前得到实践；

⑧ 不是所有的消费者都像公司的经理。

目标客户群的定位可以细分为很多个维度，例如，针对性别的定位除了包含男人、女人、中性、儿童、情侣外，不同的组合会有不同的定位，亲子装就是性别定位下的延伸品。而除了性别外还有年龄、职业、生活、工作场景等不同的定位维度。

① 性别。首先要明确目标客户群的性别是什么，或许很多人觉得这是一句很好笑的话。其实，本意是商家需要了解，真正为此付费形成购买的人是谁，例如，男装，他的目标客户群就是男性群体吗？从数据显示，有40%左右的男装购买人群为女性群体；而母婴类目、老年装、保健品等，更是需要在目标客户群的性别上仔细斟酌。并不是产品本身决定了目标客户群的性别，电子商务时代的目标客户群，可能正在互联网的另一端悄悄地发生变化。

在目标客户性别的选择上，除了产品本身的定位外，对于一些居家使用、装饰用途的产品也需要有性别的定位之分。而特殊的产品，如儿童类的产品，商家是否明确受众人群究竟是谁？显然，在儿童类产品中，受众人群通常为女性，因为在实际购买中，孩子本身是不可能在网上购物的，所以儿童产品的定位其实是女性群体，她们才是实际的购买人群，也就是受众人群。

② 年龄。很多商家针对年龄的定位，认为自己的目标客户群是18～35岁之间的女性群体，或25～35岁的女性群体，其实不然。我们仔细分析一下目标客户群的年龄段问题，首先，18～23岁的消费者大多为在校学生，有一定的消费基础，消费的是家长的钱，所以他们在低价和高性价比上有过分的追求，但不排除也有人喜欢一些昂贵的东西；其次，24～28岁的消费者为刚刚走出校门或处在就业的升职期，往往需要构建家庭，在普通的理念中，这样的人是最有消费能力的，但是多方数据显示，迫于家庭的压力等因素，这部分人消费能力略显逊色；再次，29～35岁的消费者，在为父母、子女购买商品的时候，偶有大手笔的投入，消费能力呈现上升趋势；而36岁以上的消费者，因网络使用问题，消费能力也不尽人意。

在服饰方面，女性每3年为一个社会角色的转变期，所以女性年龄层次可以细分到每3岁为一个年龄段；而每个年龄段的跨度甚至囊括了功能性和风格的产品特征。

③ 职业。根据目标客户群的职业，定位也有所不同。除了其职业化的功能性用途、风格性用途，还有这类人对于产品文化定位的追求，对于品牌附加值的心理追求因素等。单从收入的高低划分，可以看出职业的定位对于产品本身的价格策略和店铺的赢利模式都能起到决定作用，倘若有一点背道而驰，最终的定位结果都会显得不切实际，或是无法完全切合定位。例如，收入水平较高的一些白领或金领的办公室人员，他们具有一定的消费能力，对于这样的受众人群，定位和定价要相对偏高；而收入水平相对较低的受众人群，他们更加追求产品本身的性价比，对于这样的受众人群，定价和定位要相对较低。

④ 场景。有人曾经做过这样的一个实验，根据女性在社会中的不同地点、不同场合、不同角色，进行场景定位。例如，某女是管理层职业女性，高端的消费人群代表，但是她可能在生活中是一个很萝莉的女子，于是在分类上进行差异化的定位，将产品进行场景分类。类目页面点击量占全页面点击量的 30%～40%，类目页面的转换率比单品搜索的转换率高近 1 倍。而户外、家居、家纺、化妆品等类目也是一样的情况。在办公环境的场景下，一般的消费者更追求产品本身的功能性和观赏性，除此之外对于品牌的追求可能成为工作之余的谈资，也是在办公室的定位中需要注意的；而其他在生活、娱乐、休闲、旅行等场景中目标客户会追求产品的舒适感、实用性等更加切合实际的功能。

⑤ 风格。这里说的风格定位，可以说是目标客户群的风格定位，或是产品本身的风格定位。风格所反映的附加值或价值包括三个方面：一是时代的特色，如 20 世纪六七十年代人们追求质朴实用的风格；80 年代改革开放，追求时髦的风格；90 年代时尚运动成为代名词；而 21 世纪初，回归简约、怀旧、时尚，数种风格并进成为我们这个时代的共同特色风格。二是材质和技术的区别性，以及能为大众带来的审美观是否切合消费者的习惯。三是在消费水平日益提升的今天，人们对于心灵的追求，对于产品本身文化的追求，对于品牌赋予产品的生命力的追求。

时下，对于女装类目的风格已经出现 46 种风格细分的流派，而主流的服装风格有 18 种，分别是瑞丽、嘻皮、百搭、淑女、韩版、民族、欧美、学院、通勤、中性、嘻哈、田园、朋克、白领女性、洛丽塔、街头、简约、波西米亚等。

文化塑造产品定位，或者说，文化切合产品的定位，而文化，除了在店铺的装修上有所展现外，包装也是另一个传播的途径。

3.1.3 目标客户群的研究内容

①客户群年龄；②客户群职业特征；③客户群区域结构；④客户群的消费能力、消费方式；⑤客户群对产品特征的需求；⑥客户群消费偏好的需求；⑦客户群对售后服务的需求；⑧客户群的支付能力。

3.1.4 目标客户群调查的目的

一是分析目标客户群的市场地位和影响力、政策支持力度，确认目标客户群是否为我方的拓展目标，并寻找商圈内的优势客户群；

二是摸清其经营模式和运作规律，找出业务批量营销的撬动点及风险控制关键点；

三是对目标客户群分类分层，调查主要目标客户的主要特征、金融需求和同行业产品介入情况，为授信方案设计提供信息依据。

3.2 目标客户评价指标

(1) 单一指标。单一指标就是企业单纯从销售额、利润、回款金额、交易次数等数据指标来确立大客户分类标准。单一指标存在很多弊端和副作用。

(2) 金字塔模型(权重分析)。客户价值金字塔的应用是根据价值指标和指标权重为每个客户计算出综合价值状况,然后按照价值等级将客户划分为价值金字塔的不同区段,并进行可视化展现,从而形成量化的客户价值体系。

企业可以选择不同的价值指标定义多个价值金字塔模型,例如利润价值金字塔、模版价值金字塔、潜在价值金字塔等,从不同的视角评估自己的客户群和每一个客户,明晰客户的价值取向、价值分布及不同价值区间的客户构成特征等。根据设定的价值指标及权重,我们可以设置客户价值等级的区段。

(3) 客户价值计分卡。这是最新的划分方法,因为目前划分客户的价值大部分都是现实价值,例如:销售金额或者收款周期等,然而有些企业的发展潜力比较大,例如:十年之前没有人认识到互联网行业的价值,现在许多门户网站像新浪、网易等公司都已经上市了,可以没有综合的衡量标准。

因此,根据客户的价值分为潜在价值与现实价值,现实价值包括财务指标与销售指标,这两个指标非常明显可以直接看到;潜在价值包括客户指标与服务指标,这两个指标可以根据客户本身对我们企业的潜在价值来衡量,最后通过四指标进行加权平均来计分,所以,未来客户计分卡的方法一定会成为一种趋势。

3.3 建立客户评价系统

3.3.1 客户评价系统

近年来,科学技术的迅猛发展致使各行各业的竞争日益激烈,尤其是服务行业的竞争,"服务质量"便成为各行各业所要解决的重要方面。有些单位为改善自身服务质量,树立良好社会形象,制定详细的规章制度来管理服务人员,有些单位甚至还专门成立了相应的部门,但仍旧不能够彻底解决问题。在这种背景下客户评价系统应运而生。

客户评价系统(customer evaluation system)完全是由客户自主进行评价,系统自动进行统计分析,从而有效地监督和提升服务人员的服务质量。已有研究表明:发展一位新客户的成本是挽留一个老客户的 3～10 倍;客户忠诚度下降 5%,企业利润下降 25%;向新客户推销产品的成功率是 15%,向现有客户推销产品的成功率是 50%;如果将每年的客户关系保持率增加 5%,则利润将达 25%～85%;60%的新客户来自现有客户的推荐;20%的客户带来 80%的利润。如此可见,客户对企业的评价和企业目标的实现有着至关重要的作用。

3.3.2 建立客户评价体系

步骤一:列出你过去及现在最好的客户(不是期望的)。重点是你个人认为最满意,而不是只凭订单量来判断。这一步只用你的内心感受,不要试图分析你的选择标准。按"感觉好"的标准列出 10 个最好的客户,先写出你最喜欢的,第二喜欢的,以此类推。

步骤二:列出你过去及现在最差的客户。还是用你以往的经历和内心感受而不是用户的订单量来区分,按"感觉差"的顺序先写出最差的,其次差的,共列出 10 个。

步骤三:列出你认为的最好的客户特点,主要是合作意识、创新意识、忠诚度、是否对价值增值感兴趣等心理因素,而不是"是否有信誉""是否有钱买""是否需要我的产品"等我们认为是所有客户所必须具备的基本条件来评判。

步骤四:列出你认为最差的客户的特点,用"做决定慢""讨价还价不灵活""不愿披露个人信息"等消极的特点来评价。

步骤五:用最好的客户的特点与最差的作对比,提炼出你认为最重要的五个特点。并在最差客户的特点列表中,将最差的特点转化为最好的特点,例如,如果客户"做决定慢",那你就写"决策清晰,程序详细"。

步骤六:增加最好客户的五个统计学特征(如潜在销量、潜在利润、标准规则等),重新按照心理因素和统计学特点将现有客户排序,并在 0~10 中给出分值。这样,你的每一个客户或每一份合同是否合适,就完全可以按得出的理想客户的分数来判断。

当然,这些数据在评价潜在的重要客户中仅仅是一个大致的指导方向,可以用来支持某种客观现实。而所有的业务关系都有其特殊性的一面,有些目标客户可能在短期内或在统计学上的意义上达不到理想客户的标准。

3.3.3 客户满意度的调查

客户满意度调查表的 11 个要点如下:

(1) 设计专业的问卷。很多人觉得问卷设计随随便便就可以做出来。这就是为什么今天中国的网站上到处都是各种惨不忍睹的调查。这些调查很少有设计科学的。调查题的遣词用语带有很强的情绪性与暗示性,内容分类不是互相重叠就是丢三落四,多重解释,常常使用生僻用语或特定词汇。使用这些拙劣的调查问卷,调查结果通常不用看也能猜出来。人们可以"调查"出任何预设结论的数据出来。

网站调查的外行设计和搞笑结果常常还能给东家带来眼球效益和炒作效应。企业的客户满意度调查偏离真实的结果给企业带来只有苦果,没有其他边际效应。对一般企业来说,满意度调查从设计开始最好聘请专业的调查公司来进行。专业客户满意度调查问卷设计其重要性不低于挑选一个好的执行单位。不要指望找一个可以负责电话外呼的公司,顺便让其将问卷一块设计了。现在许多公司市场部或客服部的新手不少,他们既不了解客户,相关的知识能力常常也不专精,自己动手同样会出现许多漏洞。

(2) 满意度测定内容应该与时俱进,不要指望出现客户"百分百满意"的时候。媒体曾报道一些企业客户满意度测定得了"百分百满意"的优异成绩。除非你的客户都是傻瓜,或者是你的问卷设计得太差,一般说来,这是很难想象的成绩。那么多问卷题,每个题目都有类似"非常满意、满意、一般、不满意、非常不满意"这样的选择,很难想象所有的被调查者都思维一致地对每个问题给出"非常满意"的答复。即使是被调查者对企业在某些方面的持续改进给以肯定,我们的问卷也不能局限于少数领域。客户在市场上的选择,信息的流通,期望值的不断提升都决定了企业必须不断推出新举措,满足新期望。而满意度的设计也要不断改进,真正测出客户的完整想法与感觉。

(3) 影响客户满意度之因素的权重各不相同。测定客户满意度的目的是为了改善对应客户的产品与服务、提升客户体验。一个企业的资源有限,不可能将任何影响客户满意度的问题全部及时解决,通常应当分出轻重缓急,在一段时间内重点解决那些影响重大的问题。埃森哲在英国电信的一项研究试图帮助客户找到主要影响因素。结果发现,在以下四大分类项中,客户服务每增加 10 个满意度点数,对总体满意度的促进作用如表 3-1 所示。(下列分项每增长 10%,总体客户满意度的相应增长比例。)

表 3-1 影响客户满意度的主要因素

项 目	每增加 10 个满意度点数的促进作用	项 目	每增加 10 个满意度点数的促进作用
客户服务/失误相应	4.6%	产品质量与可靠性	3.1%
形象/美誉度	4.2%	性能价格比	0.6%

这项研究结果表明企业为提升客户满意度首先要解决的是客户服务问题。很明显,产品降价不会对客户满意度有多大影响。

进一步的研究发现,即使确定了客户服务的重要意义,对客户服务的改进也同样要分轻重缓急。某企业客户满意度与客服中心的下列各表现的相关度由强到弱逐渐递减:坐席素质→电话平均接起速度→首次通话问题解决率→等候时间→不超过一次的“热接转”→服务时间与每周天数→对客户的情况了解程度→低于 2×4 的语音菜单设置→差异化的客户体验。同样,要改进客户满意度,资源有限的情况下应当将资金首先用于前面几项。

(4) 满意度高不一定表明忠诚度也高。满意的客户并不一定是忠诚客户。只有对自己购买和使用的产品和服务满意,愿意一直使用或者再次购买,而且推荐给自己的朋友等,才是忠诚客户的标志。客户忠诚与否还与行业的竞争强度有关。一般情况下,电信业就是一个低满意度而高忠诚度的领域,而电脑、汽车行业就是相对高满意度而低忠诚度的领域。当企业调查的目的是为了了解或预测客户忠诚度时,不要轻易地从满意度指标推导。

(5) 利用呼叫中心进行客户满意度调查。客户满意度调查可以利用多种手段:邮件、电话、上门、网站、电子邮件、产品包装内附、服务现场表格等。尽管呼叫中心的调查需要坐席代表的专门技能与训练,但利用主动呼出进行满意度调查依然较其他许多方式具有优越性。携程网上每个旅馆介绍内容下都有对该酒店的评价,不论这个酒店是五星还是三星,都可以看到骂多赞少,要是完全参考这些评价挑选酒店就没有几家可以入住了。网站、邮件等被动调查因为是等人上门,通常怨气较大的用户反应会占较大比例。入户调查也有许多限制因素。而主动呼出可以有效地保证样本选择的代表性,对质量的控制及问题的发现都有具体的保障。如果结合经常性的客户接触活动,更会让客户感受到企业的重视与关怀。当然,坐席的技能,培训不可忽视,不要想当然地认为在呼叫中心业务中,只要能做客服就能做客户调查。

(6) 期望值影响客户的满意度。一般来说,期望值的高低影响客户对产品与服务的评价,而客户的期望值提升容易降低难。有的时候某些客户表现出比较满意,并不一定是因为企业的表现优异，而是客户没有经历过优质服务，没有比较。通常坐国内航班的旅客将机上服务与火车服务比，很多会非常满意。但乘客一旦享受（或者了解）过如新加坡航空的国际级服务，无论对东航、国航或南航的服务的评价就会截然不同了，更不要谈那些自己还在苦苦摸索的地方航空公司了。由于中国各地的经济发展水平的差距，我们在一个全国性统一产品与服务的企业常常看到落后地区的客户满意度较高也就不足为奇了。随着经济的发展与信息的流通，各地的客户期望值都会不断上升，相反方向的走势很少会看见。

（7）结果分析不要仅仅局限于给出一个平均值。有时客户在被调查时的反应可能受某些主要因素影响，在回答各类问题时不一定会给出最客观的评价。企业在收集了较长时期的数据后，可以作一些更深入地分析。比如除了直接询问客户对各种类别的服务与产品的满意与否外，还可以了解客户感知的服务指标数值，如问客户“您估计在坐席代表接起您电话前您大约等候了多少秒”将客户的回答与系统里的实际数据作比较，将得出的差值与客户的其他满意程度放在一起考量，可以帮助找出影响“主观数据”的相关因素。从而确认客户反映较大的一些问题（如等候时间太长）是不是一个需要重点解决的问题。

（8）处理好客户满意度与其他评价方式的关系。企业可能还会有其他绩效评核指标，特别是客户满意度无法每天衡量，企业需要很多每日、每周可以测量的数据来评判工作的优劣与客户服务的质量。这些指标应当选得合理，并与定期测量的客户满意度指标有较大的相关性。比如一些企业聘请第三方通过拨测来了解呼叫中心的接通率，但不少基层很快就摸到了一些规律，然后把主要精力放在应付拨测，花费了大量的人力、精力，但拨测的随机性、非客户性往往给坐席人员的最佳发挥带来负面作用。拨测内容缺乏内在相关性也使得业务改进缺乏客观依据。很可能对整体的客户满意度改进与客户体验无益甚至有害。

（9）不要忘了“多走一步”的重要性。促使客户满意所需要的内容不可能事先都给客户接触人员定义好。重要的是培养客户接触人员的客户观念与服务意识，面对客户各种合情合理需求，即使公司没有规定，也尽可能帮助客户“多走一步”。在设计问卷时不要仅限于常见的服务内容来问。同时问卷除了选择题外应当有开放式问题。如果客户满意度测量是全公司范围的，不要忘了对帮助客户“多走一步”的客户接触人员给以大力的表扬与宣传。

（10）满意度调查后应当有后续：感谢、改进及行动。设计客户满意度调查不应到分析报告“出炉”为止。除了企业内部需要制定改进举措外，应当给被调查者足够的反馈。至少是对其参与表示感谢。香格里拉酒店集团定期对客户进行调查。接受到调查的顾客会得到一定价值的餐券，调查结束后会通过电子邮件对参与者表示感谢。对顾客反馈的一些建议写明了改进措施。如有顾客提出别家酒店在客房放有文具，方便了住客办公。虽然该酒店没有因此为每个客房添置，但只要该顾客入住，服务员会事先在其房间放上一个文具架。同样是满意度调查，国内的一些航空公司常常在机上或机场让旅客填写调查表，有时甚至会请旅客给出具体建议与看法。但递交后绝对收不到任何反馈。

就是在执行满意度调查这件事本身上，作为客户对谁满意对谁不满意已经很清楚了。

(11) 理好客户满意与员工满意度的关系。客户满意度应该与员工满意度结合起来。员工也是经理们的“客户”，如果管理者不知怎么让员工满意，员工也不一定学的会如何让客户满意。员工满意度调查同样需要深入了解细节，给出足够选择，迅速作出反馈。

3.4 案　例

房地产市场的蓬勃发展，以及人们生活水平的提高，使房地产市场开始逐步进行细分，不同收入和生活品位的人对住房有不同的要求，开发商也通过独特的产品卖点来吸引目标客户群。有记者对购房者分成八类购房群体，并采访每个购房群体的典型购房者，为八类购房群体设计了个性化的置业方案，希望能给人们在购房时提供一些参考。

1. 单身贵族人群

特点：单身人士多为参加工作不久的青年人。他们积蓄不多，但又盼房心切，应采取阶梯式消费模式，随个人收入的增长、工作岗位的变化以及今后结婚生子，而适时地调换住房。

置业方案：单身购房者在购买住宅时应该考虑现在的居住以及未来的转手，一般来说主要看以下三方面：

(1) 住宅的地理位置。单身人士恰好处于立业之初，每天忙忙碌碌，早出晚归，因而，成熟的地段对他们而言十分重要。社区周边的交通应十分便利，距工作单位最好在半小时车程之内，如果每天把过多的时间浪费在路上将是非常可惜的。成熟地段的另一个含义是商业、文化、生活氛围应该浓郁，能够满足青年人衣、食、行、乐的业余生活需求。今后，若工作岗位变动，也可随之调换住房。由于原住房处于成熟的区域，出租或出售都将十分容易。

(2) 户型面积。单身人士没有必要购买大户型，从而令自己背上沉重的经济负担。现在市场上的小户型总价低、功能全，最受单身人士的青睐。对于刚刚踏入社会的年轻人来说，较低的总房价可以使贷款的压力相对小些，另外贷款时应尽量选取较长的还款年限，这样在近期内还款压力较小，日后事业有了发展时还可以提前还款；对于单身人士而言，最重要的不是宽敞的客厅或像样的厨房，而是小巧的卧室兼工作室。

(3) 社区及周边配套。年轻的单身人士，时间相当宝贵。快节奏的工作往往令他们无暇顾及个人生活，因而社区之内或项目周边最好应配备完善的生活服务设施，包括运动设施、商业设施等。

2. 拆迁家庭人群

特点：拆迁家庭一般在原有住房区域居住时间较长，在那里的生活便利程度要高于其他陌生区域。拆迁户虽然会因为旧房拆迁而得到一部分经济补偿，但旧房一般面积较小，所得到的经济补偿并不足以购买一套理想的住宅。

置业方案：拆迁家庭在新宅购买时主要考虑新居对原有生活的影响以及新宅价格，主要需关注以下几个方面：

(1) 与原有生活区域的重叠性。拆迁户一般生活在相对老、旧的社区内，而且生活时间较长，对老宅已经形成了强烈的生活依赖性，所以新居一般不要距离原住地太远，以尽量不破坏原有的生活习惯为宜。

(2) 对于户型面积的需求。拆迁户一般比较重视住宅的总价，虽然旧宅往往位于城市的中心区域，但面积极小，拆迁款总额难以满足置业需求，一般推荐购买原住地的二手房或相对偏远一些的商品房。

3. 新婚夫妇人群

特点：新婚夫妇工作时间有限，积蓄不多，对房屋总价较为关注；新婚婚房对功能性的关注应该更有预见性；对社区内及周边的环境、配套要求相对较高。

置业方案：一对即将走进婚姻殿堂的新人对于住宅是比较挑剔的，通常情况下最注意的就是以下三点：

(1) 住宅的功能性。新婚夫妇虽然购买新居时家庭人口较少，但应该考虑未来家庭结构的变化，一般来说应尽量选择两室的住宅。户型设计应该突出生活特点。

(2) 住宅面积及价格控制。由于支付能力有限，同时婚后生活支出也呈上升趋势，所以新婚夫妇对于住宅的面积及总价要求较严格。

(3) 社区及周边配套项目。周边最好配备完善的生活服务设施，包括运动设施、商业设施、医疗、幼教等配套设施。

4. 成熟家庭人群

特点：成熟家庭通常结构稳定，经济条件较好，购买一般以改善为目的。

置业方案：此类购房者生活规律性较强，购房主要目的是改变现有居住条件中不理想的部分，所以购房主要考虑住宅的功能性。

(1) 住宅的地理位置。成熟家庭对于地理位置的挑剔程度较低，对于住宅所处地点，只要交通便利即可。

(2) 房屋功能成熟。家庭购房主要为改善居住条件，新宅的设计细节是他们最关注的。例如：卧室开间最好在 3.5 米以上；主卧面积最好在 15 平方米以上；起居室开间最好控制在 4.2～4.5 米之间，使用面积不应小于 14 平方米。起居室应有直接采光、自然通风，起居室内应尽量减少直接开向起居室内门的数量，且至少一侧的墙面直线长度不宜小于 3 米。

(3) 注重项目品质。因为购房主要是为了改善居住环境，因此购房者对项目的品质最为重视。此外还需要较好的物业服务。

5. 老年购房者人群

特点：老年购房者一般对单套住宅的总价不太关注，住宅所处的位置、社区环境、医院以及物业服务情况是这部分消费者最看重的。

置业方案：老年购房者对于住宅本身只要居住便利即可，但是对物业和医疗、购物等周边配套要求较高。

(1) 社区及住宅位置。老年人居住的社区通常位于发达城区中的偏僻处，一方面可以享受市区内全面的配套设施，老年人身体虚弱，社区周边最好具备生活、购物、休闲及医疗功能;另一方面老年购房者习惯安静的生活环境,闹市区的噪声及大量的人流会影响老年人的健康。

(2) 社区环境。老年人体力不足,一般喜欢在社区内进行小运动量的健身活动,社区内不光要有这些健身设施的配置,还应该有一个比较优美的自然环境来满足老人对景观的要求,通常绿化率较高、园林景观、水景俱备的社区比较受欢迎。

(3) 物业服务问题。老年社区内最受关注的问题就是物业服务问题,在这里物业服务不只是对公共部分进行维护和保养,更要深入住户中针对每一家的情况进行“一对一”点式服务,老人由于自身生理条件限制,许多家务无法从事,这些都要物业公司解决。有些社区为老人配备了紧急呼叫器,随时为居民服务,处理家中出现的突发情况,深受老年消费者青睐。

(4) 住宅的细节问题。老年人住户对于住宅的细节问题考虑得比较多,首先是楼层,通常不高于整栋楼高的三分之一;其次是位置,一般不考虑金、银角位置;再次是采光,老年人要求居室,特别是卧室光照充足;还有户型内部,最好不要选择错层或跃层,也不要选择多角的钻石房。

6. 投资客人群

特点:投资客分为短期投资与长期投资两类,通常前者投资住宅,靠短期住宅价格波动赚取差价;后者多投资商业或写字楼,以出租形式获利。

(1) 住宅投资客。投资住宅通常在项目启动期内介入,以获得较低的成交价格,最理想的投资物业是中心景观区内、户型适中、楼层位于建筑物三分之一与二分之一间的部分。对于项目本身应考查的就比较多了,最主要的是位置,一个相对有发展的位置会使物业价值实现大幅提升,通常位置选择在市区边界或风景区内,或未来有大规模建设的规划。

(2) 商铺写字楼投资客。商铺与写字楼都是长期投资较好的项目,虽然住宅也可以先用于出租再抛售赚取利润,但出租获利远不如商铺与写字楼划算。商铺和写字楼都是成熟区域的才好,最好是传统的商业聚集区,商业或商务气氛浓厚。目前许多开发商都采取包租、回购政策,可以说商铺和写字楼是目前比较轻松的一种投资方式。

7. SOHO 一族人群

特点:公司规模不大、资金有限或处于个人创业期,采用办公、居住两用,既节省资金又方便工作。

置业方案:SOHO 产品的特点是既拥有办公室通透、大方的设计,又拥有住宅的功能全面;既拥有比写字楼实惠的价格,又拥有与住宅一样的使用年限。SOHO 产品自问世以来一直颇受小型公司及创业者的青睐。

(1) 地理位置。SOHO 产品很少单纯用于居住,通常都是以办公为主,产品所处的位置就是 SOHO 产品最大的卖点,位于成熟商务区内,交通发达便利是 SOHO 产品的最大优势。成熟商务区带来的是大几率的业务成交机会,交通发达便利带来的是高效与快捷。

(2) 项目配套。虽然最初的 SOHO 只是写字楼与住宅的中间型产品,但一经面市就备受追捧，现在的 SOHO 产品不仅可以与住宅比舒适性，还可以与真正的写字楼比拼配套设施。

8. 心灵富豪人群

特点：购买能力极强，对生活品位有极高追求。

置业方案：对于这类购买人群项目位置以及其他户型等细节问题都不重要了，心灵富豪们最关注项目的品质以及产品体现出的生活品位。他们对于项目的地段、设计、选用材料肯定都是用最好的，但是他们更关心项目的品位和特色是否和他们品位相符。其次，他们更关注社区人文环境的营建、居住人群素质的整体水平等。从根本上讲，心灵富豪们最需要的也许并不是一栋栋房子，而是居住在那里的、贴近自然而又不远离文明的生活方式，以及一群和他们身份相符、品位接近的邻居们。

3.5 消费者市场细分策略

3.5.1 市场细分

市场细分是由美国市场营销学家温德尔·史密斯(Wendell Smith)于 1956 年提出来的。它适应了二战后美国许多产品的市场由“卖方市场”转向“买方市场”这一新环境，是企业营销思想的新发展，是市场营销观念的必然产物，同时，又是市场营销理论的一大创新。

1. 市场细分概念

市场细分(segmentation)又称为市场分割，是指企业根据顾客购买需求、购买力、地理位置、购买态度、购买行为与购买习惯的差异性，将某一特定产品的整体市场分割为若干个消费群体，以选择和确定目标市场的活动。

可以从下述几方面理解市场细分概念的内涵：

第一，市场细分的客观依据是现实及潜在顾客对某种产品需求的差异性。例如，男性和女性对服装有不同的需求和偏好，根据性别的差异可以将服装市场分割为男性服装市场和女性服装市场。

第二，市场细分的对象是对某一特定产品有现实和潜在需求的顾客群体，而不是产品。例如，针对服装市场可以按照消费者的购买力和消费水平的差异而细分为高、中、低档服装市场。

第三，子消费者群体称为细分市场或子市场，是整体市场的一部分。在同一整体市场中，不同细分市场中的顾客对某种产品的需求有显著的差异性；而同一细分市场中的不同顾客，对某种产品的需求则有明显的共性。

第四，市场细分的目的，在于帮助企业发现和评价市场机会，以正确选择和确定目标市场。

2. 为何进行市场细分

(1) 市场细分的作用。

① 有利于发现市场机会——营销决策的起点；

② 有利于掌握目标市场特点——营销具有针对性；

③ 有利于市场营销组合策略的制定——营销策略的有效性；

④ 有利于集中企业人、财、物的投入——营销效益的有效性；

⑤ 有利于提高企业竞争力——营销的目的。

(2) 什么时候使用市场细分。

如果企业面临下面的问题：

① 有明确的概念或产品，但不清楚哪些人最有可能购买；

② 产品定位已经非常明晰，但不了解采用何种促销组合能最大程度地吸引目标顾客；

③ 不同的消费者对产品有不同的偏好，企业希望知道哪些偏好是自身能满足的；

④ 销售额仿佛没有变化，但企业已经感觉顾客群的构成正在发生变化，并希望获得变化的详情；

⑤ 企业准备打入竞争者牢固占领的地盘，希望先获得一小块根据地；

⑥ 企业在市场占据主导地位，但有竞争者开始蚕食其领地；

⑦ 尽管企业有好的产品，但市场数据显示营销计划遭受重大挫折；

⑧ 作为新的市场决策者，经营者需要重新审定公司的营销计划，市场细分是第一步。

建立在多个项目的实践经验和先进的分析方法基础上的 CRC 市场细分研究模型能够给出完整的答案。

3. 市场细分的层次

采用大众营销的销售商面向所有的购买者大规模地生产、分销和促销一种产品。支持大众营销的论点是，大众营销创造最大的潜在市场，这使得成本最低，从而带来较低的价格或较高的利润。然而，批评家指出市场日益分化，这使得大众营销更加困难。媒体和分销渠道的增多使得销售商越来越难以接触到所有的顾客。甚至有人声称，大众营销正在消亡。许多公司正转向四个层次上的微观营销：细分营销、补缺营销、本地化营销和个性化营销。

(1) 细分营销。细分市场由在市场上大量可识别的各种群体组成。一个开展细分营销的公司认识到，购买者的欲望、购买实力、地理位置、购买态度和购买习惯各不相同。同时，公司也不愿意为每个个别的顾客定制一组提供物或传播内容。因此，公司就会代之以把构成市场的大细分片独立出来。例如，一个汽车公司辨认出四组大细分片，分别为：寻求基本运输的汽车购买者、寻求高性能的汽车购买者、寻求豪华的汽车购买者、寻求安全驾驶的汽车购买者。

因此，细分市场是介于大众化营销与个别营销之间的中间层群体。属于一个细分市场的消费者群体假设他们有相同的需要和欲望，但他们并非等同一人。因为在一个细分市场的消费者同样有各种各样的不同的需求，但相对来说，他们的共同点多一些，所以，对市场的细分不可能精确到每个人，但相比大众化营销来说，就精确了许多。

细分营销相对于大众化营销有几个优点：公司能创造出针对目标受众的更适合他们的产品、服务和价格；选择分销渠道和传播渠道更方便；如果竞争者也注重市场细分的话，公司将面临较少的竞争对手。

(2) 补缺营销。市场细分一般能辨认出较大的群体，而补缺营销是更窄地确定某些群体。一般来说，这是一个小市场并且它的需要没有被服务好。营销者确定补缺市场的方法是把细分市场再细分，或确定一组有区别的为特定的利益组合在一起的少数人。

细分市场是相当大的并且吸引了许多竞争者，而补缺市场相当小并只吸引一个或少数竞争者。补缺市场一般只有小竞争者才感兴趣，大竞争者，例如国际商用机器公司，会把市场的碎片丢给补缺者。

补缺营销要求高度了解补缺者的需要，以至于他们的客户愿出溢价来获得商品或服务。

一个有吸引力的补缺市场的特征为：补缺市场顾客有明确和复杂的一组需要；他们愿为提供最满意需要的公司付出溢价；“补缺者”应具有所需的技术以服务于超级流行样式的补缺市场；补缺营销者需要实行经营专门化后才能成功；补缺公司并不为其他竞争者所重视，补缺者只能自己依靠自己；补缺市场应有足够的规模、利润和成长潜力。

(3) 本地化营销。日益增多的目标营销者采用地区和本地化的营销方法，把营销方案裁剪成符合本地顾客群所需要和希望的计划(贸易地区、邻近区域甚至个性化商店)。例如，花旗银行要求它的分支机构为各邻近区域提供不同的银行服务组合。再比如卡夫帮助连锁超市选择奶制品组合的货架位置，在低收入、中收入和高收入商店中配置奶制品，并满足各地不同的民族社区要求。当然这种营销方案由于减少了规模经济而相应地增加了制造成本和营销成本，而且，市场的后勤和服务体系也随之相应扩大。

(4) 个性化营销。市场细分的最后一个层次就是“细分到个人”“定制营销”或“一对一营销”。例如，制造商为每个大客户定制供应品、送货和开账单；再如，茅台集团为特殊的集团顾客或个人专门定制、收藏一定数量的茅台酒，就是典型的个别化营销。

4. 有效的细分标准

不是所有的细分都是有效的。例如，食盐购买者可以分为黄头发和黑头发的顾客，但头发的颜色显然不会影响食盐的购买。而且，如果所有的食盐购买者每月购买同样数量的食盐，认为所有的食盐都是相同的，并只愿支付一种价格，那么从营销的观点，对食盐这个市场进行细分的可能性将很小，对该市场的细分变得毫无意义。

有效的细分市场必须具备以下特点：

(1) 可衡量性。细分市场的规模、购买力和基本情况是可以测量的。

(2) 重要性。细分市场必须足够大，或者能够带来足够盈利。

(3) 可接近性。细分市场可以被有效地接近和服务。

(4) 可辨别性。细分市场在概念上能被区分，并且对不同的营销组合有着不同的反应。如果两个细分市场对某一特定的供应品的反应一样,它们就不是独立的细分市场。

(5) 可操作性。能明确制订有效的计划,以吸引和服务于细分市场中的消费者。

5. 市场细分的主要步骤

第一步是市场细分(market segmentation):把市场划分为更小的群体,每个群体都需求明确,特征鲜明,追求特定的产品或营销组合。

第二步是目标营销(target marketing):对每个细分市场的吸引力进行评估,确定一个或几个想要进入的细分市场。

第三步是市场定位(market positioning):定位每种产品的竞争力,确定一个明确的营销组合。

市场细分的流程如图 3-1 所示。

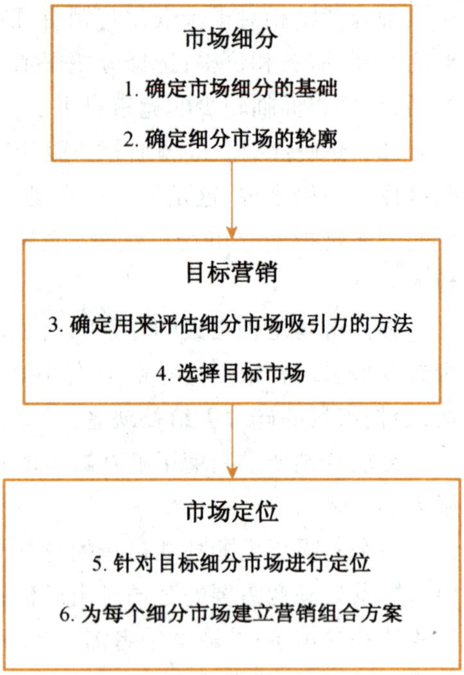

图 3-1 市场细分流程图

3.5.2 消费者市场细分

1. 消费者市场细分标准

消费者市场的细分变量有人口统计变量、地理变量、心理变量和行为变量四大类。具体的细分变量见表 3-2 所示。

表 3-2 消费者市场细分标准

变量类别	具体细分变量
人口统计变量	性别、年龄、民族、种族、国籍、文化程度、职业、收入、宗教信仰、家庭规模、家庭构成、家庭生命周期等
地理变量	地区(国际、国内、城市、乡镇、沿海、内地、山区、平原等)、地理方位(东、西、南、北、中、东北、西北、西南、华北、华东、华中、华南等)、城市规模(特大、大、中、小)、人口密度、气候等
心理变量	生活方式、社会阶层、个性偏好等
行为变量	购买者类型、购买行为类型、追求的利益、对产品的态度、对品牌的忠诚度、购买时机、购买准备阶段、使用率、支付方式等

(1) 人口统计细分。人口统计细分(demographic segmentation)是指用人口统计变量如年龄、性别、家庭人口、家人生命周期、收入、职业、教育、宗教、种族、年代及国籍等,把市场划分为不同群体。人口统计变量是最常用的消费者细分基础,原因在于,消费者的需求、偏好、使用率虽不同,但与人口统计变量密切相关。另一个原因是,人口统计变量比其他各种变量都便于计量。即使市场是通过其他变量来细分的,例如消费者

获取的利益或消费行为，也必须了解该细分市场的人口统计特征，以便评估目标市场容量，并充分传达营销意图。

(2) 地理细分。地理细分(geographic segmentation)要求把市场划分为不同的地理单位，如国家、地区、州、县、镇以及居民区。公司可以在一个或几个地理区域开展业务，也可以在某些具有特殊需求或偏好的地理区域开展业务。

(3) 心理细分。心理细分(psychological segmentation)通过生活方式、个性特点或价值观等特征，把消费者划分为不同的群体。那些人口统计中统计因素相同的消费者，在心理因素构成方面可能完全不同，包括行为、兴趣和意见。

(4) 行为细分。行为细分(behavioral segmentation)根据消费者的知识、态度、产品使用率或对产品的反应来划分细分市场。很多营销人员都认为，行为变量细分是进行市场细分的最佳选择。

2. *消费者市场细分的程序*

(1) 选定产品市场范围。产品市场范围应以顾客的需求，而不是产品本身的特性来确定。例如，某一房地产公司打算在乡间建造一幢简朴的住宅，若只考虑产品特征，该公司可能认为这幢住宅的出租对象是低收入顾客，但从市场需求角度看，高收入者也可能是这幢住宅的潜在顾客。因为高收入者在住腻了高楼大厦之后，恰恰可能向往乡间的清静，从而可能成为这种住宅的顾客。

(2) 明确潜在顾客的基本需求。公司可以通过调查，了解潜在消费者对前述住宅的基本需求。这些需求可能包括：遮风避雨、安全、方便、宁静、设计合理、室内陈设完备、工程质量好等。

(3) 了解不同潜在用户的不同要求。对于列举出来的基本需求，不同顾客强调的侧重点可能会存在差异。比如：经济、安全、遮风避雨是所有顾客共同强调的，但有的用户可能特别重视生活的方便，另一类用户则对环境的安静、内部装修等有更高的要求。通过这种差异比较，不同的顾客群体即可被初步识别出来。

(4) 抽调潜在顾客的共同要求，而以特殊需求作为细分标准。上述所列购房的共同要求固然重要，但不能作为市场细分的基础。如遮风避雨、安全是每位用户的要求，就不能作为细分市场的标准，因而应该剔除。

(5) 根据所选标准细分市场。根据潜在顾客基本需求上的差异方面，将其划分为不同的群体或子市场，并赋予每一子市场一定的名称。

例如，房地产公司可以将购房的顾客分为好动者、老成者、新婚者、度假者等多个子市场，并据此采用不同的营销策略。

(6) 分析细分市场的需求与行为。进一步分析每一细分市场的需求与购买行为特点，并分析其原因，以便在此基础上决定是否可以对这些细分出来的市场进行合并，或作进一步细分。

(7) 对每一细分市场进行评估。评估每一细分市场的规模，即在调查基础上，评估每一细分市场的顾客数量、购买频率、平均每次的购买数量等，并对细分市场上产品竞争状况及发展趋势作出分析。

3.5.3 市场细分策略

1. 市场细分策略概念

市场细分策略是指通过将一个多样化的市场划分为不同的、小规模的细分市场，具有相似特征的顾客群被归类于同一细分市场的方式进行市场分析，从而清晰地识别出不同的细分市场，并在此基础上对环境、竞争形势和自身资源分析，真正明确企业的优势和机会所在，选择对其发展最为有利的市场。

市场细分策略是市场营销战略的核心组成部分，市场营销战略包括市场细分(market segmentation)、目标市场选择(target market selection)和市场定位(market positioning)。其中市场细分是战略营销活动的基础，也是营销战略成败的关键所在。

2. 市场细分策略类型

市场细分策略有两种基本类型：其一是“集中策略”，即把营销活动集中于一个次级细分市场之上；其二是“差别策略”，即按照不同标准划分出两个或更多的次级人口群组，然后再针对每一个细分群组展开营销活动。

采用集中策略瞄准一个大规模的细分市场，运用统一的营销努力开发广阔市场，这是一种对许多决策者都有极大诱惑力的战略选择。在这种选择和决策过程中，决策人员首先考虑的是那些潜力和规模在数量上够“大”的消费群体，更多地考虑这个市场上较为广泛的一致性。因为在一个具有广泛共性和普遍一致性的“大”市场上，消费群体的需求量同样远远大于其他市场。但值得注意的是，那些大的有吸引力的细分市场，往往是多个企业同时瞄准了的市场，而那些相对较小的市场却没有人试图去占领，这通常被称之为“大多数谬论”。如果从营销成本上考虑，有时潜力最大的细分市场并不一定是最为有利可图的市场。比如，去占领一个规模较小的细分市场，哪怕它只占市场总量的 5%，却有可能比一个占总市场 70% 但同时拥有十多家品牌竞争的大市场具有更多的获利空间。当然，对一些小型公司来说，瞄准那些小规模的细分市场实行集中战略也不失为一种选择，这通常被称之为“适当战略”。因为小公司想在大细分市场上与大公司竞争，这无异于自杀，但是小公司把自己的努力放在大公司不适合操作的小规模市场的特殊需求上，则有可能做得非常出色。

与集中策略不同的是差别策略，公司并不把自己局限在一个单一的细分市场上，而是同时开展有几项营销活动，每一次都适应了某一特定的细分市场。通用汽车公司可能是最早因产品线不同而实行差别营销活动的典型。在其早期，公司决定开发一条高档产品线(即凯迪拉克)、一条经济产品线(即雪佛兰)，以及几条填补两者之间空白的产品线。这样一来，公司便覆盖了整个市场，并同时又巧妙地将这些市场加以细分，针对每一个细分市场又有与其相适应的产品。值得注意的是细分市场不仅是对消费群体的细分化，它还要求根据目标对象提出产品的细分功能。所以在许多情况下，针对同一品牌的不同特性，广告可能在一个细分市场上强调某个特性，而在另一个细分市场上则强调其他优点。比如“青春宝”是一种大众型保健品，为了争取中老年消费群体，它会强调其“宫廷秘方”“延缓衰老”的特点；为了无差别地吸引各类消费者，它又强调自己是“老百姓买得起的保健品”。

3. 市场细分策略的优点

首先，市场细分提供了目标市场选择的基础。在市场被细分之前，无论是顾客、竞争对手，还是其他的市场参与者，他们的多样性使得所有的环境和市场分析缺乏逻辑支持，难于总结出规律性的结论供企业管理者使用。只有在市场被细分为一个个相互具排他性而自身特质明显的单位时，合理的分析和战略制定才成为可能。

其次，市场细分允许差异化战略的实施。市场被细分后，企业可以针对自身的特点，在每一个选定的细分市场内实行有别于其竞争对手的市场战略活动。

再次，由于每个细分市场内的顾客具有相类似的特点，因而有针对性的市场营销组合(tailored marketing mix)可以被发展去满足顾客需要。企业管理者通过对细分市场的观察分析，在深入理解顾客需求后便可设计出有针对性的营销组合，从产品、价格、地点、促销诸方面分配资源进行市场营销活动。

最后，市场细分保证了对市场机会和威胁快速作出反应。市场是始终动态发展的，通过有效的市场细分，企业管理者可以较之竞争对手先觉察到新出现的市场机会或来临的市场威胁，而预先的应对则确保企业始终处于领先地位。

3.5.4 细分市场的评估因素

1. 评价细分市场的主要因素

市场细分的评估因素主要包含以下几个方面：

(1) 细分市场的规模和潜力。细分市场的规模要适当，即应与企业的实力相适应。大企业往往忽视小的市场，而中小企业又不宜进入大的细分市场，以防止与大企业正面竞争而造成损失。

理想的细分市场应该是具有潜力的、值得企业开发的市场。这样，就为企业选择细分市场提供了比较长远的发展机会。同时，有潜力的市场，往往是最具吸引力的市场，会吸引更多的企业加入。因此，也是竞争激烈的市场。

(2) 细分市场的结构和吸引力。具备适当规模和发展潜力的细分市场，是不足以作为企业的目标市场的。因为，一方面这个细分市场可能被众多企业注视；另一方面，细分市场结构力量也影响着细分市场的吸引力。

(3) 企业的目标和资源。在评估了细分市场的规模、潜力以及市场结构的吸引力之后，还应考虑细分市场与企业的目标和资源是否相适应。对于具有吸引力的细分市场，如果和公司的目标不一致，也应忍痛割爱；如果企业资源(人、财、物、技术等)无力达到某一具有吸引力的市场要求，也不要强行进入，否则，就会败北而归。

2. 评价细分市场的基本方法

企业在实施细分策略之后，必须对细分市场的经营状况进行考察、评估。其中最基本的评估方法就是针对细分策略引起的额外成本与给企业带来的附加利益进行比较，如果收益大过成本，说明该项细分计划的实施是成功的，反之则说明细分策略存在缺陷，必须进行修正或重新实施市场合并策略。因此，对细分策略进行绩效评估时，关键在于详细分析成本与收益的各项内容,以便进行比较。

(1) 市场细分策略引起的额外成本。实施细分策略之后,企业增加了一些额外成本,如产品修改成本、产品生产成本、产品存货成本、产品分销成本、产品促销成本以及行政管理费用等。

① 产品修改成本。企业为了满足不同细分市场消费者的需求,而对原有产品进行外观、功能上的一些修改,通常需要额外的研究开发费用,这必然会导致一定的产品修改成本。

② 产品生产成本。对企业来说,生产 10 类不同产品,每类各生产 10 件,通常要比生产 100 件同类产品所花费的成本高出一些。进行市场细分之后,企业必将针对不同的细分市场推出不同类型的产品,于是生产成本会有所提高。另外,每种产品的生产准备时间越长,销售量越小,那么其生产成本也就越高。

③ 产品存货成本。差异产品的存货管理成本一般要比单一产品的存货成本高一些,因为企业必须为之做更多的记录和审核工作。而且为了避免缺货的风险,数种产品的安全存量之和也将大于单一产品所需的安全存量。因此进行市场细分之后,企业的产品存货成本也有所提升。

④ 产品分销成本。由于销售渠道的多样化,企业面对着越来越多的分销商,这必然导致渠道费用的提升。

⑤ 产品促销成本。企业实施细分策略后,针对不同的细分市场会采用不同的促销策略,于是会降低个别媒体的使用频率,以及失去媒体费用的数量折扣优惠。此外,对原有产品进行修改或推出新产品等行为都必将引起促销费用的相应提高。正是这些因素的影响,产品促销成本在细分之后也将会提升。

⑥ 行政管理费用。公司必须针对不同的细分市场增设管理人员和销售人员,这样会额外地增加人工成本。公司在制订不同的营销计划时,也需要额外的市场调研、预测、销售分析、促销、计划工作和销售渠道管理。此外,还必须依据各细分市场的具体情况制定出相应的财务、定价决策等,这些决策的多样化和复杂性也会增加行政管理费用。

(2) 市场细分策略带来的附加利益。企业实施一项成功的细分策略可能带来多项附加利益,其中包括销售额的增长、顾客忠诚度的提高、谈判能力的增强、有效市场份额的提高和产品相对质量的提高等。

① 销售额的增长。由于细分市场存在多样化的销售渠道和生产线,可能带来各个细分市场的销售额之和高于原有的总销售额。这也是细分策略是否成功,是否有效的衡量标准之一。

② 顾客忠诚度的提高。企业实施细分策略之后,所提供的产品是针对各细分市场而设计的,更能满足消费者的需求,所以一项成功的细分策略可以提高该细分市场的顾客忠诚度,有利于建立企业的长期品牌形象。

③ 谈判能力的增强。企业的谈判能力包括三个方面的内容:一是针对产品购买者;二是针对其他竞争者;三是针对原材料(或零配件)供应者。有效的市场细分往往可

以增强企业的综合能力。首先,针对产品购买者,企业可以在其价格和质量层面上吸引更多消费者的购买,在和中间商进行交易时,可以争取到更有利的销售条件,例如实现较高的利润,获取更多的促销支持(包括特殊陈设、店头宣传等)。其次,针对其他竞争者,企业可以通过有效细分在市场上占领主动的优势地位,可以优先决定本企业的价格策略、财务安排和营销计划等,其决策往往会产生极大的影响力,导致其他处于被动状态的竞争者采取跟随策略。最后,针对原材料供应者,企业可以凭借细分后形成的强大的竞争优势取得最有利的谈判结果,即原材料供应成本降至最低,并且要求供应商在供货数量、供应时间上有最令人满意的保证。

④ 有效市场份额的提高。有效市场份额是指按照投资成本各项相应份额以及潜在的规模经济性给予一定的权重,加权计算出来的平均值。其中所占份额是按照各项成本占总成本的比例得出,而潜在的规模经济性受许多因素的影响。对合作型组织来说,规模经济性主要受原材料采购、产品生产、折旧、研究与开发、行政费用、固定资产和流动资金等因素影响。而对实施细分策略的企业,规模经济性则受分销渠道、营销和行政费用的影响。有效市场份额的高低反映了企业整体性的优、劣势情况。

企业在某一行业内的竞争地位对利润有着很深远的影响,一项成功的细分策略可以促使相对市场份额提高。

有效的市场细分可以提高产品的相对市场份额,这样使得产品具有较低的相对成本和较高的相对价格,进一步产生较高的相对边际收益,而在相对销售额也较高的前提下,企业便拥有较高的相对投资回报率。

⑤ 产品相对质量的提高。一项有效的细分策略还可以提高产品相对质量。产品(或服务)相对质量的含义是很丰富的,其中主要包括三个层次的内容:一是消费者的认识度,即消费者感觉中的产品质量,带有很浓的主观色彩;二是产品本身以及所有相关的服务,符合厂商规定标准的程度,具有客观性;三是竞争者的相应产品质量。就算企业一直保持其原有风格,其相对质量也会有所变化,这是由于消费者的需求和偏好随着时间的推移在不断改变,而且竞争者也可能会采取一系列的改进措施提高质量。

企业为了提高市场份额,获得更高的利润,一般可以采用两类方法:一是提供与竞争者相同的产品,但价格较低,以价格优势吸引消费者;二是与竞争者保持同样甚至略高的价格,但相对质量较高,以质量优势吸引顾客。企业往往愿意通过细分实现较高的相对质量,以此为企业战胜竞争者创造更多的机会。

此外,企业在实施细分,提高相对质量的同时,还必须注意一些事项。例如,当消费者并不特别重视,或不具备专业知识对质量进行评判时,产品相对质量就不是一个很重要的因素了。这时对工业企业来说,过于严格的质量标准对顾客的购买行为影响并不大,因为顾客更在乎产品以外的附加服务内容。一项调查显示,消费者对医疗器材技术属性的关心程度远不及厂商想象中那样高,然而,消费者所感兴趣的设备功能是否多样却往往为厂商所忽视。

第 4 章 创业计划书:从创意到方案

从好的创意到商业筹划行动之间,一个有说服力的商业计划书对于一个正准备创办的企业而言无疑是一张从"点子"到"金子"的通行证。作为一种书面文献,商业计划书通过详细阐述创办新企业的系统思考,有助于将一个抽象的或者模糊的目标转变为更具体的运营目标,为企业执行战略和计划提供珍贵的"地图",为潜在投资者介绍企业正在追寻的商业机会以及追寻这种商业机会的方式。

4.1 创业计划书概述

4.1.1 创业计划书的内涵

创业计划书也叫商业计划书,是创业者在企业成立之前就某一项具有市场前景的新产品或服务,向潜在投资者、合作伙伴等游说以取得合作支持或风险投资的可行性商业报告,用来描述创办一个企业时所有的内部和外部要素,也是企业未来三年所有中期和短期决策制度的指导方针。

创业计划书没有统一的标准,但是从大多数创业案例中发现,风险投资人会提供一个创业模板。一个好的创业计划书应当是简洁的,通常不会超过 25 页,内容包含市场营销计划、生产和销售计划、财务计划、人力资源计划、持续性的财务计划与预测、时间表和资金需求计划等详细内容。

大部分提交给风险投资家的创业计划书往往在技术方面写得比较详细。正如美国北卡罗来纳大学凯南·弗拉格勒商学院教授兼学院销售研究项目主管戴夫·罗伯茨(Dave Roberts)所说,"创业者假设他们干某件事总是比别人都好,但往往忘记说明其他人也想干这件事"。他发现创业者提交给风险投资家的创业计划书在市场计划、团队管理、技术计划和财务计划等方面存在普遍问题。约翰·贝赞特在众多的创业计划书中也发现,创业计划书在对管理团队的描述太关注于专长介绍,忽视创业经验,因此无法有效证明该管理团队对创业项目抱有激情和具有冒险精神。同时还指出了其他不足:50%的创业计划书没有提供详细的市场战略;50%的创业计划书没有提供任何销售计划;75%的创业计划书没有识别或分析潜在竞争;几乎所有的创业计划书都只有最基本的财务分析;只有 10%的创业计划书在预测中提供了敏感性分析。

4.1.2 创业计划书的意义

对于是否需要撰写创业计划书，无论是从理论还是实践都有一些争议与看法。一些创业者认为撰写创业计划书并不是一个创业过程中的必须环节，认为可以通过正式的调查计划去收集顾客的反馈意见，采取实验性和试错性方式学习，完成从创意到创业行动的转变。但是从另一种思考方式考虑，撰写创业计划书是新企业的一个重要的起点，是实现创业目的的关键路径，通过这个路径能够帮助创业者回答一些关键问题，认清商业机会的本质，把握更好的机遇。

首先，撰写创业计划书可以迫使创业者系统地思考创意的可行性。创业计划书的撰写是一个需要投入很多精力的工作，这个过程就像玩拼图游戏一样，当你开始动手拼图时，你就会慢慢看清楚真实的画面了。创业过程中的很多创意常常是碎片化、感性化和美好化的，缺乏理性的思考与探索。创业计划书的撰写过程能够让创业者慢慢的琢磨，这是一个好的创业构思吗？创业构思可行吗？创业项目实施需要投入多大的资源与精力才能有效实施？创业项目存在的风险是什么？在实践中许多创业者义无反顾地追逐一个机会，结果却证明那根本不是机会。创业计划书可以让创业者快速筛选并决定值得重点关注目标。根据“蒂蒙斯创业要素模型”，一个创新企业的成功是由以下几个核心主题驱动的，这些主题贯穿着高度动态化的创业过程：

(1) 它是商机驱动型的。

(2) 它由一个创业发起人和一个创业团队驱动的。

(3) 它是节约而又创造性地使用资源的。

(4) 它是上述三者间的“相合”，是它们之间的平衡。

(5) 它是集成型的，是有完整性的。

(6) 它是可持续发展的。

这些都是创业过程中可控成分，通过撰写创业计划书可以系统地对创业者所要进行的创业项目进行评估，对其影响因素和实施可行性进行分析，在此基础上分析风险，决定采取什么措施以提高创业的成功概率，帮助创业者计算资金需要、预测发展速度、决定创业策略。

其次，创业计划书是企业的推销文本。一个创新型企业在创业中需要吸引大量的志同道合的伙伴加盟，才能维持、促进企业的发展。因此，创业计划书可以为帮助那些有想法有梦想的年轻企业向投资者、合作伙伴展示自我的价值。

当然，在创业的不同阶段，投资人对创业计划书的正式性要求会有所差异。在创业初期，创业者只需要提供一两页方案概要或简要的电子文档，对创业计划进行简要说明，描述新企业的价值所在。但是随着创业计划引起了投资人浓厚的兴趣，有合作意向的投资人就会要求创业企业提供比较详尽的创业计划书，特别是到了商业谈判活动的最后阶段，投资人具有较强的投资意图，在作出投资承诺之前，系统并完整的创业计划书就成为必不可少的东西。因为投资人的投资意图是以对创业价值的全面审查为基础的，审查内容也包括是否存在法律纠纷、创业计划中确定的权利诉求是否会不断升级、是否具有现实可行性等。

作为推销性文本，创业计划书也有助于新企业塑造其可靠性。如果你有成功创业的经验，即使是保守的投资人可能也不会担心你的下一个创业计划的质量。但是，对大多数人来说，千万别相信所谓的“硅谷神话”——把你价值百万美元的点子写在餐巾纸的背面，投资人就会蜂拥而至。面对志向远大的创业者，毁掉新创企业和信誉的最快办法就是递交一份糟糕的创业计划书。组织和撰写报告的过程是你确定自己能够回答这些问题的最好途径。正如在现实生活中如果你想从开发商手里买一栋房子，或者想自建住房，但是没有关于时间、价格和房屋特征的计划书，人们会觉得不靠谱，同样，大多数投资人倾向于把没有计划书的初创企业当成一种“昂贵的爱好”。例如，在一所大学所主办的创业竞赛中，有一位投资商对其中的两个创业项目非常感兴趣，希望作进一步的了解。这位投资商分别向这两位创业者发出了邀请，希望两位创业者能够提供比较详尽的创业计划书副本，以便决定是否具有进一步合作的可能性。其中一位创业者犹豫了一下后说道，自己没有准备正式的创业计划书，但是他愿意亲自跟投资商面对面详细地介绍自己的创业想法。而另外一位创业者则表示非常感谢投资商对自己创业项目的关注，然后表明自己非常愿意提供对创业想法有详细介绍的 25 页创业计划书副本，并同时提供 12 张幻灯片组成的对创业计划书概览性介绍的文稿。在这种情况下，哪一位创业者更容易引起投资商的关注呢？在其他条件相同的条件下，显而易见是第二位创业者。第二位创业者拥有创业计划书并不是简单地表明他能够提供与创业相关的信息，最重要的是表明了他已经对创业的各个要素进行过认真思考，并开始投入精力和时间在创业活动中。

4.1.3 创业计划书的受众与需求

创业计划书的受众有很多种，根据受众所关心的问题不同，总体来说可以划分为两大基本的受众，即企业雇员和外部利益相关者。企业雇员是创业计划书的第一类也是非常关键的受众，如果一份创业计划书无法获得企业内部的高度认同与肯定，那么也将很难影响第二类受众。

(1) 企业雇员。企业雇员包括创业管理团队和普通员工两大类。首先，清晰的创业计划书是创业管理团队思想统一的体现。创业计划书的写作过程是创业团队充分交流看法与观点过程，在这个过程中不仅可以使团队成员深入了解创业项目的价值，发现团队中潜藏的问题，也能够形成一支强大的、充满凝聚力的团队。一般情况下，如果团队中的某位成员不能或不愿意一起制定创业计划书，那么一旦企业创办之后，该团队成员也不可能成功地与他人一起合作创业；其次，清晰的书面创业计划书能够给予员工明确的行动目标。当员工看到组织的创业计划书，可以从中深入了解企业创业价值，使员工对自己在创业活动中开展的每项工作都更加有信心，同时也能够经常检讨自己所做的一切是否能够和总体计划保持一致，是否和企业成长方向保持一致。

(2) 外部利益相关者。外部利益相关者是第二类读者，包括投资者、潜在的商业合作伙伴、潜在的私营或政府大型融资机构等。为了迎合这一类群体的需要，创业计划书必须是实事求是，不能盲目自信。一份好的创业计划书应该采取与读者感同身受的态度来写，能够清楚、简明、明白无误地描述创业活动面临的竞争环境，商业创意切实可行性，外部利益相关者的带来比较丰厚的利润回报。对于一些过分乐观的陈述和财务方案都会破坏这些受众对创业计划书的信任。哈佛大学创业计划专家威廉·萨尔曼(Willian A. Sahlman)教授指出："创业就像下国际象棋，你要想取得成功，你必须能够提前考虑好多项行动。"其观点表明，如果创业计划显得过分乐观而未能预测到产品或者服务方面存在的所有问题或者挑战，那会显得幼稚而无法获得信任。表 4-1 是创业计划撰写中经常出现的论述不够充分或评价错误的地方，这些问题不但减低了创业计划书的可信度，也损害了对撰写创业计划书的个人的信任度，所以创业计划书应当努力避免这些可能的瑕疵。创业计划书常见的问题如表 4-1 所示。

表 4-1 创业计划书常见问题汇总表

问题	解 释
没有任何自有资金就冒险创业	如果创业者并不愿意投入资金去冒险，那么其他人为什么要去冒险呢
引证较为缺乏的计划	创业计划应该建立在有力的证据和合理的调研基础上，并不是猜测、或者靠创业者对未来会发生什么事的"想象"。那些初始的和间接的调查来源应当用来引证
界定的市场规模过于宽泛	对新创企业的市场界定的太过宽泛表明真正的目标市场并没有明确
过于大胆的财务分析	这是许多投资者对创业计划书直接跳读过去的内容。理由不够充分或者盲目乐观都导致可信度降低。相反那些经过合理调研和正确判断的活动，既冷静又理由充足的观点，将会很快获得信任
隐藏或回避不足之处	新创企业试图去掩饰或者回避自身的不足是一种自作聪明的表现。所有的企业都会有不足之处，作为投资者或银行家，他们除提供资金外，要做的一件重要的事情就是帮助新创企业克服其不足之处
任何形式上的缺陷	让读者费劲地读完那些错误连篇、不平衡的资产负债表以及排版印刷上存在瑕疵的文稿都不是一件好事情。这类错误类型往往被看作对细节不够专注，从而有损创业者可信度
计划书过长	许多对创业计划书有经验的读者准确地知道他们要看什么，不要让他们费力地读完 50 页材料却仍未进入正题

因此，一份有竞争力的创业计划书是需要经过反复修改、测试、优化来逐步完善的。成功的创业计划书，最终能够打动风险投资者，吸引潜在外部利益者，总体来说要具有以下五大特点：①以客观性说服投资者，客观性要求我们的创业计划书是根据事实撰写的，里面的方案是基于现实的数据分析、详细的调查研究、严密的逻辑推理基础上制订的，不能拍脑袋决策，说出一些没有依据的话，如果一份方案写得像是一份煽情的广告，那么可能会导致评委对方案产生怀疑甚至是拒绝接受方案，因为投资者需要一个实事求是、理性思考的创业合作者；②充分地展示项目优势，可以从创新性、商业价值、技术

领先程度、有效的保护或维持创新性、技术或商业创意对现有消费水平适应程度、盈利模式等方面来体现;③逻辑严密性,逻辑性要求计划书脉络清晰,结构严谨,前后呼应,内容之间紧密联系,全篇形成统一整体,而不是一堆数据的简单罗列或一个个模型的硬性堆砌,为了体现逻辑性,要做到统一创业计划书的内容和规格,注重创业计划书各部分之间的内在联系;选取素材和写作思维要严谨;④强化方案的可行性,在创业计划书中应充分体现投资的必要性、环境的可行性、技术可行性、组织可行性、财务可行性和风险控制可行性。

4.1.4 创业计划书编写程序

创业计划书的编写是一个从识别商业机会、评估机会可行性到编写创业计划书的过程。这个过程一般经历四个阶段:启动过程、前期工作、撰写创业计划书,推介创业计划书。

(1) 启动过程。这个过程重点明确为什么要撰写商业计划书。

(2) 前期工作。创业计划书是一个复杂的过程,为了保证后面撰写的创业计划书是有效的,因此就需要对新的商业机会进行全面而公正的分析,这个过程包含两个重点工作:一是初筛创意,以决定最初的可行性;二是开展全面的可行性分析,以判断创业计划的各事项是否能够得到保证。许多创业者错误地识别创意,然后直接跳跃到撰写创业计划书来支持创意,这种做法的错误在于忽视了先后关系,在创业计划书开始写作之前,并没有在围绕创意价值开展严格调研这一步骤上花时间。

(3) 撰写创业计划书。对创业计划的具体内容进行详尽的描述。主要包括介绍性材料、执行概要、企业描述、产业分析、市场分析、营销计划、管理团队和企业结构、运营计划与产品(服务)开发计划、融资计划等内容。

(4) 推介创业计划书。如果创业计划书成功地引起了潜在投资者和银行家的兴趣,或者入选创业计划竞赛,那么就需要制订一套完整的推介创业计划书方案并向特定的听众作创业计划书的演讲与推销,吸引更多的外部利益相关者对创业项目产生兴趣并加盟。

4.2 创业计划书的内容

创业计划书是详细分析新创企业各种要素的一种书面文件。因此,为了更好地让读者读完,并能通过创业计划书建立起读者对创业者的信任,一份简洁、条理清晰、有趣的创业计划书要尽可能使用常规的格式,并在此基础上有一些创新,以充分体现创业者的能力、激情和对细节的关注。

从实践上看,完整的创业计划书虽然各有不同,但大多数所展示的内容,如图 4-1 所示。因此尽量让自己所撰写的创业计划书与此保持一致,因为许多利益相关者都已经看惯了这种格式,如果采取这种格式,能够对读者快速地发现自己关注的重点。特别是如果我们的创业计划书是为了寻求风险资本,那么更要采取这种格式,便于投资者速读。因为研究发现，风险投资人看一份创业计划书常常不会超过 5 分钟，如果看不到熟悉的计划书格式，常常会毫不留情地把它枪毙，而不会慢慢细读找出有价值的信息。

1. 封面
2. 目录
3. 执行概要
4. 企业介绍
5. 市场分析
6. 营销计划
7. 管理团队与组织结构
8. 运营计划与产品/服务开发计划
9. 财务计划
10. 风险管理
11. 附录

图 4-1 创业计划书大纲

4.2.1 封面与目录

介绍性材料主要包括创业计划书中的封面、目录。

(1) 封面。创业计划书的封面应该包括以下信息：企业名称、地址、联系人电话、传真号、电子信箱、企业网址、日期、免责声明和文本编号。

一般情况下企业名称、地址、联系人电话、传真号、电子信箱、企业网址、日期、文本编号信息应集中置于封面的上半部分，免责声明放在封面的底部。在这里要特别强调：

一是封面上要特别注意联系人的联系方式要准确误，以便潜在的投资人、合作伙伴与自己沟通。

二是标注日期能够让自己一眼就看出这是哪版的创业计划书。由于创业计划书是一个不断更新的过程，每个创业者可能会有许多版本的创业计划书。

三是要有免责声明，提醒读者对计划书保密。例如，此创业计划以密函形式单独呈交给精选的投资者。收到此函者，不得复制本计划书，或在未经我方允许的情况下进行传阅。如贵方无投资愿望，请将本计划妥善寄回。

另外封面上还应留下一个空格线，以便注明每一份创业计划书的编号，共几份。这样就可以比较好地避免创业计划书的外流；创业计划书封面还要能吸引人的眼球。如果已有产品和服务，可选择比较美观的图片，放在封面上，以更好地吸引读者。同样，有吸引力的口号也能吸引读者的注意，例如，“洗衣像母亲一样出色”的口号写在封面上能够让读者对企业的经营范围有快速了解。

(2) 目录。目录紧接封面页后，这是告诉读者创业计划书主要内容的一种方式。读者通过阅读目录，可以准确了解创业计划书包含了哪些重要主题。从目录中读者还会看到创业计划的可操作性，可以比较便捷地浏览创业计划的内容，并找到他们想要阅读的内容。

目录应该包括计划书的一级标题、二级标题、图表和附录。图表的作用在于可以直观的呈现创业故事，快速而准确地将信息传达给读者。图 4-2 是某大学生创业计划书的目录。在创业计划书发出之前，要保证目录中的页码与文本中的页码保持一致。

目　录

图 4-2 某大学生创业计划书目录

4.2.2 执行概要

执行概要也称为“计划摘要”，是创业计划书最重要的组成部分，是对整个创业计划书的概括，是唯一能让读者对创业计划快速了解并作出决策的部分，更是迅速抓住读者兴趣的关键。如果创业计划书的"执行概要"不能吸引读者的兴趣,读者会缺乏深入了解创业计划的意愿。一些风险投资人表示,如果他们看到某创业计划书的"执行概要"没有让人感兴趣的东西,一般就会把这个创业计划书直接毙掉。

执行概要主要包括企业简介、主要产品和业务范围、商业机会、营销策略与销售计划、生产管理计划、管理团队、融资计划与财务计划、风险控制等。

(1) 企业简介,主要包括企业注册所在地、所在地及其企业所有权性质、创业者姓名、创业领袖等。同时还应清晰地表明企业所处的阶段,如果是新创企业,就直接说明企业还在创业初期;如果企业已经经营一段时间,则应该简要陈述企业大事记和主要成就、历史收入、净利润和销售收入增长率,因为对于投资者和利益相关者而言,他们关注的是"行动导向型"的创业者,已经取得阶段性成就的企业。

(2) 清晰地描述主要产品和业务范围。产品和服务符合客户价值主张和市场定位。所谓"价值主张"就是指你的产品内含什么价值?其先进性、新颖性、独特性是什么?能给客户带来什么附加价值?其竞争优势是什么?所谓"市场定位"就是指根据同类产品的竞争状况,确定自己产品在市场中的竞争地位。例如,假设你要开一家咖啡屋,你就应该解释清楚该咖啡馆与其他咖啡馆有什么不同,它在提供产品类型、地理位置、价格等方面的市场定位是什么,同时还要明确你的客户群是谁。

(3) 展示商业机会。介绍企业所处的产业历史与前景,如市场规模及增长趋势、产业竞争对手及本企业竞争优势、未来 3 年市场销售预测。

(4) 描述独特的营销策略与销售计划。如:对在价格、促销、建立销售网络等方面拟采取的策略及其可操作性和有效性,对销售人员的激励机制等。

(5) 介绍规范的生产管理计划。概括产品生产程中生产方式、生产设备、质量保证、成本控制的主要设想。

(6) 介绍管理团队。包括机构设置、企业的合伙人、投资人、员工持股、劳动合同、知识产权管理、人事计划等内容。

(7) 介绍融资计划与财务计划。从融资角度介绍创业企业的资金需求量、用途、使用计划,拟出让股份,投资者权利,退出方式;从财务的角度预测未来 3 年或 5 年销售收入、利润、资产回报率等。

(8) 介绍风险控制。介绍项目实施可能出现的风险及拟采取的控制措施。

创业计划书的"执行概要"的写作顺序与创业计划的内容安排顺序保持一致,篇幅不应超过两页纸,依照顺序介绍创业计划书的各个部分。为了抓住读者的注意力,"执行概要"的内容不仅告诉读者"做什么",更要清晰的展示"企业面临的机会与可能实现的目标"。为了达到上述效果,执行概要的措辞应该严谨正式、条理清晰,且呈现出对创业的激情与憧憬,在执行概要的描述中尽可能与读者建立起情感联系,尽量避免使用专业术语,除非是读者都是内行的专业人士。例如,在一份健身中心的创业计划书的执行概要中,引入一个 70 多岁老人的内心表达会更容易让投资者想象未来市场对健身中心需求的火爆"这么大年纪的人都有需求,那么年轻人、中年人的需求会更加多"。

另外,虽然"执行概要"出现在创业计划书的前面,但是它应该在创业计划书后期完成。这是因为写创业计划书的过程中,计划会不断地发展变化,很多内容不确定。如果先写好执行概要,然后根据概要撰写创业计划书,而不是根据创业计划书各个部分去独立撰写,其思路可能会受到它的限制。

4.2.3 企业描述

创业计划书的主体部分是从企业描述开始,本部分反映着创业者是否能将抽象的创意转化为具体的企业,能否成功的向客户推销自己的观点。因此,这部分介绍应该洋溢着创业者的激情,既要有理性的数据,又要有感性的召唤。在企业描述中至少要包括以下内容:

(1) 为企业起一个好听的名字。因为名称是企业品牌战略的重要组成部分,好的名称可以反映企业与其他竞争者产品的区别,有助于后期差异化经营的推进。因此,创业者在给企业命名时,要重点关注企业的名称应该与企业的计划从事的经营活动相匹配。对客户驱动型的企业来说,企业名称应体现客户的特性,有助于吸引特定的目标客户群。例如:俞敏洪创办的外语培训学校起名"新东方"就是符合那些"绝望中寻找希望,人生终将辉煌"的群体需求;对产品/服务驱动型的企业来说,企业名称应该体现其产品或服务的优点。例如:广东一家家具销售企业,起名为"时尚坊",直接反映了该企业引领造时尚生活品质的特性;对产业驱动型企业来说,企业名称就直接体现其提供的产品的类型,涵盖范畴广,不限于一个目标市场或一种产品,如:通用汽车企业、家得宝等;对个人或形象驱动型的企业来说,可以直接用创业者或某知名人士的姓名给企业命名。例如:陕西郑远元专业修脚服务连锁有限企业就是以其创始人"郑远元"的名字命名的。

(2) 介绍企业的基本信息。企业的基本信息包括企业的地址、法律定位所有权结构、法人代表名称,企业创业初期的组织架构。

(3) 介绍企业的发展历史。企业的发展历史介绍要简短,但要解释清楚创业的商业创意的来源和创业动机。如果创业动机的来源很感人、有趣,可以以故事的形式表达出来;如果没有有趣的故事,就简单说明商业创意是如何满足消费者需求的;如果企业已经经营了一段时间,则应该简要的描述企业的发展阶段,经历的关键事件和取得的成就。

(4) 陈述企业的愿景与使命。愿景是对企业存在的理由及立志要成长为什么样企业的描述,使命陈述则是指为了实现企业愿景,企业应该做好哪些方面的事情,是企业成长的驱动力,在不少企业常常将愿景与使命合并在一起描述。例如全球最大的网上零售商亚马逊企业的愿景与使命综合描述为"成为全球最以顾客为中心的企业,主要为四类顾客服务:卖家、买家、企业与内容制造商",美国新白伦企业的愿景与使命陈述为"以团队合作、全方位顾客满意和真诚为核心价值观,形成内部良好关系,缔造全球领先的运动用品制造商"。合适的使命陈述能指明企业道路,能成为企业财务与道德指南。愿景、使命陈述并没有固定模式,通常是创业者和企业元老共同思考、讨论出来的。为了使企业的愿景与使命易记,便于传播,在撰写企业的使命时,应该遵守以下原则:

① 不可以是缩减版企业概况；
② 说明本企业的独特之处；
③ 要诚实不能夸大其词；
④ 语句让读者易懂并能产生激情；
⑤ 说明企业存在的理由；
⑥ 采用反应企业文化特征的话语；
⑦ 涉及企业所有的利益相关者；
⑧ 反映整个团队的智慧之处。

(5) 介绍产品和服务。在这里要详细地描述产品或服务的独特之处和市场定位。市场定位就是根据市场同类产品的竞争状况，确定自己产品在市场中的位置。

除此之外，创业者还应解释清楚产品或服务的专利性质以及对知识产权的保护情况。如果产品或商业的创意有可能获得专利，就应该申请临时专利保护；如果不能获得专利，就需要在这里简要说明你将采取什么措施构建进入壁垒，以免自己关于产品或服务上的商业创意被模仿、复制。如果对这个问题避而不谈，读者会认为你在规避这个问题，或者认为你的商业创意很容易被模仿，就会失去信任。如果直面企业存在的问题，要么作出合理的解释，要么坦诚说明无法构建进入壁垒是本企业创业面临的主要风险，反而会很容易赢得读者的信任。

(6) 企业发展现状。就是对企业目前的状态进行描述。例如，如果一个企业已经完成了企业注册、市场可行性分析报告，写好了创业计划书，建立了法人实体等工作，所有类似完成的事情或待完成的事情都要在企业发展现状中提到。

企业发展现状描述至少包括以下三个方面的内容：一是企业管理团队构成及其组织架构。这里包括创业初期与创业发展时期管理团队构成及其组织架构。创业初期，企业人员比较少，创业者就需要提出企业发展的人才配置计划。二是消费者对企业产品或服务的最初反应与评价，可以借用可行性分析报告中对消费者的调查结果指出消费者的态度倾向。三是企业的财物状况，详细介绍企业当前的融资情况、企业是否有债务或股权转让。如果企业需要资金或投资，也需要简单说明所需资金量和用途。

4.2.4 市场分析

市场分析的目的在于说明创业者所发现的“商业机会”究竟是否构成了机会，市场有多大，为什么这是一个值得投入精力与金钱的重要市场，包括产业分析和目标市场分析两大类。

产业和市场都是用为形容商业环境的要素，两者之间既有重叠，也具有独立的含义。产业是指一个企业群，这些企业生产产品或提供服务，然后再把这些产品或服务推向市场。目标市场则是出售企业产品或为顾客提供服务的场所。产业分析可以用来说明从事同样业务的同事，也可以用来界定你的竞争对手，而目标市场分析则是用来确定创业的机会和服务的客户，两者分析的交集即客户的需要与产品或服务的提供的价值重叠的部分就是商业机会。

(1) 产业分析。

创业计划书首先要对创业所涉及的产业作出清晰的描述,要让读者清楚地了解到该产业的内涵、规模、发展趋势、竞争对手以及关键特征。

① 界定产业的定义。要清晰地描述创业企业隶属于于哪一个产业,该产业目前正在生产或提供什么样的服务。通过产业定义界定可以明确创业企业产业分析范围。以海南航空企业为例,其究竟属于航空业还是运输业? 界定清楚就可以明确企业总体关注领域。有些时候创业企业会涉及两个或多个产业,创业计划书就需要对创业企业涉及的对每一个产业界定,以便后续对每个产业进行分析。比如,如果一家企业为医生办公室生产电脑软件,必须明确这家企业涉及电脑软件业和医疗保健业,对这两产业进行界定与分析。有时也可以根据企业涉及的产业的重要性不同有所偏颇。产业界定既可以按照狭义标准划分,也可以按照广义标准划分,但大多数情况下都使用狭义的划分标准。

② 确定所在产业的性质。产业的性质根据市场需求、市场结构、规模增长等要素决定。如果市场对该产业的产品或服务需求较高且该产业没有主导企业,该产业为新兴市场;如果该产业内有大量小型企业纷纷倒闭,小企业正在被少数几个大型企业收购,这个产业为整合中的市场;如果该产业内已经有明确的领军企业,它们状态稳定,增速稳定,该产业称为成熟市场。

③ 估算产业规模、增长速度和销售预测。产业分析这部分主要讨论创业企业拟进入的产业的规模、增长率和未来的销售趋势。如果创业企业进入的不是一个全新的产业,在这部分的分析中就不仅要对数据进行描述,关键是要解释清楚所提供的数据来源,以及通过有效的方式来展示数据,提高计划的可信度。

在创业计划书中为了更好地展示上述内容,一般要注意以下几个方面:a. 财务信息的介绍应该以多年度的形式、用表格形式展示出来。例如产业销售额、增长率的介绍,如果仅仅列举某一年度的数据,如“2016 年儿童运动鞋的销售额是 50 亿元”,就无法让读者了解该产业的市场需求、增长变动情况。因此最好的办法是提供 3～5 年全产业销售额及其增长变动数据,并且一定要注明数据引用的出处。b. 尽可能用图表展示所要传递的信息。但是要特别注意的是不要过度使用图表,主要在介绍财务数据信息基础上,通过可视化的生动图表来吸引人们的关注并增强理解。c. 适当提供创业企业所在地的产业信息。主要是增加读者的感性认识,但不需要太详细。d. 全面介绍产业信息。所谓全面,就是强调不仅介绍产业有关的积极信息,同时也要适当介绍产业发展中的消极信息,产业发展中存在的消极信息并不意味着产业发展没有机会,有时恰恰是这些消极信息为创业者提供了诱人的进入机会。如果在产业信息介绍中仅提供与产业相关的积极信息,会降低创业计划书的可信度。

④ 分析产业特征。重点介绍产业结构、产业参与者的性质、产业关键比率和产业关键成功要素。由于受到篇幅的限制,对于这部分的介绍要简练,否则可能无法涵盖所有的潜在的主题。

产业结构是指产业的集中或分散程度以及产业的总体竞争格局是否具有吸引力。

产业的集中或分散程度有助于投资者了解该产业的进入壁垒。通常情况下，高集中度产业意味着进入该产业需要大量的资本或该产业已趋于成熟，存在大量联合。如果创业企业要进入这类产业，就必须在创业计划书就如何开展竞争给出一个明确的说明，比如一个小型啤酒厂通过在当地生产啤酒和依靠当地目标客户群进入集中度较高的啤酒行业，虽然这种做法对于其扩张发展具有局限性，但是却降低了建立品牌和建立分销渠道的成本。反之，低集中度产业意味着产业处在形成阶段，进入成本较低，则不需要对如何进入这类产业进行说明。产业的总体竞争格局是否具有吸引力可依据哈佛大学教授迈克尔·波特的“五力”模型进行判断。“五力”模型确定了行业竞争形成的五种主要来源，即供应商的议价能力、购买者的议价能力、潜在进入者的威胁、替代品的威胁以及同一行业的企业间的竞争。

产业参与者的介绍的目的是让读者了解产业参与企业的性质和其他相关信息，如：谁是产业中的领先者，市场份额是如何被瓜分的，产业参与者是传统企业还是创新型企业等。通过这些介绍可以让读者对创业企业是否具备参与产业竞争的实力和获取竞争优势的可能性作出合理的判断。

产业的关键比率主要是指产业的关键财务比率和相关利益比率，这部分信息不仅有助于进一步了解产业结构及产业吸引力，也为对创业企业未来的财务指标提供预测依据。

产业关键成功因素主要是反映为了在产业中获得竞争成功，组织所必须具备的优势。了解一个产业的成功关键因素非常重要，因为评价产业中的任何一个企业，就是看它对每一个因素的掌握程度，以及是否在某一个或多个因素具有优势。因此，创业计划书要列出所在产业获得成功的关键成功因素，然后确定自己在那几个因素上通过努力可以实现创业企业的成功。不同的产业关键成功因素是不一样的，例如，宠物消费产业的关键成功因素是：诱人的展品展示、对宠物业知识有清晰了解的员工、有效的质量管理等。

⑤ 预测产业发展趋势。这部分内容是产业分析中最重要的一部分内容，决定着产业中新的商业理念形成。例如，随着老年人对健身兴趣的与日俱增，成人健身俱乐部成为新的产业热点，它支持产业分析中提到的主张。

产业发展趋势中应重点介绍环境趋势和商业趋势。环境趋势包括经济趋势、社会趋势、技术进步、政治和法规的变化，这些变化都会在不同程度上对产业的发展产生影响。例如，随着人口老龄化的加剧，选择入住养老机构的老年人逐年增加，但护理专业人员十分紧缺，因而我国“白发产业”蕴藏着大量就业岗位。商业趋势是指影响产业发展趋势但不属于环境趋势的因素，包括：产业利润的变化情况、产业创新的速度、产业发展的投入成本、产业中出现了新的市场、替代性产品或服务等。

最后要对产业的发展前景进行简短归纳，形成关于该产业未来的发展趋势。结论应该中肯、简要。

(2) 目标市场分析。

产业分析关注企业所涉及的广泛的商业领域，目标市场分析则是对产业进行细分，确定企业所涉及的具体的细分市场。创业计划书中目标市场分析部分极其重要，这是因为目标市场分析有助于确定企业业务的性质以及营销计划、财务计划等内容，确定企业的发展规模与速度。同时目标市场分析如果做得好，也能够体现企业创业计划的可行性和获取竞争成功的可信度。

① 市场细分。市场细分就是把市场按照有同样表现或相似需要划分为不同的子集的过程。市场细分可以通过许多方式进行，如地理变量、人口统计变量、行为变量和心理变量。

② 目标市场。目标市场是市场细分的结果。在这里创业计划书首先需要定义目标市场：你的目标客户是谁：企业准备向哪些群体或企业提供你的产品和服务；他们来自哪里；他们有什么特性。其次针对目标市场清楚的表达自己的价值主张：企业能够为客户提供什么样解决性方案；企业提供的产品和服务能够给客户带来哪些增值服务；你的客户如何才能将企业提供的产品、服务和竞争对手的产品、服务区分开。

例如，私人通讯企业把其目标市场定位为在线与网络沟通领域，在这一领域中，用户彼此之间可以通过交互式交流来建立他们各自的人际关系网。在线服务领域包括聊天室、电子布告栏和电子邮件。而网络服务领域则包括因特网多人在线交谈、电子邮件和各种网站。

目标市场的描述应具有以下的特点：a. 可衡量性。目标市场是可以识别和衡量的，通过市场细分出来的目标市场不仅范围明确，而且对其容量大小也能大致作出判断。有些细分变量，如具有“依赖心理”的青年人，在实际中是很难测量的，以此为依据细分市场就不一定有意义。b. 可进入性。细分出来的目标市场应是企业营销活动能够抵达的，是企业通过努力能够使产品进入并对顾客施加影响的市场。一方面，有关产品的信息能够通过一定媒体顺利传递给该市场的大多数消费者；另一方面，企业在一定时期内有可能将产品通过一定的分销渠道运送到该市场。比如，生产冰淇淋的企业，如果将我国中西部农村作为一个目标市场，恐怕在一个较长时期内都难以进入。c. 前景性。细分出来的目标市场，其容量或规模要大到足以使企业获利。进行市场目标选择时，企业必须考虑细分市场上顾客的数量，以及他们的购买能力和购买产品的频率。

创业者在选择目标市场时犯的最大错误，就是把目标市场界定得太广，希望同时把一个以上的细分市场作为目标市场。但是对于初创企业而言，通过仔细对产业进行细分然后瞄准一个具体的细分市场产生的效果最好。对此，美国库兹曼咨询企业的创始人乔尔·库兹曼在其《创业制胜经验法则》一书中指出：“一份条理清晰、说服力强的创业计划书要确认其具体的细分市场和个体消费者，同时就如何参与市场竞争提出计划。我们的调查发现，新创企业往往同时追求过多的市场，它们希望尽一切可能来满足所有人的需求，结果通常取悦不了任何人。”

③ 购买者行为。购买者行为是目标市场分析的重要内容。企业对目标市场消费者越了解，提供的产品和服务越能满足他们的需求。因此，创业计划书要根据企业的性质对购买者的行为进行基本描述，明确识别你所提供的业务领域中的“决策者”，以及其消费偏好和消费购买过程的长短。

④ 竞争者分析。竞争者分析是对企业面临的竞争的详细分析,有助于了解主要竞争对手所处的位置,掌握在一个或多个领域获得竞争优势的机会。同时竞争者分析也向创业计划书的读者表明,创业者对企业所面临的竞争环境的掌握的程度。

竞争者分析首先要确定竞争者是谁?需要对直接、间接、未来竞争者进行描述。直接竞争者是与你提供的产品或服务具有同质化的企业;间接竞争者是与你提供的产品或服务接近的替代品的企业;未来竞争者是那些随时可能加入这个行业的企业。

⑤ 年销售额和市场份额预测。确定目标市场后,同时要对目标市场规模和发展趋势作一个预测。在一些创业计划书,这一分析往往在计划书中"融资与财务计划"中提供。

对于一个新创建的企业而言,应尽量提高预测的可信度。有三种方式可以预测其销售额,不同的方法会有不同的结果:a. 一般情况下,如果创业企业是在现在生产的产品的基础上升级,这样目标市场规模与趋势就可以通过以往的文献查阅获取。b. 寻找一个可比的企业,或出售可比产品的企业。如果你打算开一家奶茶店,试着找一家与你经营类似的生意的专卖店,通过跟店主交谈,由此作出判断预测。c. 如果是预测一个尚未开发的目标市场的规模,就需要借助市场调查来估计未来市场规模与发展潜力。

4.2.5 营销计划

创业计划书中的营销计划包括四部分内容:总体营销策略、定价策略、销售过程及促销组合策略、渠道策略,是创业企业通向成功的路线图,在这里将详细的描述创业企业将如何运用公司的基本经营理念,推销自己的产品和服务,说服客户购买自己的产品或服务。制定一个考虑周详的创业计划书有两个好处:一是可以帮助创业团队了解创业意图,探索不同的选择,以便促使公司确定成功的战略选择;二是可以帮助创业计划的读者了解你的能力,建立信任。

(1) 总体营销策略。总体营销策略是企业对目标市场理解的反应,也是在产业分析和市场分析基础上得出来的。因此,总体营销策略是指企业为销售其产品和服务所采用的总体方法,重点说明企业的定位策略和差异策略,是营销计划的基础。总体营销策的制定能够确保企业开展的各种营销活动都是围绕总体营销指导思想和操作方法进行,使得企业在资源使用和市场拓展上更具有目的性和连续性,同时也能帮助读者清晰地了解该创业企业营销活动是在一个什么样的总体计划下开展的。

定位策略就是根据所确定的目标市场,通过对竞争者实力、消费者的消费偏好,采取一定的策略强有力地塑造出本企业产品与众不同的、给人印象鲜明的个性或形象,并把这种形象生动地传递给消费者,当顾客产生相关需求时,便会将该品牌作为首选,也就是说这个品牌占据了这个定位。

在营销策略中要准确地描述出企业所采取的定位策略。根据创业企业的所面临的市场不同,一般可以采取三种定位策略:①抢先定位,即企业在进行品牌定位时,力争使自己的产品品牌第一个进入消费者心中,抢占市场第一的位置。一般来说,第一个进入消费者心中的品牌,都是难以被驱逐出去的。如复印的"施乐"(Xerox)、租车行业的

“赫兹”(Hertz)、可乐中的“可口可乐”(CocaCola)、凉茶中的加多宝、奶茶中的香飘飘、厨房中的方太等。②关联定位策略,是一种借力的定位,借力于某品类的第一品牌进行攀附,从而达到“攀龙附凤”而上位的目的。比如七喜,它发现美国的消费者在消费饮料时,三罐中有两罐是可乐,于是它说自己是“非可乐”。当人们想喝饮料时,第一个马上会想到可乐,然后有一个说自己是“非可乐”的品牌与可乐靠在一起,那就是七喜。“非可乐”的定位使七喜一举成为饮料业第三品牌。③替代定位策略,即采取有效措施替代原有产品的方法。其原理是当顾客想到消费某个品类时,会立刻想到领导品牌,如果你作为一个替代角色出现的话,有可能在顾客的心中完成一个化学反应——置换,这样就替代了领导品牌。

差异策略一般在产业分析与市场分析中会进行说明,通常情况下,只需要在这里列举出两三个差异化点,能够让读者轻易地识别出来。为了凸显创业企业的特点,营销策略中的所提到的差异最好是其他企业不具有,通过创新实现的竞争力。例如:星巴克的差异点表现在餐厅格调上;苹果公司的差异点是表现为产品设计;谷歌公司的差异点表现为搜索的速度及其准确性等。同时,视觉化展示也是凸显企业差异化的重要方式。

(2) 定价策略。这部分主要描述创业企业所提供的产品或服务的价格。价格是一种重要因素,其决定了公司获利的多少,也能让目标客户通过价格了解到产品或服务的市场定位。如果一个生产太阳镜的企业,将其产品定位新颖、先进和高质量与良好外观的产品,但却收取低廉的价格,就会使目标顾客对产品的信任,对其产品质量产生质疑。

定价策略要清楚描述的对产品和服务的定价方法和定价选择的思考。一般产品定价有成本定价法和价值定价法两种方法。

成本定价是根据产品成本的进行增值定价。这种定价方法是基于公司认为自己应该获利多少,而不是市场对一项产品或服务的估计,顾客存在着被动接受定价的现象,随着后期企业的发展这种定价模式被顾客接受比较困难。

价值定价是从顾客的角度出发,尽量让产品的价格反映产品的实际价值,以合理的定价提供合适的质量和良好的服务组合。这种定价模式由顾客愿意支付的价格、市场上顾客面临选择多寡来决定的。

定价策略体现企业的经营理念。许多专家建议使用价值定价法,因为它关注目标客户群对产品或服务的认知价值。当然最终使用的定价策略、价格都要根据市场的显示情况合理制定,让读者确信,创业企业所确定的价格具有可信性,合理且公平。

在定价策略描述中,特别强调不要试图用低廉的产品定价去换取市场份额,这种做法会赢得销量但不会赢得利润。因此在选择定价方法后,创业企业向消费者收取的价格一定要考虑以下两个因素:产品或服务的客观质量;与市场上竞争对手相比,目标客户群对企业所提供的产品或服务价值的接受程度。

(3) 销售过程及促销组合策略。销售过程和促销组合策略是反映企业对潜在顾客识别,并通过采取支持销售和提升总体品牌形象的具体策略促进销售实现的过程。这个过程的描述可以让读者了解营销策略是否具有可行性。

① 销售过程。企业的销售过程是指企业与客户建立关系和完成销售所经历的过

程。因此,在对销售过程的介绍中要按照一定逻辑结构进行。这样做的好处是,第一,可以让企业系统地了解企业营销的过程;第二,使企业在调整营销方案时,注重前后的一致性;第三,清晰的过程,可以避免销售人员不知道如何开展销售活动;第四,有助于企业把握销售机会,把时间和资金花在最有可能购买的产品或服务的顾客身上。

从总体上看,无论企业是直接面向消费者还是通过中间商,其销售过程大都会经历以下几个步骤:

a. 展望(销售引导);

b. 初步接触;

c. 挑选合格的带头人;

d. 进行销售展演;

e. 顾客答疑;

f. 完成销售;

g. 服务跟进。

② 促销组合。促销组合主要是企业为接触潜在顾客所使用的具体策略。一般的促销方式主要有广告、公共关系、社交媒体和其他与促销有关的活动。

广告是为了唤起人们对某种产品的注意,以达到其劝说其购买的目的。在作广告选择时要兼顾两大因素:一是与企业的适应性;二是广告的效果。一般来讲,大多数传统广告方式可能会适应企业,但是由于其在传播范围和效果上未必能够尽如人意,所以一些创新型的企业往往并不广泛地使用广告。

公共关系是指为建立和维护公司在公众心目中的形象而付出的努力,是许多新企业比较喜欢的一种促销方式,因为其不仅成本低,还可以塑造企业良好的公众形象,增加公司的信誉度,带来更广泛的群众基础。一般企业采取的建立公共关系的方法主要有新闻发布、事件赞助、传播媒体覆盖、行业期刊文章、每月通信、社交媒体、博客互动、民众参与、社会参与和社区参与。

社交媒体主要包括运营博客、微博,利用社交网络建立知名度,与顾客建立关系。是否运用社交媒体进行推广,要分析企业的目标客户群是否是社交媒体的活跃用户,只有当目标客户群体是社交媒体的活跃用户时,社交媒体的使用才会非常有效。

在促销组合策略介绍中,也可以根据具体需要介绍一些其他的促销活动,例如体验式销售活动、免费样品、制造"留言"、口碑、直销等。

(4) 渠道策略。渠道策略主要是根据企业整体营销策划思路、市场调查与分析阐述企业产品的物理移动过程与方式,即产品如何从工厂转移到终端客户手中。

在这部分主要要说明两个问题:一是选择什么样的渠道及其依据。从分类的角度看渠道可以分为直销和分销两个大类。其中直销又可以细分为几种,比如制造商直接设立的大客户部、行业客户部或制造商直接成立的销售公司及其分支机构等。此外,还包括直接邮购、电话销售、公司网上销售等。分销则可以进一步细分为代理和经销两类。代理和经销均可能选择密集型、选择性和独家等方式。二是要介绍如何解决与渠道培养相关的问题。例如,如果计划采用直销、网络销售,就要同时介绍与之相关的支持计划，如库存计划、物流配送计划等；如果计划选择中间商销售产品，需要简要阐明如何选择中间商，以及与中间商和产业中各销售网络如何接触、吸引中间商加盟的对策。

4.2.6 管理团队和公司结构

许多创业计划书阅读者，在查阅执行概览后会直接阅读管理团队以评估企业创办者的能力，因为每个投资者都非常清楚好的管理团队才有可能推动项目的进行。

在创业计划书中的这一部分内容要重点介绍管理团队、董事会、顾问委员会、其他专业人士和企业结构，在介绍过程中要中肯，对一些重要材料，如关键人员的简历，应该将其置于创业计划书附录中。

(1) 管理团队。在介绍管理团队时要实事求是，应当以一种让人容易形成具体形象的方式表达出来，包括：企业所处的位置；创业者或创业团队人员姓名；管理团队初期人事安排及其在可预见的将来计划如何发展；企业初期雇佣多少人员，是否存在空缺；企业将采取哪些措施快速补充人才。

管理团队的介绍是从企业创始人开始，简要介绍管理团队每个成员的履历。简历主要包括岗位头衔、岗位的职务和责任、相关工作经历、以前的业绩和相关的教育背景；在此基础上披露企业所有权结构和管理团队成员的薪酬分配计划，这部分内容最好通过表格的形式体现；最后明确表明企业创始人对企业资金投入的情况。对于这一点投资人非常看重，如果创始人都没有足够的信心在企业投入自有资金，其他人为什么要投资呢？

高效的管理团队是企业保证竞争优势的关键，因此，在介绍中为了证明自己的管理团队是优秀的管理团队，要凸显管理团队具有以下四个特点：①团队成员之间技能互补而非冗余。如果一个创业者是软件设计能手，其他成员就应该在营销、管理、融资方面有特长。②具有相似的工作习惯。例如，每个人都是喜欢加班，或喜欢在咖啡屋交流工作。③具有共同的目标和抱负。例如，一个成员目标是准备将企业做成上市，另一个成员是赚点钱就好了，目标不一致会使冲突接踵而至。④创业者间的协议。主要是用来协调创业者之间关系的一份书面协议，涉及股权、薪酬、资本等多方面的利益问题，需要在企业创办前完成，具有法律约束力。

同时，为了避免对管理团队的介绍损害创业计划书的可信度，要尽可能避免以下错误：将不称职的朋友或家人安排到重要管理岗位上；将自己在其他行业的成功的经验转移到所在行业；雇佣高级经理却不分配股权；没有披露管理团队技能或能力空缺；对于管理团队存在的技能或能力空缺的补充性计划模糊不清。

(2) 董事会。董事会因为创业计划不同而有所不同。如果创办的公司法律上要求有董事会，就需要对董事会人员组成、董事会的职能作出介绍。

对董事会成员简历介绍包括岗位头衔、岗位的职务和责任、相关工作经历、以前的业绩和相关的教育背景。如果在管理团队部分已经介绍过，在这里就不需要介绍了。

董事会的职能介绍主要从监督职能、指导职能两方面进行。

(3) 顾问委员会。顾问委员会是受创业企业就企业正在进行的经验管理提出意见和建议的专家组。顾问委员会可以根据创业企业需要而设立，对企业不承担法律责任。

(4) 其他专业性人士。在这里增加对其他专业人士的介绍，目的不仅在于展示创业者跟谁在一起工作，更重要的是可以使创业计划书的读者相信你的创业活动可以获得专业人士的高质量的建议，从而提高创业计划成功的可信度。

其他专业人士包括律师、银行家、投资者、大学教授和业务顾问等。

(5) 公司结构。公司结构是体现公司是如何组织的。无论企业大小都是通过组织结构来对公司内部信息交流、责任划分、未来发展趋势作出清晰描述的。

概括一个公司如何组织及其权利与责任匹配的最有效方法就是组织结构图。组织结构图是公司内部的权利和责任如何分配的图解描述。

4.2.7 营运计划与产品或服务开发计划

该部分主要集中讨论创业企业是如何进行产品生产或提供服务，以及企业如何经营的。在描述中要尽可能做到突出主题，避免过多地陷入到细节之中，以免因提供太多信息，引导读者过多地关注企业经营细节而没有看到企业经营的大局。

(1) 营运计划。营运计划主要是对公司的营运战略、营运范围和日常运用的描述。

营运战略主要是从宏观的角度来概括介绍公司如何才能在成本、质量、时间和灵活度方面取胜，或者说与竞争对手相比创业企业具有哪些方面的竞争优势，其中要特别介绍创业企业生产设施的地理优越性对提升企业竞争优势的作用。

营运范围主要是介绍创业企业提供的产品或服务的生产过程怎样，哪些生产环节由自己创立，哪些生产环节可以通过外包的形式购得；创业企业与销售商、合作伙伴的合作关系是什么？上述内容的介绍最好用图表的形式呈现，可以非常清晰地显示如何通过生产过程增加价值。

日常营运是对公司主要的日常活动的描述。如果创业计划书是一份操作性的创业计划书，就需要对日常活动进行详细的描述，例如，每天可以生产多少单位产品？哪种投入是必须的？生产周期是多少？但是对于大多是创业计划书而言，就不需要细化到这种程度了。

(2) 产品或服务开发计划。描述产品或服务开发计划，表明创业企业将会有持续的竞争能力。在这部分主要介绍四方面内容：开发状况和任务、挑战与风险、成本以及知识产权。

开发状况和任务这部分主要描述产品或服务的开发现状。一般产品或服务都基本遵循以下逻辑路径进行开发：提出产品理念、研发结果、初步生产、全面生产。因此，在介绍中要描述开发处在哪个阶段，主要任务是什么，剩余任务的完成时间表。

挑战与风险主要披露将产品推向市场面临的设计与开发挑战，以及这些挑战对成本以及产品推向市场的时间表可能产生的影响，在这个基础上还需要介绍如何防范这些风险或挑战发生，计划采取哪些对策避免这些挑战与风险。这部分内容也可以放在创业计划书后面“创业风险与预防”进行描述。

成本是指将产品或服务推向市场需要的设计和开发预算。成本预算应该包括劳动力成本、原材料、咨询费、产品成型、可用性测试等。

知识产权是指人们就其智力劳动成果所依法享有的专有权利，是一种无形的财产权。在这里重点介绍企业是如何对正在开发的产品或服务提供保护的。与产品或服务有关且需要保护的四种知识产权包括：专利、商标、版权和商业秘密。

4.2.8 财务计划

财务计划是将创业计划书所提到机遇、运营计划、产品或服务开发计划、营销计划和管理团队等变成预期的财务规划，告诉读者公司目前的财务状况和对未来的预测。在这里所描述出的财务状况代表着创业公司对相关风险和投资回报的最佳估算，也是创业成功的有形证据。

财务计划可以满足不同读者的需求，如投资者通过阅读财务计划，把握对该项目的投资风险，确定能否实现公司的最低预期回报率；投资者可以确定如果投资这项业务会给自己带来哪些回报；放贷者可以据此判断出该公司的融资能力和偿还能力；创业者可以整体了解自己是否有能力实现财务目标，即自己所制订的所有计划、付出的所有努力是否在最后能够得到回报。

财务计划主要包括对财务资金的需求、明确假定、财务预测等。

(1) 明确业务资金需求量。业务资金需求量主要是通过资金明细表罗列出一个公司具体需要多少资金，说明这些资金从哪里来以及这些资金的用途。

资金明细表中的项目通常是一个公司最初的资产和负债。最初的资产主要来自两个渠道：一是创始人或初始管理层提供的；二是由早期投资者投资的，如天使投资者、朋友或创始认知的家人。负债则是公司经营过程中存在的资金缺口。

在明确业务资金需求量时，尽量不要让自己的创业企业承担过重的债务，债务过重会使公司举步维艰，影响后续发展能力。

(2) 明确创业企业的假定。创业企业的假定是反映在假想的说明表中，是对以重要假设(包括行业和市场增长率、变动成本和固定成本、销售增长率、资本成本以及现金流等)为基础的财务报表的一种解释。

由于重要假定是财务计划的基础，因此，这些假定要尽可能接近现实，属于行业经验。为了证明自己的假定的可信度，可以在附录中对重要假定的来源作出详细的说明。

(3) 提供财务预测。这部分主要是通过预计财务报表，表明创业企业在未来什么时候可以开始赢利。预计财务报表是创业计划书中财务计划的核心，主要包括：预计的利润表、预计资产债表、预计现金流量表。

① 预计利润表。预计利润表反映公司在给定时期预测的运营结果，记录公司在给定时期内所有预测的销售额和费用，并说明公司未来是盈利还是亏损。利润表一般以月、季度或年为基础编制，大部分的利润预计表是按多年格式编制，可以清晰表明利润变化趋势，初创企业一般建议按照月进行编制。

创业计划书阅读者一般特别关注利润表中净销售额、销售成本、运营成本这三个指标。

② 预计资产负债表。预计资产负债表是对企业在特定时间点上资产、负债及所有者权益的预测。预计资产负债表列出的主要资产种类包括：流动性资产、固定性资产；资产负债表列出的主要负债种类包括流动负债、长期负债和所有者权益。

企业资产负债表编写中要注意两个问题：一是要反映企业是有足够的短期资产清偿其短期负债；二是即使企业存在负债，但是企业整体财务状况是健康的。前者可以通过资产流动比例（预测流动资产与预测流动负债之比）反映，后者通过负债比（总负债与总资产的比例）评价。

③ 预计现金流量表。预计现金流量表反映公司是否能够保持足够的现金余额以扩大业务规模并且经营成功的一种证明。在创业企业经营的前两年，最好按月进行编制。

现金流量表主要记载三类活动：经营活动、投资活动和筹资活动。

4.2.9 风险控制

风险控制部分主要介绍两方面内容：可能出现的创业风险和对风险的防范。

创业风险是指企业在创业过程中存在的各种风险。由于创业环境的不确定性，创业机会与创业的复杂性，以及创业者、创业团队与创业投资者的能力和实力的有限性而导致创业活动结果的不确定性。

从创业风险产生的角度看，创业风险主要内部和外部风险。内部风险主要包括技术、管理、和成本等方面的风险；外部风险主要包括市场及政策等方面的风险，如：产品更新换代、税收政策、产业政策变换等。大多数创业计划书会重点围绕政策风险、竞争风险、市场风险、管理风险、生产风险、技术风险、财务风险等展开介绍。

(1) 政策风险。政策风险是指国家经济政策（税收政策、货币政策和产业政策等）、地区相关政策的变化对企业融资、产品销售、原材料供应、技术保密与发展、人员招聘等方面带来的风险。

对于政策风险的防范对策主要有：公司制定的制度要严格遵守国家法律法规；建立与行业协会的联系，了解行业的相互政策；加强对有关政策法规的关注和分析，及时调整公司的经营战略和销售策略。

(2) 竞争风险。竞争风险是指竞争对手采取的针对性的竞争行为，如对于产品降价、对于产品的升级换代、自身产品不完美等造成的顾客缺失。

对竞争风险的防范对策主要有：树立超前意识，寻找并抓住市场的最新切入点，不断开发新产品，建立技术领先壁垒；建立与客户紧密的互动关系，维护顾客对公司的忠诚度；加快资金周转，避免流动资金短缺。

(3) 市场风险。市场风险主要包括由于市场的不确定性导致创业者或创业企业损失的可能性。这些不确定性主要表现为新替代产品的出现、新工厂的加入、合作企业的经营不佳或者停止合作等。

对市场的防范对策主要包括：在技术上持续不断地突破，使产品更加完善；根据消费者需求或建议不断地改进产品的缺点，更快地适应市场的需求；利用强有力的营销组合和客户服务提高品牌知名度和客户忠诚度等。

(4) 管理风险。管理风险主要包括创业企业管理者能力、知识结构和经验的欠缺;重大决策失误;客户关系、公共关系的恶化;各种意外事件;核心人员流失的风险等。

对于管理风险一般采取以下措施防范:建立完善的内部管控机制,责权清晰,加强监督;建立人才培养机制与人才引进机制,提高决策层的决策能力,降低决策失误;建立危机公关部门处理公共关系;构建良好的文化,增强员工的归属感;建立有效的绩效考核与薪酬激励机制。

(5) 生产风险。生产风险主要包括创业企业提供的产品或服务从小批试制到大批生产的质量风险和生产能力风险。

对于生产风险防范可以采取如下措施:提高生产工艺,实行全面质量管理;增加生产投入;强化生产过程管理,提高生产效率;做好生产技术人员储备等。

(6) 技术风险。技术风险是指在未来发展中核心技术可能被超越;竞争对手可能会对我们现有的技术进行模仿;技术人员数量、素质与研发投入等不能满足企业发展的需要等风险。

对于技术风险防范可以采取如下对策:加大科研投入,引进和培养科研人员,提高整体研发力量;对目标市场需求变化持续调查与跟进,及时满足市场的需求;采取各种方式防止核心技术外流等。

(7) 财务风险。财务风险是指由于收入不确定性而引起的资金短缺;企业融资不当、财务结构不合理给投资者造成的损失;风险资本退出带来的流动资本缺失等风险。

对于财务风险的方法对策为:保持创业初期资金的稳定性,贷款周期要长;企业筹集的资金要根据企业的经营状况作出合理的安排;开拓融资渠道,优化筹资方式等。

第 5 章
创新与创业融资

5.1 金融的基本功能

5.1.1 金融概述

1. 金融的含义

“金”指资金,“融”指融通,“金融”是指社会资金融通的总称。在现代汉语词典的解释中,金融为货币的发行、流通与回笼、贷款的发放与回收、存款的存入与提现、汇兑的来往等经济活动。

近年来,在我国经济学界还有一种公认的对“金融”的解释,即与资本市场有关的微观运行机制以及股市和其他金融资产的形成机理。

“金融”一词在我国的逐步定型是 19 世纪后半叶,至今未能考证它是从哪一个西方词语翻译而来,至于是何时将“金融”与“finance”对应起来的也无精确答案。作为经济范畴的研讨,对“金融”的解释来源于国外对“finance”的用法,但又不全然等同视之。

金融实业界的看法:韦伯斯特词典将“to finance”定义为:筹集或提供资本;华尔街日报在其开的公司金融的固定版面中将金融定义为:为业务提供融资的业务。

对金融较权威的解释来自《新帕尔格雷夫货币金融大辞典》,它对“finance”的解释为:“金融以其不同的中心点和方法论而成为经济学的一个分支,其中心点是资本市场的运营、资本资产的供给和定价。其方法论是使用相近的代替物给金融契约和工具定价。”我国对“金融”的狭义解释即来源于这种诠释。

由此可见,西方学者对“金融”的定义侧重微观内涵以及资本市场。

实际上现代金融可以视为不确定环境下,资源跨期最优配置的市场解决方案。换句话说,我们把金融定义为:在不确定的环境下,通过资本市场,对资源进行跨期(最优)配置。金融决策的成本和收益在时间上是分开的,而且决策者事先无法明确知道,这是金融区别于其他资源配置决策的特点。

2. 现代金融的范围

现代金融的范围包括现代金融活动的各种形式和所直接涉及的各个方面。按其活动方式,它包括金融融资和金融投资;按其活动区域分,它包括国内金融和国际金融;按其所涉及的流通市场分，它又包括短期资金(即货币)市场、证券市场、黄金市场、期货市场和外汇市场。正是由于金融所包含的范围非常广泛，金融学已成为一门庞大的经济学科，内容包括有关银行、投资、保险、国际金融、证券市场、利率、汇率等方面的理论。

3. 现代金融的特征

(1) 多样化。金融多样化即其活动内容和形式以及活动对象呈现多样化的特征。现代金融活动的主体之一的现代金融机构，其业务内容大大超出了古代金融机构单一的存贷汇兑业务。仅从组织形式分，就有主要从事一般的货币储存、信贷和汇兑业务的银行类金融机构和专门从事特殊货币业务的证券公司、信托投资公司、财务公司、保险公司及典当行等非银行金融机构，而银行和非银行的金融机构又可根据其从事的特殊服务领域可再各分为若干不同的种类。此外，现代金融的多样化还表现在其工作对象除了法定流通的货币外，还包括各种各样的货币替代品，如种类不一样的各种有价证券和名目繁多的各种信用卡。

(2) 自由化。所谓金融自由化即对金融的管制放松，出现了利率自由化、银行业务范围限定的放松等现象，金融创新不断出现。

(3) 全球化。全球化主要表现在：①资本流动全球化。在当今的世界上，每天都有大量资本在跨国界流动，上千亿资金转瞬间就可转移到世界的任何一个地方。②货币体系国际化。全球贸易和资本流动需要全球货币体系即国际货币体系。目前的牙买加体系就是一个国际货币体系。③金融市场全球化。在业务上和地理上彼此分割的各国证券市场紧密地联系在一起，相互影响、相互促进，形成全球一体化的金融市场。④金融机构全球化。近年来，随着全球竞争的加剧和金融风险的增加，国际上许多大银行都把扩大规模、扩展业务以提高效益和增加抗风险的能力作为发展战略，所以出现了全球性银行业合并和兼并的浪潮，使得超巨型跨国商业银行和投资银行不断出现。⑤金融协调和监管的国际化。

5.1.2 金融要解决的问题

金融需要解决的核心问题就是：如何在不确定的环境下，对资源进行跨期地最优配置。

1. 金融与日常生活

在日常生活中，人们选择如何持有累积资金的过程就是资产配置或称个人投资。金融学帮助我们解决日常生活中的金融决策：应当消费多少当前财富，应当为未来储蓄多少当前收入？将资金投资于自己的房屋、股票还是债券？为了消费或投资计划，我们要在何时通过哪种方式使用他人的资金？面对金融不确定性，我们应该怎样最大化降低风险？

2. 金融与企业决策

为了生产产品和提供服务，企业都需要物质资本（如厂房、机器设备以及再生产过程中的其他中间投入品），有些企业还需要股票、债券、贷款等金融资本。企业进行战略规划时要评估不同时期的成本和收益，这些都涉及金融决策过程。

3. 金融与经济运行

现代经济运行的过程中，金融的资源属性日益凸显，金融资源的总量、配置效率直接决定了经济发展水平。毋庸置疑，金融资源的配置总量、配置效率直接决定了经济发展水平，占有优质金融资源的地区、行业、群体更有条件实现经济的高速发展。

5.1.3 金融的研究对象

现代经济运行的过程中，金融资源是国民财富的核心，对经济发展具有重要的战略意义，金融资源的有效开发和利用，不仅能够降低经济体系的宏观资源配置成本，而且能够降低微观经济主体的交易成本。在完善、成熟的市场经济形态下，金融资源的开发和配置既是一个国家和地区产业结构形成和再造的动力源和基础，也是一个国家和地区恶化产业结构及其产业结构再造基础和能力的根本原因。良性的、合理的、适度的金融资源开发和配置构建了所有国家的合理的产业结构；反之，恶性的、过度的、不合理的金融资源开发和配置导致了所有国家恶化的产业结构。产业结构的恶化状态和结果不断累积，发生的质变就是经济危机，这种危机的最终结果必然反过来通过金融资源配置状态和粘滞状态表现出来，这就是金融危机。因此，如何实现金融资源的有效配置，已成为影响我国经济社会和谐发展的重要因素，也是金融学的研究对象。

1. 金融资源概述

（1）金融资源的一般特征。资源属性是金融本身所固有的、与生俱来的本质特征。金融的资源属性由各方面决定，其一是金融活动数量累积与功能累积的结果具有价值“贮藏”特征；其二是金融资源的开发、配置对现实需求的满足与未来发展之间的依存和制约的关联性。下面对金融资源的一般属性作简单描述：

① 有用性。金融资源的有用性不难理解，但金融资源的特殊性决定了金融资源不是面对社会所有成员的开放性资源，其开发主体是相对确定和稳定的，所以对众多社会成员来说金融资源的有用性需要区别对待。近几十年来，金融资源开发和配置的混乱引发金融危机的事实说明，金融资源开发主体的不确定性和开发行为的混乱是金融危机的直接原因。

② 贮藏性。从资源经济理论的角度来解释，只有存在于经济和社会领域中的贮藏为价值和实物形态的东西才具有资源的属性，也只有这样属性的东西才具有开发和配置的意义，即只有“贮藏”属性的价值或实物才是可用的。金融资源表现出的基本特征正是如此，任何金融活动都是对这个已经形成的具有“贮藏”价值属性的金融资源的开发和配置。

③ 开发性。金融资源的开发和配置量是由其“价值”贮藏量和当期客观需要以及金融体制的适应程度决定的，这就形成了当期金融资源开发和配置的数量基础，甚至可以理解为当期金融资源的极限。对于作为金融资源存放和流动的载体——金融工具，我们把它作为货币、资本等金融资源开发的商品来对待，一般来说并不具有完全的资源属性。

④ 有限性。金融是社会财富的索取权，是货币化的社会资财。其货币量的累积和

功能的累积程度完全决定于社会财富的累积过程和累计规模，不论这种索取权集中程度如何，掌握在谁的手中或如何流动，索取权的行使过程只能以社会财富的累积过程为依据，索取权的再分配只能以社会财富的累积规模为限，这正是金融资源的客观性所在，也是金融资源的有限性所在。

(2) 金融资源的特殊性。金融资源除了一般属性外，还具有其特殊性。

① 中介性。金融资源的中介性是指金融资源是一种中介性的社会资源，金融资源通过自身的重新配置具有重新配置一切自然资源和社会资源的能力。金融资源的贮藏性告诉我们，金融资源的形成决定于社会财富的累积过程，而金融资源的开发和配置过程实际上是通过社会财富的利用，实现政府意愿和提高社会成员福利的过程。

所以，金融资源作为一种中介性资源，连接着社会和经济发展的两极。金融资源开发和配置的作用立足于社会、经济与金融自身的初始条件，促进社会、经济长期目标的实现。金融资源的配置和开发是两头，产业结构是中间。作为产业结构形成的基础和前提这一头，金融资源的合理配置和适度开发必然形成合理的产业结构，金融资源得以在更高的层次上，更合理的状态下得到新的开发和配置。金融资源开发和配置的另一头连接着动态的社会经济运行某一时间点的状态所体现出的金融资源配置和开发的相对结果——经济繁荣，还是经济危机。所以，金融和社会、经济发展的因果关系用“成也萧何败也萧何”来形容再贴切不过了。

② 社会性。金融资源的开发和配置对现实需求的满足与未来发展之间的依存和制约的关联性是金融资源社会属性的首要方面。金融资源的社会属性，实质上与可持续发展理论最初提出的含义是一致的，建立在只顾眼前、不顾长远基础之上的对自然资源的掠夺性开发和对人类生存环境的破坏必然导致人类生存和发展的不可持续。

由于经济金融一体化已经不再是一种趋势，而是一种客观存在和现实，社会行为、经济行为以及人类活动的许多方面，无不渗透着金融现象和特征，金融不仅是一个经济化的问题，而是一个社会化的问题，金融经济社会就在我们面前，所以可以这样来判断问题：只有与经济持续发展相联系研究金融问题才可能把金融的经济地位和社会地位提到应有的高度，其研究才可能达到应有的深度。

③ 层次性。金融资源属于社会资源，是经济资源的一个子系统，能够获得经济效益的自然和社会资源即为经济资源。任何一种资源都具有经济资源和非经济资源的复合属性，金融资源也是如此。但金融资源和一般资源的区别在于它的层次性。按照其属性，我们把金融资源划分为四个层次：

a. 货币资源。货币资源的形成是中央银行依据社会、经济发展的需要发行后贮存于经济生活和再生产之中的货币总量，即货币化的社会资财，是基础性的核心金融资源。货币资源形成后，一部分以货币资源的原始形态存在，体现当期执行者货币的基本职能——媒介商品交换，作为一般的金融工具被消费掉，最终退出流通领域；一部分同样以它的原始形态存在，但是却始终以量的累积状态贮存下来，成为后期开发的基础性金融资源；最后一部分则通过经济主体的开发转化为资本资源。

b. 资本资源。资本资源是为满足生产和流通的需要对货币资源开发形成的再生性金融资源。货币资源转化形成的资本资源，通过经济行为人的开发和配置，投资于社会和经济建设领域，通过与人力资本的结合，发挥着创造价值的功能。所以资本资源具有周转、增值的基本特征。

c. 体制资源。金融机构、金融政策、金融法规、金融市场等体制性要素，都是金融资源的体制性资源，把它们统称为功能性金融资源。金融机构的建立和重新配置、金融政策和金融法规的制定和重新调整、金融市场的建立和完善，无论对一个国家或是一定区域，其经济和社会效用是十分明显的。尤其是一定区域和一个特定的经济行为人，如果能够获得上述任何一方面金融资源的开发权，都可获得特殊的经济和社会效益。但是在所有国家中，此类金融资源的开发和准入许可权始终是掌握在政府和立法主体手中的。

d. 商品资源。金融商品是金融资源开发的"产品"。股票、债券、支票、本票、汇票、期票等有价证券均属此类。此类金融资源中的大部分都是金融市场流通和交易的对象，是金融商品。它们处于发行过程的时候具有一般的金融资源属性，是各种经济主体开发的对象。当它们进入流通领域，成为交换对象的时候，已经蜕变为一般的金融商品，不再具有金融资源的属性。所以，金融商品资源具有资源和一般商品的二重性。

2. 金融资源的配置

所谓资源配置，是指通过对各种要素投入进行有机地组合来最大限度减少宏观经济浪费和实现社会福利最大化。由于经济中个别收益率与平均收益率之间存在差别，资源的优化配置过程就是，通过资源投入方向上的不断变化，引导资源流向个别收益率比较高的行业或部门，以保持微观经济的竞争优势和实现宏观经济效率的最大化。

金融资源有市场配置、政府配置、市场和政府混合配置三种模式。我国采取的是混合配置模式。在我国金融资源配置的过程中，相比市场，政府起到更大作用，主导着资源的配置。

(1) 金融资源的市场配置。金融资源的市场配置是指金融资源通过多元市场主体相互之间的交易和竞争来配置的机制。其中，各市场主体均为经济人在市场上处于平等、独立和自主的地位，金融资源作为商品以价格为媒介在自由交易和竞争中流动，价格随着供应状况变动而波动并由此调节资源流向。市场是资源配置的有效机制，但市场不是万能的，市场机制也有自身无法克服缺陷以致资源配置失灵。金融市场作为市场的重要组成部分，是提供金融资源流动和进行金融资源配置的场所，也具有一般的市场缺陷。这正是政府介入金融市场的原因，由于存在市场失灵，才有政府调节的必要。结合现代经济学的市场缺陷理论(又称市场失灵或市场失效)，金融市场失灵的主要表现有：

① 金融业的特殊风险与金融市场障碍。

a. 金融业是具有特殊高风险的行业。表现在所经营的对象是以信用为基础的货币资金等虚拟商品，信用本身包含许多不确定因素导致了金融机构的经营具有内在风险。另外金融机构在经营过程中也面临着一系列的风险，如信用风险、市场风险、利率风险、流动性风险、操作风险、法律风险、信誉风险等，这些风险一旦失控，极易引发金融危机。另一方面,金融风险具有一定的传染性,一个金融机构陷入危机,往往导致整个金融体系的不良反应和整个市场信心的下降,对国家金融乃至于国际金融带来动荡或危机。

b. 除了行业自身的特殊性,金融市场自发运行中还易出现一般市场中,常有的两种非法竞争行为:限制竞争和不正当竞争。近几年,随着金融全球化进程的加快,各国金融市场的联系更加紧密,金融机构已经是在世界范围内与各国金融机构展开竞争。激烈的竞争导致了一些行为偏差,都破坏了金融市场的自由竞争原则,降低了金融业的服务质量和有效产出,造成社会福利的损失。

② 金融市场的趋利性。现代经济理论认为,稳定而有效的金融体系也具有公共产品的特性,因为任何人都可以从稳定而高效的金融体系中得到好处,而且无法排斥其他的人享受其收益,增加一个人享受这种好处也不会引起边际成本的增加。人们大多愿意消费公共产品却又往往不愿意为此支付相应的费用,这就产生消费公共产品的"搭便车"行为,"搭便车"行为的普遍存在使得人们支付的费用往往不足以弥补生产公共产品的成本,因而,以追求个人利益最大化的自由市场机制缺乏足够的动力提供公共产品,需要市场以外的力量来实现公共产品的有效供给。另一方面,市场机制在一定意义上是"嫌贫爱富""助强欺弱""优胜劣汰"的机制,它可能会产生与社会公认的公平准则不相符合的收入、资源和社会福利分布状态。从金融需求者的角度看,经济实力、身份地位、教育、劳动能力等千差万别的金融需求主体,却要按照统一的标准接受金融机构的拣选,综合实力越强的越容易获得金融资源,实力差的往往被排斥在外,从而"富者越富、穷者越穷",这种差别一旦形成,市场还会使之扩大。这种市场配置造成的金融资源配置不公,如果不加以矫正,就会逐步导致社会的两极分化,激发尖锐的社会矛盾。

③ 金融市场宏观运行不稳。金融市场可以按照不同的标准进行分类,最常见的是把金融市场按照交易标的的不同分为货币市场、资本市场、外汇市场、黄金和保险市场。以货币市场为例,货币市场的运行最易出现波动。货币作为交易媒介或流通手段,受现实世界生产力发展水平决定商品价格总额的制约。在经济形势乐观、各行各业发展势头良好的情况下,各商业性金融机构极易加大货币资源的投放量,如果货币量超过实际商品价格总额,用于购买商品的货币增加,商品的价格就会持续上涨,引发通货膨胀。反之,则会引起通货紧缩。通货膨胀在不同产业、不同地域间的不平衡性,容易引发资产结构调整效应,误导资源配置,扰乱经济秩序,对经济产生不良影响。通货紧缩会使实际利率有所提高,社会投资的实际成本随之增加,从而产生减少投资的影响。从消费者的角度看,通货紧缩使消费者收入减少,只能压缩消费,消费的减少直接导致经济增长乏力。可见,无论是通货膨胀还是通货紧缩都会破坏原有的商品和服务的比价关系,影响到企业的投资决策和居民的消费行为,不利于经济增长。

(2) 政府矫正市场失灵的方式。

① 金融监管。由于市场的自由交易机制无力解决由于金融业自身的负外部效应性、金融脆弱性、信息不对称带来的巨大金融风险,需要超越于市场的外部力量来限制其影响,这就为政府介入金融市场进行金融监管与竞争规制提供了重要的理论依据。

为维护金融市场的竞争秩序，保护存款人和投资者的利益，各国政府普遍以金融机构的设立、运营、退出为线索，在各个阶段采取相应的监管措施。

② 兴办政策性金融机构。金融市场主体关注的是经济利益，并往往重视眼前可实现的利益。对于眼前赢利低、无利可图甚至亏本的项目，或者投资周期长、风险大的行业，往往不愿意投资。针对这种情况，各国普遍采用的做法是成立政策性金融机构，专门对这些项目进行融资。

③ 金融调控。金融调控，又称为金融宏观调控或宏观金融调控，是以中央银行或货币当局为主体，以货币政策为核心，借助于各种金融工具调节货币供应量或信用量，影响社会总需求进而实现社会总供求均衡，促进金融与经济协调稳定发展的机制与过程。金融市场运行不稳定会直接影响国民经济的运作与发展，进而影响社会的稳定，因此，世界各国无论经济制度、政治制度的差异有多大，都无一例外地将维护金融市场的稳定作为政府施政的重要目标，并不约而同地进行金融市场的宏观调控。

(3) 金融资源市场配置与政府调节的配合。如前所述，市场在配置金融资源的过程中存在三个缺陷：市场障碍与风险、市场唯利性、市场宏观运行不稳。政府针对市场缺陷分别采取三种方式：金融市场竞争规制与金融监管、兴办政策性金融机构、金融调控。二者呈现出的是前因后果的逻辑关系。需要注意的是，虽然在金融资源配置过程中有必要确认政府的资源配置权限，但政府的主动调节是以承认市场配置资源的基础作用为前提的，是对市场配置资源缺陷的弥补，并非代替市场机制。没有市场，政府配置就没有了对象和基础，没有市场，政府配置就失去了运作的机制和生效的中介。正因为如此，金融领域中的市场配置与政府调节的关系不是相互取代，而是在合理分工的基础上通过密切配合最终实现金融资源的高效有序配置。

5.1.4 现代金融的作用

1. 金融解决了跨时间、跨空间的价值交换的难题

货币的出现解决了价值的跨空间交换，借贷是纯粹的跨时间的价值交换。货币是一种特殊商品，为社会商品运动提供价值尺度、流通手段、支付手段和储藏手段。金融机构经营货币资金，通过货币资金运动促进商品交易，按市场需要迅速黏合各生产要素，形成新的生产力。金融业通过发放贷款，代理发行股票、债券，向国民经济的基础行业和支柱产业提供了大量的资金，促进企业跨地区、跨行业联合，培育企业集团，为提高国民经济的专业化、社会化做出贡献，成为生产力的“催化剂”。

2. 金融提供了个人生存的保障机制

从个人的角度来看，人际间的金融是必需的，也就是说为了生命的延续，人必须与他人进行跨时间、跨空间的利益交换。不过原始的形式是通过家庭、部落、朋友、教会进行，现代的形式将这种交换交给金融市场。

3. 金融是宏观调控的重要杠杆

宏观经济管理的基本要求是使社会总供给与总需求基本平衡，促进国民经济均衡增长。金融在建立和完善国家宏观调控体系中具有十分重要的地位。一般来说，货币

供应总量可以调节社会总需求，货币供应总量和社会商品、劳务总供给保持基本平衡，就能使物价稳定。金融业与国民经济各部门有着密切的业务联系，它能够比较深入、全面地反映成千上万个企业和事业单位的经济活动。同时，利率、汇率、信贷、结算等金融手段又对微观经济主体有着直接的影响。国家可以根据宏观经济政策的需要，通过中央银行运用各种金融调控手段，适时松紧银根，调控货币供应的数量、结构和价格（利率），从而调节经济发展的规模、速度和结构，在稳定物价的基础上，促进经济发展。

4. 从国家的角度：400 年来的国家竞争是金融的竞争

封建时代，中国的国库存款多以白银为主，但是近代的发展白银的地位被逐渐取代，类似的国家还有印度、土耳其等。发达的金融市场（债券、股票）不论是为个人还是为国家，在保险、贸易、技术创新、工业发展等方面提供了大量资本支持，改革开放的中国也证明了这一点。

5.2 我国创业融资现状

5.2.1 新创企业与创业环境概述

1. 新创企业及其特征

所谓新创企业，是指创业者利用商业机会通过整合资源所创建的一个新的具有法人资格的实体，它能够提供产品或服务，以获利和成长为目标，并能创造价值。根据生命周期理论，新创企业主要是指企业的初创期和成长期。这类企业的特征，归纳起来有以下几个方面：

（1）面临风险大。新创企业通常成立时间不长，处于创立期或成长期、面临的风险很大、不确定因素很多，与成熟企业相比，新创企业的主要管理目标是保证企业的生存，并在此基础上积累、整合资源，发展企业的关键职能，以形成产业基础。

（2）资源约束强。新创企业对资金需求量大，投入密度强，有的新创企业对技术人员、市场资源也有很大需求，然而对于创立时间不长、业务模式尚不完善的企业来说很难取得相对充裕的资源，即面临着严重的资源约束，因此，创业者有效获取、整合资源，综合运用技术、人才、资金等各种资源以求生存发展就十分重要了。

（3）较多使用扁平组织结构。新创企业处在企业发展的早期阶段，需要能够对企业外部的信息作出迅速敏捷的反应，一般使用扁平的组织结构，在新创企业的成长过程中，企业将松散的个体或团队进行整合，逐步形成严密的组织结构，这一过程的核心是创业者。

2. 中国的创业环境

（1）创业环境的内涵。创业环境是对潜在创业者创新思想的形成和创业活动的开展产生影响的各种因素和条件的总和。创业环境应该是创业过程中多种因素的组合，这个组合包括五个维度，即政府政策和规程、社会经济条件、创业和管理技能、创业资金支持和创业的非资金支持。环境是创业的舞台，任何创业活动都必须依靠环境的支持，在环境的提供下进行。每一个成功的创业者都是在充分对所处的环境进行了解、分析和判断的基础上进行创业活动。

(2) 创业环境特征。

① 群体创业潮兴起。当前中国的创业环境良好,特别是中共十六大明确指出,海内外各类投资者在我国建设中的创业活动都应该受到鼓励。要形成与社会主义初级阶段基本经济制度相适应的思想观念和创业机制,放手让一切劳动、知识、技术、管理和资本的活力竞相迸发,让一切创造社会财富的源泉充分涌流,以造福于人民。这再一次激发了人们的创业冲动和创业热情。

② 创业孵化器的迅速扩展。创业孵化器也叫企业孵化器,是一种新型的创业经济组织。它起源于 20 世纪 50 年代,是由美国的乔·曼库索于 1959 年首次提出的。通过提供低成本的研发、生产、经营的用地,通讯、网络办公等共享设施,系统的培训和咨询,政策、融资、法律和市场推广等方面的支持系统,使创业企业的创业成本得以降低,创业风险得以规避,创业成功率得以提高,是适于中小企业生存和成长的发展环境和发展空间。创业企业孵化器已经成为了培养成功的创业企业和企业家的摇篮和风险投资的理想投资场所。我国的成都、武汉、上海在创业孵化器中进行风险投资的探索均取得了成功的经验。

③ 中国目前尚未形成良好的鼓励创业的制度和政策法律环境。人们选择创业还有很多后顾之忧,我国创业活动的层次和效率不高,从事创业的人数相对较少,因此,创业对我国经济的推动作用还不明显。创业过程也面临着融资困难、融资风险大、信息收集不畅通、人才匮乏及市场准入门槛太高等制约因素,创业道路充满艰险。

5.2.2 创业融资困境

1. 新创企业的资金来源结构分析

为了对新创企业的融资障碍有所了解,有必要对现有新创企业融资结构先进行了解。

(1) 创业阶段。创业阶段企业融资以内源融资为主,外源融资为辅。创业资本以企业的出资为主,企业内部其他人员也可参加出资。中国中小企业金融制度改革调查数据显示,创业时,董事长或总经理出资额占资本总额的 49.9%,加上企业内部其他人员出资份额,占资本总额的 64.3%。另外值得关注的现象是政府也会对中小企业拨款或补贴。按照出资额由多到少的顺序排列,出资者分别为:现任董事长或总经理、企业内部其他人员、国内法人资本、本地政府、企业外个人资本、外商资本、风险投资、主要顾客、主要供应商及其他。

(2) 资本运营阶段。资本运营阶段创业企业融资结构中最突出的特点是负债率偏高。

(3) 创业企业融资结构的总体特征。

① 创业企业融资主要依靠自身内部积累,即企业内源性融资比重过高,外源性融资比重过低;外源融资中,国有及其他商业银行目前仍然是我国小型企业融资的主要渠道。虽然如此,银行主要只对它们提供流动资金以及固定资产更新资金,很少对它们提

供长期信贷。而且企业资产规模的大小是决定其能否获得银行借贷以及长期债务资金的决定性因素。

② 抵押贷款和担保贷款已经成为创业企业贷款的主要方式,但存在抵押难和担保难,对于那些依靠无形资产从事经营的小企业来说尤其困难。

③ 企业的应付款项也是外源融资的重要渠道,但被大企业占用资金的情况比较普遍。

④ 亲友借贷、职工内部集资以及民间借贷等非正规金融在小企业融资中发挥了重要作用。但由于各地经济发展水平以及民间信用体系建设的差异,东南沿海地区和中西部地区相比较,非正规金融的作用发挥程度的差异极大。

2. 新创企业融资困境的理论解释——金融缺口

金融缺口(financial gap)指中小企业对资本和债务的需求高于金融体系愿意提供的数额。长期的研究表明,中小企业在发展过程中存在着金融缺口。英国学者雷将金融缺口的存在定义为两种情况:①当小企业投资的边际收益大于边际成本,但由于资金供给的终端而不能进行有赢利可能的投资的情况;②当小企业获得资金的成本远远大于大企业的该成本,致使小企业无法通过正常投资来实现其增长潜力的情况。

金融缺口使中小企业的经营灵活性优势难以得到发挥,它阻碍了中小企业的成长,导致宏观经济因投资需求得不到满足而难以达到其潜在增长率,造成就业不足从而造成社会总福利的降低。金融缺口还可能加剧中小企业在财务上的脆弱性。根据一些学者对美国中小企业破产原因的问卷调查结果显示,融资问题成为仅次于经济衰退等外部经济环境的第二大破产原因,因资金缺口而导致中小企业倒闭的比例接近 30%。具体而言,中小企业的资金缺口表现在两个方面。

(1) 中小企业在权益资本方面的缺口。首先,中小企业的投资者往往是一些加入市场的新生力量,其拥有的资本量都存在着较大的限制;其次,不论正式还是非正式资本市场,中小企业都由于规模、经营年限等原因很难上市融资;再次,资本市场上风险投资的发展在一定程度上减少了中小企业资本性融资的缺口,但对于许多中小企业来说,正式的风险投资仍然不能解决问题。风险投资在小规模投资方面存在着规模不经济情况。由于风险投资是投资于股权而非债权,其回报缺乏保障,因此风险投资公司或基金的管理人大多都倾向于对其投资的中小企业进行近距离的控制和监督,风险投资的固定成本成为许多中小企业寻求风险投资的障碍。

(2) 中小企业在债务资本方面的缺口。由于中小企业自有资本有限,因此在中小企业设立之后的运行中更加依靠银行贷款。国外经验表明,银行和其他金融机构的贷款是中小企业最大和最主要的债务融资渠道。但中小企业规模小,资信度低,可供抵押的资产少,财务制度不健全,破产率高,因此,商业银行认为其风险太高而产生惜贷现象,且由于其所需贷款一般单笔数量不大,频率又高,使得银行对中小企业放贷的单笔管理费用高于其对大公司的相关费用,处于安全性和赢利性原则考虑,银行更不愿对其贷款。因此,中小企业在向银行和其他金融机构进行债务融资时,往往面临着其有效的资金需求无法得到充分满足的问题。许多中小企业即使可以提供抵押品或者可以接受较高的利率，仍然无法得到银行的贷款。有时许多中小企业即使能够得到贷款，也不能得到满足业务需求的贷款数量。与大企业相比，中小企业在获得银行和其他金融机构贷款方面处于劣势。

3. 创业企业融资困境的表现

(1) 间接融资难。创业企业从商业银行特别是国有商业银行获得贷款困难，一方面表现为企业获得贷款难，另一方面表现为银行放款难。企业贷款难主要是因为抵押难、担保难、办事程序复杂繁琐和融资成本高等。

① 抵押难。一是创业企业可抵押物少，抵押物的折扣率高。二是评估登记部分分散、手续繁琐、收费高昂。企业资产评估登记要涉及土地、房产、机动车、工商行政及税务等众多管理部门，而且各个部门都要收费、收税，再加上正常贷款利息，所需费用几乎与民间借贷利率相近，普通中小企业难以承受。三是资产评估中介服务不规范，属于部门垄断服务，对抵押物的评估随意性很大。评估登记的有效期限短，经常与贷款期限不匹配，企业为此在一个贷款期限内要重复进行资产评估登记，重复交费。

② 担保难。主要表现为创业企业难以找到合适的担保人。效益一般的企业是不允许作为担保方的。至于企业之间的互相担保，往往是一家企业出问题后连累一批企业，这通常被认为是社会稳定所难以承受的，常使担保变得有名无实。

③ 基层银行授权有限，办事程序复杂繁琐。创业企业借一笔数额不大的贷款至少需要办 10 道手续，周期太长使得商机可能早已错过。许多创业企业不得已走上民间借贷道路。

④ 融资成本高。目前我国创业企业融资成本普遍过高。整个贷款过程中一般需要支付：资产评估费、抵押登记费、公证费和银行的贷款利息。

(2) 直接融资难。由于我国金融体系中资本市场相对于资金市场发育不完全，缺少一个多层次、能为广大创业企业融资服务的资本市场。从现行上市融资、发行债券的法律法规和政策导向上看，对新创企业不利，企业很难通过债权和股权融资等直接融资渠道获得资金。

(3) 风险投资难。由于没有通畅的退出机制，少了高额的利益回报，风险投资在我国陷入了尴尬境地，一些风险投资公司不得不把资金放到证券市场的短期炒作上去，要么申购新股，要么去二级市场炒作，风险资金很难进入真正的创业企业。

5.2.3 创业融资困境产生的原因

1. 理论解释

(1) 信息不对称理论。金融交易是以信用为基础的资金使用权和所有权的暂时分离或有条件的让渡，出资人的资金及其收益能否如约收回，取决于出资者对筹资者的信用、能力和投资项目的收益性等信息的了解程度。因此，交易双方所掌握的信息及其对称性就成为交易能否成功的关键因素和交易成本的主要来源。相对于出资者，筹资者往往对自身的信用和项目投资前景拥有信息优势，于是就出现了信息不对称。

信息不对称理论是指在市场经济活动中，各类人员对有关信息的了解是有差异的，掌握信息比较充分的人员，往往处于比较有利的地位，而信息贫乏的人员，则处于比较不利的地位。由于企业的规模与其信息可得性正相关，所以关于小企业的信息相对不易获得。这是因为相对大企业，中小企业签订的合同一般不予公开，其有关的生产、财务、客户以及经营者能力等信息基本为私人信息，不为公众所了解，外部投资者很难掌握。再者，中小企业一般不能公开上市交易，其信用等级无法得到权威性的信用评级机构的评级，中小企业企业也不能向投资者提供经过审计的财务报表。此外，与银行之间也存在信息不对称，由于带有经营者个人特征，对其评价多为“软”信息，这使得中小企业与银行之间没有顺畅的信息传递。信息不对称是创业企业融资难的重要原因。

信息不对称使得市场交易中出现各种各样的风险，最典型的就是在交易前，信息不对称造成逆向选择；在交易发生后，信息不对称造成道德风险。

① 逆向选择。在信贷市场上，贷款者和借款者之间存在信息不对称，在有关借款者信誉、担保条件、项目的风险与收益等，借款者相比贷款者具有信息优势。在信贷市场上处于不利地位的贷款者，为了消除不利影响，只能根据自己所掌握的借款者过去的信息来设定贷款条件。这样更高比例的风险偏好型借款人将出来接受贷款人的出价，而风险规避型的借款人将退出申请和信贷市场，这一过程不断重复，信贷市场上的借款人整体素质就会下降。受到这种认识的影响，银行很有可能选择不发放或少放贷款，即产生所谓的“逆向选择”。逆向选择可能招致信贷风险，银行因此会谨慎对待企业的融资要求，甚至忽略健康成长、业绩优良的那部分企业。显然，逆向选择会造成信贷资源没有得到有效配置。

② 道德风险。贷款者发放贷款之后，借款者有可能从事一些贷款者不希望的活动，因为这些活动有可能导致贷款难以偿还。例如，借款者收到高利润的诱惑，很可能改变原来在合同中承诺的用途转而从事高风险的投资项目，如此可能会降低贷款者的预期收益。由于道德风险的存在，会降低贷款者发放贷款的意愿，导致信贷市场的萎缩。

(2) 信贷配给理论。信贷配给是信贷市场中存在的一种现象，可以从宏观和微观两个角度定义。就宏观上的信贷配给而言，它是指在确定的利率条件下，信贷市场上的贷款需求大于供给。就微观角度而言，它又包括两个方面：①在所有的贷款申请人当中，一部分人的贷款申请被接受，而另一部分人即使愿意支付高利率也得不到贷款；②贷款人的贷款申请只有部分被满足(例如，100 万元的贷款申请只能贷到 50 万元)。现代经济学对信贷配给有两种解释，最典型的是新凯恩斯主义经济学从信息角度对信贷配给行为的解释，另一种是产权经济学的解释。

(3) 新凯恩斯主义经济学的信贷配给理论。新凯恩斯主义信贷配给理论的基本内容是，在信息不完全的条件下，信贷市场上不仅存在着影响投资和储蓄的利率机制，还存在着由信贷双方行为的相互作用所产生的信贷配给机制。在这两种机制的共同作用下，信贷市场经常处于非出清状态。

新古典经济学理论认为，信贷市场仅仅是利率机制在起作用，利率灵活的变动能够自动地调节信贷市场的供求关系，是信贷市场趋于均衡，而信贷配给仅是由于外部振动所引起的一种暂时的非均衡现象，或是由于政府干预的结果。然而斯蒂格利茨和温斯的信贷配给模型(S-W 模型)证明，即使没有政府干预，由于借款人方面存在的逆向选择和道德风险，信贷配给可以作为一种长期均衡现象存在。银行的期望收益取决于贷款利率和借款人还款的概率，因此银行既关心利率水平，更关心贷款风险。如果贷款风险独立于利率水平，资金的需求大于供给时，银行可以通过提高利率增加自己的收益，不会出现信贷配给问题。然而，银行在不能观察出借款人的投资风险时，提高利率将使低风险的借款人退出市场(逆向选择)，或使借款人选择更高风险的项目(道德风险)，从而使银行放贷的平均风险上升。原因在于，那些愿意支付较高利息的借款人正是那些预期还款可能性低的借款人。结果就是，利率的提高降低而不是增加了银行的预期收益，所以银行更愿选择在相对低的利率水平上满足借款人的申请，因而出现了信贷配给。信贷配给理论的基本模型假设银行和企业都是风险中性的，并且假设项目具有相同的预期回报均值。之后有学者对此假设进行修正并完善了这一理论。

伯斯特考察了抵押贷款的融资行为，他认为通过不同贷款利率和抵押品数量的组合条款，银行可以诱使企业根据风险项目进行自我选择，低风险企业比高风险企业更愿意提供较多数量的抵押品来换取较低的贷款利率，从而把两类不同风险水平的企业分开进而消除信贷配给现象。

在 S-W 模型中，不同收益和成功概率组合的投资项目具有相同的期望收益，德莫泽和韦伯认为当项目具有相同的成功回报(固定值)和不同的成功概率时，企业的期望收益随成功概率的上升而上升，企业有可能选择成功概率更高的项目，他们把这种现象定义为“正向选择”。当存在正向选择时，银行期望贷款收益率与贷款利率存在单调递增的关系，此时均衡信贷配给现象将会消失甚至会出现投资过度的情况。

我国学者张维迎指出，在信息不对称的条件下，银行作为理性的个体宁愿选择在相对较低的利率水平上拒绝一部分贷款申请人(实行信贷配给)，而不愿意在高利率水平上满足所有借款人的申请。

(4) 产权经济学的信贷配给理论。产权经济学认为新凯恩斯主义经济学对信贷配给的理论研究没有考虑产权、制度以及借款人素质等因素对信贷市场的影响。在借贷关系中，贷款人作为资金的所有者失去了对资金的控制权和使用权，而借款人虽不具有资金的所有权，却拥有资金的控制权和使用权，这导致了一种残缺的产权关系。客观上需要一个完善的制度体系来保护这种残缺产权，现实中由于缺乏这样的制度，是贷款人的利益得不到保障。于是贷款人为维护自身利益不得不实行信贷配给。解决信贷配给问题的根本措施在于制度创新，只要贷款人的利益不受侵害，就没有必要实行信贷配给，信贷配给现象也会随之消失。

2. 我国融资制度造成的创业融资困难

我国融资体制正在改革之中，由于制度转换具有时滞性，企业的发展与融资体制创新之间会有不同步，这也成为创业企业融资难的重要原因。

(1) 间接融资体系的制度缺陷。

① 国有银行主导的银行体系存在对创业企业的歧视。我国创业企业获取外部资

金的主渠道仍然是商业银行，而银行对创业企业贷款利率有相当幅度的上浮权利，但这种上浮在相当程度上还是无法弥补其风险，只能通过设置“补偿性余额”、收取违约延期支付费用等方式弥补这种风险。但这些措施导致了企业额外的交易成本，对新创企业而言有较大的歧视性。

② 与创业企业相匹配的金融机构少。从金融体制方面分析，与我国小企业相匹配的中小银行不仅数量不足，而且对企业发展存在诸多障碍。我国 20 世纪 80 年代曾组建了大量的城市信用社，由于信用社本身制度不完善和企业逃废债务现象很多，出现了大量不良贷款。1995 年开始将地市级信用社组建成为城市商业银行。后来其贷款对象逐渐转向了大型国有企业，小企业很难得到贷款。在农村虽然有不少信用社网点，但受到规模实力、业务范围等因素制约，这些信用社本身的生存都成问题，也很难支持创业企业。

(2) 直接融资的结构缺陷。为了控制金融风险，政府近些年已将证券交易严格控制在证券交易所内，其余的场外交易基本上属于非法交易，也因此形成了资本市场的结构单一，这一不良后果的突出表现是：难以发挥资本市场机制；难以提高资本市场的集中度；不利于降低资本市场的整体风险。

资本市场的结构也存在严重畸形，股票现货几乎成为资本市场唯一的投资工具。交易品种过于稀少导致了社会资金只能面对有限的投资渠道，使得储蓄向投资转化的渠道严重阻塞，大量需要资金的创业企业无法利用资本市场以适合自己的方式筹集资金。证券市场还是以主板为主，向大型企业倾斜，创业企业直接融资困难重重。

(3) 民间资本难以进入正式金融体系。我国现有银行体系仍然为国有银行所控制，民间资本进入壁垒较高。即便有少量民间资本进入银行业，也会受到行政控制而无法真正按照市场规则运行。因此，绝大多数小企业在发展过程中都不得不从非正式金融市场上寻找融资渠道。在沿海发达地区，民间借贷市场十分活跃，但这类融资活动基本上处于地下或半地下状态，缺少法律和制度的规范，高利贷等违法活动很普遍。同时，市场发育程度很低，主要依靠非社会信用关系进行操作，很难发展真正的市场化融资活动。

目前，创业企业存在的融资问题根本原因是制度障碍以及经济体制转轨时期缺乏制度创新。

3. 创业企业自身原因造成的融资困难

(1) 创业企业缺乏可用于担保抵押的财产。根据《商业银行法》规定，银行发放贷款、贷款企业应提供担保、抵押，但由于目前企业风险意识增强，相互之间不愿意担保而形成的担保难。

(2) 创业企业破产率高。目前，中小企业创业成本、市场竞争的激烈程度都大大提高，中小企业创业失败比率也在提高。中小企业高比率的倒闭使得银行贷款面临的风险比较大，贷款的信息收集和分析成本也较高。

(3) 缺乏最优融资决策策略。创业企业与大型企业相比处于相对劣势，主要体现在企业创立时间短、规模小、信息资源少、地位相对弱小及信用低下。低信息透明度会带来投资决策和管理上较大的盲目性，由于我国在创业管理尤其是在创业融资研究与推广应用等方面力度不够，我国创业企业的融资缺乏理论参照和方法论指导。

（4）融资风险大。由于创业企业与一般企业相比，具有独创性和开拓性，但也因此具有不成熟性和不稳定性，这使得创业企业有更大的风险性。创业企业具有高风险，存在着资源、实力等众多方面的“先天不足”，在创业阶段综合实力弱，抗风险能力较弱。

创业企业的风险分别来自外部环境和内部条件。一方面，创业企业面临着大型企业和公司的威胁，技术生命周期、产品生命周期乃至企业生命周期日益缩短，技术竞争、市场竞争的日益国际化、创业企业面临的是日益复杂多变的生存环境，创业企业具有较高的技术风险、生产风险和市场风险；另一方面，企业内部条件如资产、技术、设备、人才、原料、信息以及管理决策等决定了创业企业的规模，内部条件不够完善，减弱了抵抗风险的能力。创业企业风险与日俱增导致的创业融资风险随之加大，创业企业创业融资风险有其自身的特点，创业企业管理者在风险管理中存在着许多问题，其研究和防范还处于起步阶段。

（5）不确定性高。创业活动从其本身来看，面临非常大的不确定性。不确定性是用来衡量一个企业或一个项目所有可能结果的分布，潜在结果越分散，不确定性就越大。不确定性围绕着研究计划或新产品能否成功，企业竞争对手的反应也是不确定的。创业企业成长的高度不确定性意味着投资者和创业者都无法自信地预测企业将来究竟会如何。不确定性将会影响投资者提供资本的意愿、给予信任的意愿以及管理者的决策，不确定性还会影响投资的时机选择。创业企业缺少成熟企业所具备的应付环境不确定性的经验，尚未发展出以组织形式显现出来的组织竞争能力。

4. 政府及社会融资服务方面的原因

（1）为创业企业提供专门融资服务的机构不健全。一是缺乏统一的创业企业服务管理机构；二是缺乏为创业企业提供全方位服务的综合性辅导体系；三是高水平、权威性强的社会中介机构发展缓慢，个人信用评估体系和企业资信评估体系不健全。

（2）信用担保制度不健全。一是具体运作、管理方式存在缺陷。担保公司对申请担保的企业审查偏严，许多无法获得银行贷款的创业企业是由于难以获得担保公司的担保；二是全国或区域性担保机构尚未建立，担保机构的经营风险难以有效分散和化解，制约了信用担保业务的进一步发展。

5.3 我国创业融资途径

5.3.1 企业融资概述

1. 企业融资的概念

《新帕尔格雷夫经济学大辞典》对融资的解释是：融资是指为支付超过现金的购货款而采取的货币交易手段，或为取得资产而集资所采取的货币手段。企业融资是指企业作为资金的需要者对资金进行融通，有狭义和广义之分。狭义的融资，主要指资金的融入具体是通过一定的渠道，采用一定的方法，以一定的经济利益付出为代价，从资金持有者手中筹集资金，组织对资金使用者的资金供应，满足资金使用者在经济活动对资金需要的一种经济行为。广义的融资不只包括资金的融入，也包括资金的运用。

2. 企业融资分类

(1) 按融资主体分类。按照融资主体可将融资方式分为内源融资、外源融资、直接融资、间接融资。

① 内源融资与外源融资。内源融资是指企业通过一定方式在自身内部进行资金的融通，是企业长期融资的一个重要来源，主要包括三种形式：资本金、折旧基金转化为重置投资以及留存收益(包括各种形式的公积金、公益金和未分配利润等)转化为新增投资。内源融资的特点是使用的资本形成具有自主性、数量有限性、低成本性、低风险性等。内源融资在企业的生产经营和发展壮大中的作用相当重要，是企业生存与发展不可或缺的重要组成部分。但是，内源融资的来源有限且不稳定，企业要实现潜在增长率，必须要有外源融资。

外源融资是指企业通过一定方式从外部融入资金用于投资，外源融资的方式包括：银行贷款、发行股票、企业债券等，此外，企业间的商业信用在一定意义上也属于外源融资。外源融资要靠企业外部的机构和个人获得资金，具有高效性、有偿性、高风险性和流动性等特点。外源融资的发展，可以提高全社会对储蓄资源的动员和利用，优化社会资源配置效率，有利于分散投资风险，外源融资已逐渐成为当今企业获取资金的主要方式。

相对于外源融资，内源融资可减少信息不对称问题，节约企业费用，降低融资成本，也可以增强企业的剩余控制权，内源融资在企业的生产经营和发展中的作用十分重要。但是，内源融资能力及其增长受到企业的盈利能力、净资产规模和未来收益预期等方面的制约，这也推动了外源融资的发展。任何企业在创业发展过程中，都要确定一个合理的内源融资和外源融资比例。

② 直接融资和间接融资。企业外源融资是通过金融媒介机制的作用，以直接投资和间接投资的形式实现。直接融资指企业不必通过金融中介机构向资金供给者直接融通资金的方式，一般指发行股票和债券等。另外，政府拨款、占用其他企业资金、民间借贷和内部集资等都属于直接融资范畴。直接融资具有直接性、长期性、不可逆性、流通性的特点。其中不可逆性指采取发行股票形式进行的直接融资，所取得的资金无须还本，投资者若需变现就必须借助于流通市场。

间接融资是企业通过金融中介机构间接向资金供给者融通资金的方式，一般是指银行或非银行金融机构的贷款等。间接融资具有与直接融资截然相反的特点，即间接性、短期性、可逆性和非流通性。

企业融资方式按主体分类，如图 5-1 所示。

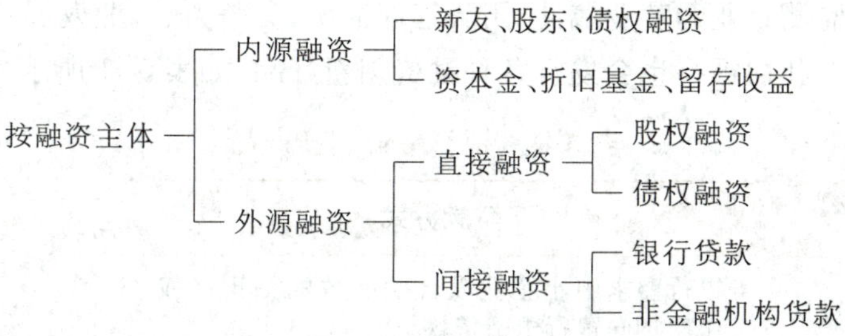

图 5-1 企业融资方式按主体分类

(2) 按融资对象分类。按照融资对象可将融资方式分为私人资本融资、机构融资和政府背景融资。

① 私人资本融资。私人资本融资是指创业者向个人融资,包括创业者自筹资金、向亲朋好友融得资金、向天使资金寻求资金。创业企业具有的融资劣势,使它们难以通过传统的融资方式如银行借款、发行债券等获得资金,所以私人资本成为创业融资的主要组成部分。根据世界银行集团的成员国际金融公司对北京、成都、顺德、温州四个地区的私营企业的调查显示:我国的私营中小企业在初始创业阶段几乎完全依靠自筹资金,90%以上的初始资金都是由主要的业主、创业团队成员及家庭提供的,而银行、其他金融机构贷款所占的比重很小。美国《有限公司》杂志调查的全球 500 强企业的创业资金主要来源,调查结果如图 5-2 所示。

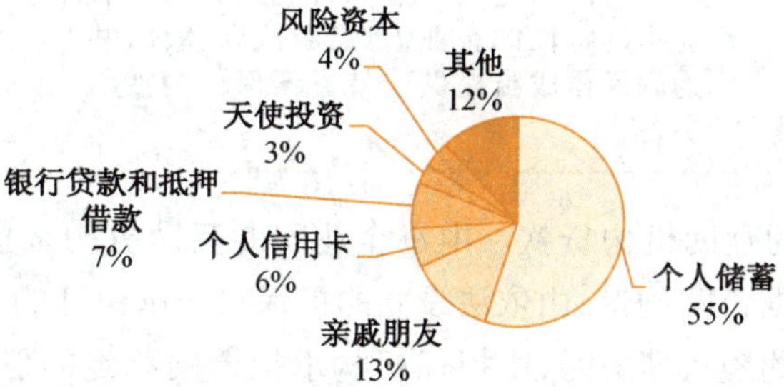

图 5-2 美国《有限公司》杂志调查的 500 强企业的创业资金主要来源

天使投资(angel investment)一词起源于纽约百老汇的演出捐款。“天使”这个词被用来形容百老汇演出的富有资助者,他们为了创作演出进行了高风险的投资。天使投资是由自由投资者或非正式机构以其私有资本,对有巨大发展潜力和有创意的创业项目或小型初创企业进行的早期、直接、低额度的权益资本投资,是一种非组织化的创业投资形式。其特征是直接向企业进行权益投资,不仅提供现金,还提供专业知识和社会资源方面的支持,并且程序简单,短时期内资金就可到位。

② 机构融资。机构融资是指创业企业向相关机构融资,主要有商业银行贷款、中小企业间的互助机构贷款、创业投资资金、创业板上市融资。

a. 商业银行贷款。小企业在成功创立后的发展阶段可能经常获得商业银行信贷员的关注。在决定是否进行借贷时,银行通常会关注企业的信用评级、抵押状况和还款能力，也会严格监测企业的营业属性、团队管理情况、竞争力、行业发展趋势以及使用借贷资金的方法。同时，银行也会发行各种融资创新产品，如表5-1所示。

表5-1 银行融资创新产品

创新产品	贷款方式	银行
知识产权质押贷款	银行要求中小企业以合法有效的知识产权作质押向银行申请贷款	北京银行
“创意贷”文化创意企业贷款	银行支持文化创意企业及文化创意集聚区建设量身定制的特色金融组合产品	北京银行
存货质押贷款	银行要求中小企业以自有或第三人合法拥有的动产为质押的授信业务	深圳发展银行北京分行
银保物流通	银行与担保公司、物流公司合作为中小流通企业提供贷款，担保公司为借款人提供担保，物流公司起到第三方监管的作用。	北京农村商业银行
应收账款质押贷款	银行要求中小企业以借款人经营中形成的应收账款为质押向借款人发放贷款	北京农村商业银行
融信达	出口企业凭借各项出口单据、投保信用保险的有关凭证、赔款转让协议等从中国银行得到资金融通的业务。	中国银行北京市分行
集群联伺授信业务	由四个(含)以上互相熟悉、产业关联、具有产业集群特性的企业，自愿组成联体体，共同为联保体成员提供连带责任保证的授信业务。	民生银行总行

b. 中小企业间的互助机构贷款。中小企业间的互助机构是指中小企业在向银行融通资金过程中，根据合同约定，由依法设立的担保机构以保证的方式为债务人提供担保，在债务人不能依约履行债务时，由担保机构承担合同约定的偿还责任，从而保障银行债权实现的一种金融支持制度。从20世纪20年代起，许多国家为了支持本国中小企业的发展，先后成立了为中小企业提供融资担保的信用机构。目前，全世界已有48%的国家和地区建立了中小企业信用担保体系。截至2006年年底，我国共有各类中小企业信用担保机构3 366家，累计担保户数38万户，累计担保总额7 843亿元。受保企业新增销售额4 716亿元、利税401亿元和解决213万人就业问题。

c. 创业投资基金。狭义上创业投资基金(venture capital fund)是指由一群具有科技或财务专业知识和经验的人士操作，并且专门投资在具有发展潜力以及快速成长公司的基金。广义创业投资基金还包括专门支持企业再创业的企业重组投资基金和专门支持基础设施创业项目的基础设施投资基金。无论是狭义创业投资基金还是企业重组投资基金，或是基础设施投资基金，都是以未上市的私人股权方式进行投资，因此也称“私人股权投资基金”。

d. 创业板上市融资。创业板市场着眼于创业，是指主板市场之外为满足中小企业和新兴行业创业企业融资需求和创业投资退出需求的证券交易市场，如美国的纳斯达克市场、英国的另类投资市场等。创业板市场具有资本市场的一般功能，能为处于创业时期饱受资金缺乏困扰的中小企业提供融资的渠道，不仅可以帮助创业者实现收益，风险投资退出需求，还有利于创业企业提高知名度。

③ 政府背景融资。政府推出的针对创业企业的各种扶持资金及政策，旨在提供资金支持和促进当地经济的增长。主要包括政府专项基金、税收优惠、财政补贴、贷款援助等融资渠道。

企业融资方式按对象分类，如图 5-3 所示。

- 按融资对象
  - 私人资本融资
    - 自筹资金、
    - 亲朋好友资金
    - 天使投资
  - 机构融资
    - 商业银行贷款
    - 中小企业互助机构贷款
    - 创业投资基金
    - 创业板上市融资
  - 政府背景融资
    - 政府专项基金、税收优惠
    - 财政补贴、贷款援助

图 5-3 企业融资方式按对象分类

(3) 按资金来源性质分类。根据融资过程中是否形成产权关系分为债权融资和股权融资。

① 债权融资。债权融资是以利用发行债券、银行借贷等方式向企业的债权人取得资金的方式，本质上意味着借入资金并要加利息归还。债权融资发生于公司生命周期的任何时期。债权融资的特征如下：

a. 债权融资取得的资金形成公司的负债，在形式上采取有借有还的方式，对于负债，公司不仅要向债权人支付利息，在债务到期时还要向债权人偿还本金；

b. 债权融资能够提高公司所有权资金的回报率，因而具有财务杠杆作用；

c. 债权融资的成本可计入公司财务费用，冲减应缴所得税，具有税盾效应；

d. 债权融资形成债权人对公司的债权控制，如果公司能够履行债务，控制权在公司手中，如果公司付不出债务，控制权就转移到债权人手中。

② 股权融资。股权融资是指企业采用自己出资、政府有关部门投资、吸收直接投资、与其他企业合资、吸引投资基金以及公开向社会募集发行股票等方式，通过让出企业的股权来为企业融得资金的经济活动。在股权融资中，投资者以资金换取公司的股权后，使得企业股东之间的关系产生了变化，股东的权利和义务也将进行重新调整，企业发展模式和经营方式随之相应地改变。股权融资是公司创办以及增资扩股时所采用的融资方式，目的是为了筹措股本以扩充资本实力。股权融资的特征如下：

a. 股权融资形成公司的股本，股本是公司从事生产经营活动和承担民事责任的基础，也是股东对公司实施股权控制和取得收益分配权及剩余财产索取权的基础。股东行使股权控制的方式有两种，即通过董事会选举、监督经营者，构成对公司经理人员的

直接约束;以及通过股票市场上股票的买卖进行被动监控,构成对经理人员的间接约束;

b. 股权稀释公司股权,会引起公司股权控制权、收益分配权和剩余财产索取权的分散;

c. 股权融资是决定公司对外举债的基础,具有“财务的杠杆性”作用。

债权融资和股权融资的比较,如表 5-2 所示。

表 5-2　债权融资和股权融资的比较

比较项目	债权融资	股权融资
本金	到期从企业收回	不能从企业抽回,可以向第三方转上
报酬	事先约定固定金额的利息	根据企业经营情况而变化
风险承担	低风险	高风险
对企业的控制权	无	按比例享有

5.3.2　融资方式的选择

面对纷繁复杂的融资方式和融资渠道,创业企业在融资前要分析选择哪种融资方式、怎样确定融资规模,以及研究各种融资方式的利用时机、条件成本和风险。一般来说,企业融资方式的选择考虑以下因素。

1. 融资成本

融资成本是创业企业融资的关键因素,它关系到可融得资金的实际数额,关系到产品的实际成本和经营成本。融资成本虽然可以分摊到产品中去,但融资成本过高会增加产品成本,使产品失去竞争力,从而影响到企业经营绩效,也会使今后的融资产生困难。

债权融资成本是使用债务资金所需要支付的利息,一般来说,支付周期较短,支付金额固定;在债权融资中应实现各种融资渠道之间的取长补短,将各种具体的债权资金搭配使用、相互配合,最大限度地降低资金成本。股权融资中,投资者获得企业部分股权,其未来潜在的收益是不受限制的,虽然不需要像利息那样无条件定期支付,但会影响创业者对企业的控制权,许多创业投资公司会要求一系列保护投资方利益的否决权,介入到企业的经营管理中。

过高的融资成本对创业企业来说是一个沉重的负担,而且会抵消创业企业的成长效应。因此,即使初期的资金很难获得,创业企业仍要寻求一个较低的综合资金成本的融资组合,在投资收益率和资金成本权衡中作出选择。

2. 创业者对控制权的态度

融资中常使企业所有权、控制权有所丧失,从而引起利润分流,使企业利益受损。例如,房产证抵押、专利技术公开、投资折股、企业内部隐私被明晰、上下游重要客户暴露等。一般来说,股权融资尤其是增发新股将会稀释公司股权,引起公司股权控制权、收益分配权和剩余财产索取权的分散。债权融资由于债权人无权参与公司的管理决策，可保障股东对公司的控制权。

一些创业者不愿意将自己费尽心血所创立企业的部分所有权与投资者共同拥有，希望保持对企业控制权，因此更多地选择债权融资；另一些创业者则更看重企业是否可以迅速扩大，取得跳跃式发展，获得渴望的财富。为此他们愿意引入外来投资，甚至让位于他人管理企业。

3. 新创企业特征

新创企业根据不同的类型及其特征，往往选择合适自身特点的融资方式。高风险、预期收益不确定的新创企业，盈利能力不足、管理者能力不能充分得到检验、成长性不足且具有高负债率，所需要的启动资金以直接融资为主，多以创业者个人资金或向亲朋好友融资的方式筹集资金；低风险、预期收益容易预测的新创企业多为传统产业，现金流有保障，且具有低负债率，其管理者能力较强，一般采取债务融资筹集资金；对于高风险但预期收益较高的新创企业来说，由于具备潜力和高成长性，创业者希望企业得到迅速扩大，取得跳跃式发展，为此他们愿意引入外来投资，多采取股权融资方式。新创企业特征与融资类型匹配，如表 5-3 所示。

表 5-3 新创企业特征与融资类型匹配

创业企业类型	新创企业特征	适当的融资类型
高风险、预期收益不确定	弱小的现金流 高负债率 低、中等成长 未经证明的管理层	个人资金、向亲朋好友融资
低风险、预期收益易预测	一般是传统产业 强大的现金流 低负债率 优秀的管理层 良好的资产负债表	债权融资
高风险、预期收益较高	独特的商业创意 高成长 利基市场 得到证明的管理层	股权融资

4. 企业所处阶段

根据企业金融成长周期理论，将企业成长过程和各阶段的融资特征结合起来，从长期和动态的角度解释企业融资结构的变化规律如下：在创立期，企业融资来源为创业者的自有资金；在成长阶段 I，企业的融资来源主要包括创业者的自由资金、留存收益、商业贷款、银行短期贷款及透支、租赁等；在成长阶段 II，企业的主要融资来源除上一阶段的资金来源外，还包括来自金融机构的长期融资等；在成长阶段 III，企业的融资来源还包括了来自证券市场的资金；在成熟期，企业资金来自上述各阶段的所有可能来源；在衰退期，则主要通过企业间的并购、股票回购以及清算等方式进行资金资源的撤出。

在美国经济学家修正后的企业金融成长周期理论中，信息问题是解释企业融资来源变化的一个重要因素。该理论认为，在企业发展的不同阶段，信息约束条件、企业规模和资金需求的变化，是影响企业融资结构变化的基本因素。在企业创立初期，由于资产规模小，缺乏业务记录和财务审计，企业信息基本上是封闭的，因而外源融资的获得性很低，企业不得不主要依赖内源融资。当企业进入成长阶段，追加扩张投资使企业的资金需求猛增，同时随着企业规模的扩大，可用于抵押的资产增加，并且有了初步的业务记录，信息透明度有所提高，于是企业开始较多地依赖来自金融中介的债权融资。在进入稳定增长的成熟阶段以后，企业的业务记录和财务管理趋于完备，开始具备进入公开市场发行有价证券的资产规模和信息条件。随着来自公开市场可持续融资渠道的打通，来自金融中介债权融资的比重趋于下降，股权融资比重上升，部分优秀的创业企业逐渐成为大企业。企业各阶段融资方式的选择，如表 5-4 所示。

表 5-4　企业各阶段融资方式的选择

融资渠道	种子开发期	启动期	早期成长	快速成长	成熟退出
创业者					
朋友和家庭					
天使投资					
战略伙伴					
创业投资					
资产抵押贷款					
设备租赁					
小企业管理局投资					
贸易信贷					
IPO					
公募债券					
管理层收购					

5.4 创业融资过程

5.4.1 融资前的准备

创业企业在融资的道路上不是一帆风顺的，面临着资金匮乏和融资难的问题，而目前我国创业企业融资难主要是由企业的信用评价导致的。在企业创立初期，由于资产规模小，创业企业主要依靠内源融资获得资金，在向亲朋好友借钱时，如若个人信用表现较差，可能会难以融得资金，即便得到了资金支持，后期归还时也可能会产生债务纠纷。根据调查显示，企业进入成长阶段以后，我国中小企业的融资渠道主要集中在银行贷款，而银行对中小企业的贷款发放是非常严格的。相对大企业而言，中小企业的资产数量较少，质量较差，信用状况也相对较低，银行基于资金安全考虑不愿意向中小企业贷款。这就可以看出，企业融资难最根本的症结在于缺乏信用保证。企业要获取金融支持，必须具备相应的信用条件。具体而言，创业企业必须强化信用意识，树立良好信誉，用实际行动赢得个人投资者和银行的信任和支持：

“人无信不立，业无信不兴”，一个不守信用的企业是没有发展出路的。因此，创业企业要想获得银行的进一步支持，必须努力增强信用意识，提高自觉还贷意识，以实际行动取信于个人投资者和银行；同时规范自己的开户行为，实行基本账户结算制度，使存款、贷款、结算以及经营活动都置于银行的监督之下，使银行真正感受到企业经营思路明确、资金流向清楚、归还贷款主动、货款回笼彻底，让银行放心的为其增加贷款。

5.4.2 测算资本需求量

1. 估算启动资金

启动资金估算是企业项目建设前期的重要准备工作，是企业制订融资方案、进行经济评价以及编制初步设计概算的重要依据，对企业资金的运作、企业的壮大和发展都有直接的影响。所以，在市场经济条件下，进行完整、准确、全面的投资资金估算，是企业建设项目可行性研究阶段的重要工作。同时，在完成估算的基础之上，制订合理的资金筹集方案，完成项目所需资金的筹集。投资估算主要有以下几方面的作用：

(1) 满足规划阶段和项目建议书的需要。不管是在项目规划阶段，还是在项目建议书阶段，都需对项目投资额进行估算，这是企业投资管理中必不可少的一项工作。

(2) 满足可行性研究的需要。项目可行性研究的关键环节之一，就是进行投资估算。是否能够正确评价项目的可行性，主要取决于投资估算是否符合工程的实际。

(3) 满足工程设计招投标及城市建筑方案设计竞选的需要。在工程设计的投标书中，不仅需要方案设计的图文说明，还需要工程的投资估算方案。

(4) 满足限额设计的需要。在企业的建设项目中，投资估算一经批准确定后，就会成为工程限额设计的目标。作为工程设计的控制标准，对项目的建设和投资有着决定性的影响。

2. 测算营业收入、营业成本、利润

财务规划需要花费较多的精力进行具体分析，其中包括现金流量表、资产负债表以及损益表的制备。流动资金是企业的生命线，因此，企业在初创时，对流动资金需要预先有周详的计划和使用过程中的严格控制；损益表反映的是企业的赢利状况，它是企业运作一段时间后的经营结果；资产负债表则反映某一时刻的企业状况，投资者可以用资产负债表中的数据得到的比率指标衡量企业的经营状况以及可能的投资回报率。

3. 编制预计财务报表

在财务方面,账务混乱是融资过程中的最大障碍。处于爬坡状态的中小企业中往往都只有一本糊涂账,股权不清晰,账务不清楚,这也正是真正能够融资成功的企业如此之少的原因。所以企业若想争取风险投资,主观和客观上都需要提前准备。建立清晰、结构好的财务体系,是融资过程中提供数据分析的基础。如果到了融资关头再临时准备,就会贻误大事。账目虽然是每个企业的秘密,但如果企业有提升自己的决心,就要直面自己的现状。

4. 结合企业发展规划预测融资需求量

创业者在寻求投资时常犯的一个错误是融到了过多或过少的资金。在于投资者接触期间,由于他们错误地预测资金需求,除了购买相关资源之外别无他法,那么他们经常会在投资者面前失掉信誉。预算错误的问题是一个大问题,如果融资过少而不得不再回去融资的话,那么融资成本就会变得更高,而且第二次融资的过程会变得更为痛苦。而如果融资过多,那么可能会对其他合适的潜在投资者关上大门。不仅如此,融资过多也会稀释创业者想要掌握的企业的所有权。

5.4.3 确定融资来源

中小型成长中的企业在融资时可以有多种选择,在不同的成长阶段,资金的来源也会发生变化。但总的来说,选择被限定于两种方式:债权和股权。如何形成最优的资本结构,即在两者之间达到适当的平衡,是一个很大的挑战,创业者要做的是寻找到自己可以承受利率的资金来源。而是否属于可承受的范围,则取决于追求的是债权融资还是股权融资。

债权融资下需要考虑的是合同条款、利率水平、折旧率以及未能及时还款的惩罚。股权融资下需要考虑的是价值(也被称为估值),对于当前所有权人股份和控制权的稀释,以及其他相关的特别条款,如强制分红或赎回权等。

5.4.4 融资谈判

创业者在获得中介机构支持后,需精心制定创业计划书,然后就进入融资的关键阶段,进行投资谈判,就双方的合作安排、各自的权利义务作出详细明确的说明。无论创业计划书写的有多好,在与资金提供者谈判时表现糟糕的创业者很难完成交易。中小企业创业者应知己知彼,清楚投资者的投资标准以及他们最关心的问题,然后才能做到有的放矢,在签订合作时保护好自身权益。

1. 准备"谈判语言"

作为融资企业,在与资金方的沟通与谈判中,经常会遇到两类情况:一是企业团队对于与融资相关的专业知识、资金方的运作流程及金融法规等不够了解,甚至经常出现重大误解,导致双方交流很难达成一致,甚至不欢而散;二是有些企业不注重融资计划书和项目计划书的撰写,不注重与融资相关的书面资料的准备,致使融资合作很难有大的进展。实践中可以发现,中小企业的团队和资金方的团队(企业和银行、企业和风险投资商、企业和短期拆借资金方、企业类资金方)是完全不同的两类人。正是因为这些人在体制、背景、年龄、学历、专业、成长经历、思维方式和行为方式等方面的差别,导致他们在融资过程中常常会产生各种误解、不和谐,使融资过程进展缓慢,甚至前功尽弃。正因为上述的原因,需要提前准备好“谈判语言”,才能解决资金供求双方的差异。

2. 明确沟通和谈判内容

(1) 明确沟通内容。对融资企业来说,陈述与沟通的内容包括:①企业优势和背景;②融资项目的起因与发展变化过程;③与项目有关的政策和行业情况;④项目技术和市场情况;⑤项目的优势和存在的问题;⑥企业的发展规划;⑦需要的资金数额及合作方式。

对资金方来说,沟通的内容包括:①股东背景和实力;②取得的业绩和融资案例;③资金方向和合作方式;④拟投资项目在产业链中的位置和盈利模式;⑤相关的政策和法规;⑥企业的技术先进性及持续发展能力;⑦企业市场订单情况;⑧企业希望融资的数额与合作方式;⑨融资方能提供的安全保障。上述问题,不同的资金方侧重点略有不同,就内容来说,一般都是围绕创业计划书的内容来陈述和询问,这也是要写好创业计划书的重要原因。

(2) 明确谈判内容。如果进入实质性谈判阶段,那往往离融资成功已经不远了。在该阶段,双方涉及的内容通常包括:①融资金额;②股东构成与股权结构设置,资金方是否可以控股;③双方的出资方式;④无形资产的价值确定及处置方式;⑤原有债务和或有负债的处置;⑥新公司的法人治理机构;⑦人员的安排及薪酬;⑧管理团队的组建及激励方式;⑨政府有关部门政策的支持;⑩审计、评估、法律和财务顾问等中介机构的聘用。上述内容,大部分属于双方合作协议的框架内容,还包括公司未来运营的一些方面。

3. 明确谈判步骤

鉴于融资沟通和谈判的重要性,以及时间持续性,为便于应用者掌握,我们可以把这一过程的工作进行流程分析如下:一是融资沟通与谈判的准备;二是现场陈述与沟通;三是补充完善资料和政策征询;四是进一步沟通并确定融资合作的意向;五是实质性谈判;六是融资协议签订。

4. 掌握谈判技巧

融资谈判要求参与者有很高的综合素质。一是要熟悉政策法规;二是要了解投资环境;三是要清楚项目状况;四是要具备谈判所需的策略和艺术。因此,谈判无论规模大小、层次高低,参与者都要严肃认真对待,绝不允许草率从事。因为协约合同是项目(企业)的生死状,一旦失误就会带来难以挽回的经济损失和不良的政治影响。

第6章 创业财务报告编制

6.1 财务报告编制的基础知识

6.1.1 财务报告的定义和种类

财务报告是指企业对外提供的反映企业某一特定日期的财务状况和某一会计期间的经营成果、现金流量等会计信息的文件。财务会计报告包括会计报表、会计报表附注以及其他应当在财务会计报告中披露的相关信息和资料。会计报表包括资产负债表、利润表、现金流量表、所有者权益变动表。对于创业公司而言，其财务报告的主要内容应该就是会计报表。因此，这里主要介绍会计报表的相关知识，即资产负债表、利润表、现金流量表的编制基础知识。

根据我国《企业财务会计报告条例》规定：财务报告分为年度、半年度、季度和月度财务报告。通常，年度财务报告的会计期间是指公历每年的1月1日至当年的12月31日；半年度、季度和月度财务会计报告统称为中期财务报告，其中，半年度财务报告的会计期间是指公历每年的1月1日至当年的6月30日，季度财务报告的会计期间是指公历的每一个季度，月度财务报告的会计期间是指公历的每月1日至当月最后1日。

6.1.2 资产负债表

1. 什么是资产负债表

资产负债表是指反映企业在某一特定日期财务状况的会计报表。它反映企业在某一特定日期所拥有或控制的经济资源、所承担的现时义务和所有者对净资产的要求权。

通过资产负债表，可以提供某一日期资产的总额及其结构，表明企业拥有或控制的资源及其分布情况，使用者可以清晰地从资产负债表上了解企业在某一特定日期所拥有的资产总量及其结构；可以提供某一日期的负债总额及其结构，表明企业未来需要用多少资产或劳务清偿债务以及清偿时间；可以反映所有者所拥有的权益，据以判断资本保值、增值的情况以及对负债的保障程度。此外，资产负债表还可以提供进行财务分析的基本资料，如将流动资产与流动负债进行比较，计算出流动比率；将速动资产与流动负债进行比较，计算出速动比率等，可以表明企业的变现能力、偿债能力和资金周转能力,从而有助于报表使用者作出经济决策。

2. 资产负债表的结构

资产负债表的结构由表首和正表组成。其中,在表首部分企业应当概括地说明下列基本信息:编报企业的名称、资产负债表日、货币名称和单位等。正表是资产负债表的核心内容,通常以报告式或账户式分项列示企业的资产、负债及所有者权益。我国企业普遍采用账户式资产负债表。账户式资产负债表的格式如表 6-1 所示。

表 6-1 资产负债表(账户式)

编制单位:中华股份有限公司　　20×7 年 12 月 31 日　　单位:元

资　产	期末余额	期初余额	负债和所有者权益	期末余额	期初余额
流动资产:			流动负债:		
货币资金			短期借款		
交易性金融资产			交易性金融负债		
应收票据			应付票据		
应收账款			应付账款		
预付款项			预收款项		
应收利息			应付职工薪酬		
应收股利			应交税费		
其他应收款			应付利息		
存货			应付股利		
一年内到期的非流动资产			其他应付款		
其他流动资产			一年内到期的非流动负债		
流动资产合计			其他流动负债		
非流动资产:			流动负债合计		
可供出售金融资产			非流动负债:		
持有至到期投资			长期借款		
长期应收款			应付债券		
长期股权投资			长期应付款		
投资性房地产			专项应付款		
固定资产			预计负债		
在建工程			递延所得税负债		
工程物资			其他非流动负债		
固定资产清理			非流动负债合计		

续　表

资　产	期末余额	期初余额	负债和所有者权益	期末余额	期初余额
生产性生物资产			负债合计		
油气资产			所有者权益：		
无形资产			实收资本(或股本)		
开发支出			资本公积		
商誉			减：库存股		
长期待摊费用			盈余公积		
递延所得税资产			未分配利润		
其他非流动资产			所有者权益合计		
非流动资产合计					
资产总计			负债和所有者权益总计		

由于会计在记录企业经济业务时采用的复式记账法，即对每一笔经济业务都会以相等的金额记录在两个或两个以上相互关联的账户中，因此，企业资产负债表存在以下恒等关系，通常也称之为会计恒等式：

$$资产 = 负债 + 所有者权益$$

即在资产负债表中，企业的资产总计等于企业负债与所有者权益总计，无论企业经济业务如何变化，上述等式关系永远成立。

6.1.3　利润表

1. 什么是利润表

利润表是反映企业在一定会计期间的经营成果的会计报表。利润表的列报必须充分反映企业经营业绩的主要来源和构成，有助于使用者判断净利润的质量及其风险，有助于使用者预测净利润的持续性，从而作出正确的决策。

通过利润表，可以反映企业一定会计期间的收入实现情况，如实现的营业收入有多少、实现的投资收益有多少、实现的营业外收入有多少等；可以反映一定会计期间的费用耗费情况，如耗费的营业成本有多少、营业税费有多少、销售费用、管理费用、财务费用各有多少、营业外支出有多少等；可以反映企业生产经营活动的成果，即净利润的实现情况，据以判断资本保值、增值情况。将利润表中的信息与资产负债表中的信息相结合，还可以提供进行财务分析的基本资料，如将赊销收入净额与应收账款平均余额进行比较，计算出应收账款周转率；将销货成本与存货平均余额进行比较，计算出存货周转率；将净利润与资产总额进行比较，计算出资产收益率等，可以表现企业资金周转情况以及企业的盈利能力和水平，便于报表使用者判断企业未来的发展趋势，作出经济决策。

2. 利润表的格式

利润表的结构由表首和正表组成。其中,在表首部分企业应当概括地说明下列基本信息:编报企业的名称、利润表涵盖的会计期间、货币名称和单位等。正表是利润表的核心内容,常见的利润表正表主要有单步式和多步式两种。单步式利润表是指以收入总额减去一切费用总额而计算出净利润的列报方式。多步式利润表是指通过对当期的收入、费用、支出项目按性质加以归类,按利润形成的主要环节列示一些中间性利润指标,分步计算当期净损益的列报方式。在我国,企业利润表采用的基本上是多步式结构,其一般格式如表 6-2 所示。

表 6-2 利润表(多步式)

编制单位:中华股份有限公司 20×7 年 12 月 31 日 单位:元

项目	本期金额	上期金额
一、营业收入		
减:营业成本		
税金及附加		
销售费用		
管理费用		
财务费用		
资产减值损失		
加:公允价值变动收益(损失以"—"号填列)		
投资收益(损失以"—"号填列)		
其中:对联营企业和合营企业的投资收益		
二、营业利润(亏损以"—"号填列)		
加:营业外收入		
减:营业外支出		
其中:非流动资产处置损失		
三、利润总额(亏损总额以"—"号填列)		
减:所得税费用		
四、净利润(净亏损以"—"号填列)		
五、每股收益		
(一)基本每股收益		
(二)稀释每股收益		

采用的多步式进行列报,企业的利润分为以下几个层次:

营业利润= 营业收入 − 营业成本(主营业务成本、其他业务成本)−
税金及附加 − 销售费用 − 管理费用 − 财务费用 −
资产减值损失 ± 公允价值变动净损益 ± 投资净损益

利润总额 = 营业利润 + 营业外收入 − 营业外支出

净利润 = 利润总额 − 所得税费用

为了使报表使用者通过比较不同期间利润的实现情况,判断企业经营成果的未来发展趋势,利润表还就各项目再分为“本期金额”和“上期金额”两栏分别填列。

6.1.4 现金流量表

1. 什么是现金流量表

现金流量表,是指反映企业在一定会计期间现金和现金等价物流入和流出的报表。由于现金流量表是将权责发生制下的盈利信息转化为了收付实现制下的现金流量信息,因而便于信息使用者了解企业净利润的质量。另外,现金流量表分别从经营活动、投资活动和筹资活动三个部分反映现金变化情况,每类活动又分为各具体项目,这些项目从不同角度反映企业业务活动的现金流入与流出,弥补了资产负债表和利润表提供信息的不足。通过现金流量表,信息使用者能够了解现金流量的影响因素,评价企业的支付能力、偿债能力和周转能力,预测企业未来现金流量,为其决策提供有力依据。

2. 现金流量表的格式

现金流量表的结构由表首和正表组成。其中,在表首部分企业应当概括地说明下列基本信息:编报企业的名称、利润表涵盖的会计期间、货币名称和单位等。正表是现金流量表的核心内容。

在现金流量表中,现金及现金等价物被视为一个整体,企业现金形式的转换不会产生现金的流入和流出。例如,企业从银行提取现金,是企业现金存放形式的转换,并未流出企业,不构成现金流量。同样,现金与现金等价物之间的转换也不属于现金流量,例如,企业用现金购买三个月到期的国库券。根据企业业务活动的性质和现金流量的来源,现金流量表在结构上将企业一定期间产生的现金流量分为三类:经营活动产生的现金流量、投资活动产生的现金流量和筹资活动产生的现金流量。现金流量表的具体格式如表 6-3 所示。

表 6-3 现金流量表

编制单位:中华股份有限公司 20×7 年 单位:元

项 目	本期金额	上期金额
一、经营活动产生的现金流量		
销售商品、提供劳务收到的现金		
收到的税费返还		
收到的其他与经营活动有关的现金		

续 表

项 目	本期金额	上期金额
经营活动现金流入小计		
购买商品、接受劳务支付的现金		
支付给职工以及为职工支付的现金		
支付的各项税费		
支付其他与经营活动有关的现金		
经营活动现金流出小计		
经营活动产生的现金流量净额		
二、投资活动产生的现金流量		
收回投资收到的现金		
取得投资收益收到的现金		
处置周定资产、无形资产和其他长期资产收回的现金净额		
处置子公司及其他营业单位收到的现金净额		
收到其他与投资活动有关的现金		
投资活动现金流入小计		
购建固定资产、无形资产和其他长期资产支付的现金		
投资支付的现金		
取得子公司及其他营业单位支付的现金净额		
支付其他与投资活动有关的现金		
投资活动现金流出小计		
投资活动产生的现金流量净额		
三、筹资活动产生的现金流量		
吸收投资收到的现金		
取得借款收到的现金		
收到其他与筹资活动有关的现金		
筹资活动现金流入小计		
偿还债务支付的现金		
分配股利、利润或偿付利息支付的现金		
支付其他与筹资活动有关的现金		
筹资活动现金流出小计		
筹资活动产生的现金流量净额		

续 表

项　目	本期金额	上期金额
四、汇率变动对现金及现金等价物的影响		
五、现金及现金等价物净增加额		
加:期初现金及现金等价物余额		
六、期末现金及现金等价物余额		

编制现金流量表时,列报经营活动现金流量的方法有两种:一是直接法,二是间接法。在直接法下,一般是以利润表中的营业收入为起算点,调节与经营活动有关的项目的增减变动,然后计算出经营活动产生的现金流量。在间接法下,将净利润调节为经营活动现金流量,实际上就是将按权责发生制原则确定的净利润调整为现金净流入,并剔除投资活动和筹资活动对现金流量的影响。

采用直接法编报的现金流量表,便于分析企业经营活动产生的现金流量的来源和用途,预测企业现金流量的未来前景;采用间接法编报现金流量表,便于将净利润与经营活动产生的现金流量净额进行比较,了解净利润与经营活动产生的现金流量差异的原因,从现金流量的角度分析净利润的质量。所以,我国企业会计准则规定企业应当采用直接法编报现金流量表,同时要求在附注中提供以净利润为基础调节到经营活动现金流量的信息。

6.2 创业公司预计财务报表的编制

创业公司要进行营运就必须要有一定的资产。随着业务量的增加,企业就需要增加流动资产甚至是固定资产。预计财务报表就是对企业随着业务量变化而导致的相关变化对财务报表的影响进行列示。编制准确的预计财务报表是企业科学决策的前提和基础。

6.2.1 创业公司预计财务报表的含义和分类

1. 预计财务报表的含义

预计财务报表是指专门反映企业未来一定预算期内预计财务状况、经营成果、现金流量的总称。包括预计利润表、预计资产负债表和预计现金流量表等。预计财务报表是在日常业务预算、特种决策预算和现金预算的基础上汇总编制而成的。通常先编制预计利润表,然后编制预计资产负债表和预计现金流量表。

2. 预计财务报表的分类

预计财务报表有广义和狭义之分。广义的预计财务报表包括预计利润表、预计资产负债表、预计现金流量表以及为了编制上述报表而编制的销售预测、制造成本预测、期间费用预测、库存预测等。而狭义的预计财务报表则只包括预计利润表、预计资产负债表以及预计现金流量表,这也是所有公司都需要编制的基本的预计报表。

(1) 预计利润表。预计利润表是在各项经营预算的基础上,根据权责发生制编制的全面综合地表现预算期内经营成果的利润计划。它综合反映计划期内预计销售收入、销售成本和预计可实现的利润或可能发生的亏损,可以揭示企业预期的盈利情况,有助于管理人员及时调整经营策略。

(2) 预计资产负债表。预计资产负债表是对预算期内企业资产、负债状况,以及由于资产变动而必须调整资本预算并导致负债及所有者权益变化的报表。它综合反映计划期内预计销售收入变化后所导致的现金、应收账款、存货、应付账款、短期借款、长期负债、股东权益等的变化。

(3) 预计现金流量表。预计现金流量表是根据资产负债表期初现金的结存额为基点,充分考虑预算期间的现金收入,以及预计期末的理想现金结存额而编制的,反映预算期内经营活动、筹资活动、投资活动等引起的现金增减变化情况。

6.2.2 编制创业公司预计财务报表的步骤

编制预计财务报表的基本步骤如下:

(1) 根据企业的经营目标、发展趋势和市场情况进行销售预测。

(2) 根据以销定产的原则,依据销售预测进行生产成本和期间费用的预测。

(3) 以期初现金余额为起点,根据销售及生产过程中资金增减情况编制现金预算表。

(4) 根据上述数据编制预计利润表。

(5) 根据利润表及历史数据推算出资产负债表相应科目。

(6) 根据资产负债表期初现金的结存额,充分考虑预算期间的现金收入,预计期末的理想现金结存额,编制预计现金流量表。

6.2.3 预计财务报表编制举例

假设光明公司创业期初总资产 200 万元,其中现金 100 万元,固定资产 100 万元。长期借款 50 万元,实收资本 150 万元。其余资料如下:

(1) 长期借款年利息率 10%,每季度支付一次利息;

(2) 固定资产为生产用机器设备,预计使用 10 年,假设期末无残值;

(3) 预计第一季度销售产品数量为 10 000 件,以后每季度增长 10%,假设产品单位售价为 10 元;

(4) 该公司给客户三个月信用周期,假设每季度享受该信用条件的客户占总销售收入的 20%;

(5) 假设该公司以销定产,期末无存货。该公司所生产的产品单位变动成本为 6 元,其中直接材料为 3.5 元,直接人工为 2.0 元,变动制造费用为 0.5 元。假设全部的变动成本都在当期以现金支付。机器设备采用直线法提取折旧,每年折旧额为 100 000 元;

(6) 假设销售费用为销售人员提成,每期以现金支付,销售提成比例为销售收入的 10%;

(7) 管理费用每季度为 10 000 元,为管理人员工资,以现金支付;

(8) 该企业在第一年享受所得税优惠政策,减免所得税;

(9) 按计划第四季度购置管理用固定资产,价值为 100 000 元。

首先,根据上述信息编制光明公司销售预测表,如表 6-4 所示。

表 6-4 光明公司销售预测表 金额单位:元

项 目	第一季度	第二季度	第三季度	第四季度	全 年
预计销售量/件	10 000.00	11 000.00	12 100.00	13 310.00	46 410.00
预计单位售价	10.00	10.00	10.00	10.00	10.00
销售收入	100 000.00	110 000.00	121 000.00	133 100.00	464 100.00

根据资料(3)和(4)编制销售回款预测表。由于光明公司年初应收账款余额为 0,每个季度当期收到现金的金额为销售总额的 80%,其余 20%的货款在下一季度收回。根据销售收入预测表,第四季度即期末应收账款余额为第四季度销售收入的 20%,即 26 620 元。光明公司销售回款预测表,如表 6-5 所示。

表 6-5 光明公司销售回款预测表 单位:元

项 目	当期现金收入				当期销售额
	第一季度	第二季度	第三季度	第四季度	
第一季度	80 000.00	20 000.00			100 000.00
第二季度		88 000.00	22 000.00		110 000.00
第三季度			96 800.00	24 200.00	121 000.00
第四季度				106 480.00	106 480.00
现金收入合计	80 000.00	108 000.00	118 800.00	130 680.00	437 480.00

根据资料(2)(3)和(5)编制光明公司全年生产成本预测表及生产成本现金支出预测表。由表 6-6 与表 6-7 可知,光明公司年销售成本为 378 460 元,其中 100 000 元为折旧,付现的生产成本为 278 460 元。

表 6-6 光明公司生产成本预测表 单位:元

项 目	单位成本		生产成本 (46 410 件)
	单位成本	数量	
直接材料	3.50	46 410.00	162 435.00
直接人工	2.00	46 410.00	92 820.00
变动制造费用	0.50	46 410.00	23 205.00
固定制造费用(100 万/10 年)			100 000.00
合计			378 460.00

表 6-7 光明公司生产成本现金支出预测表 单位:元

季 度	第一季度	第二季度	第三季度	第四季度	全 年
直接材料	35 000.00	38 500.00	42 350.00	46 585.00	162 435.00
直接人工	20 000.00	22 000.00	24 200.00	26 620.00	92 820.00
直接制造费用	5 000.00	5 500.00	6 050.00	6 655.00	23 205.00
生产成本现金支出小计	60 000.00	66 000.00	72 600.00	79 860.00	278 460.00

根据资料(6)和(7)编制销售费用和管理费用预测表,如表 6-8 所示:

表 6-8 光明公司销售费用和管理费用预测表 单位:元

季 度	第一季度	第二季度	第三季度	第四季度	全 年
销售费用	10 000.00	11 000.00	12 100.00	13 310.00	46 410.00
管理费用	10 000.00	10 000.00	10 000.00	10 000.00	40 000.00
销售及管理费用现金支出小计	20 000.00	21 000.00	22 100.00	23 310.00	86 410.00

根据上述预测表编制光明公司现金预算表。其中销货现金收入来源于表 6-5,直接材料、直接人工及制造费用来源于表 6-7,销售及管理费用来源于表 6-8,贷款利息根据资料(1)计算所得。光明公司现金预算表,如表 6-9 所示。

表 6-9 光明公司现金预算表 单位:元

季 度	第一季度	第二季度	第三季度	第四季度	全 年
期初现金余额	1 000 000.00	987 500.00	996 000.00	1 007 600.00	1 000 000.00
加:销货现金收入	80 000.00	108 000.00	118 800.00	130 680.00	437 480.00
可供使用的现金	1 080 000.00	1 095 500.00	1 114 800.00	1 138 280.00	1 437 480.00
减:各项支出					
直接材料	35 000.00	38 500.00	42 350.00	46 585.00	162 435.00
直接人工	20 000.00	22 000.00	24 200.00	26 620.00	92 820.00
制造费用	5 000.00	5 500.00	6 050.00	6 655.00	23 205.00
销售及管理费用	20 000.00	21 000.00	22 100.00	23 310.00	86 410.00
所得税					
购买设备					100 000.00
股利					
支出合计	80 000.00	87 000.00	94 700.00	103 170.00	464 870.00
现金多余或不足	1 000 000.00	1 008 500.00	1 020 100.00	1 035 110.00	972 610.00

续 表

季　度	第一季度	第二季度	第三季度	第四季度	全　年
向银行贷款					
还银行贷款					
贷款利息(年利率10%)	12 500.00	12 500.00	12 500.00	12 500.00	50 000.00
合计					
期末现金余额	987 500.00	996 000.00	1 007 600.00	1 022 610.00	922 610.00

根据上述资料编制光明公司预计利润表(简表)、资产负债表(简表)、现金流量表(简表),如表6-10、表6-11和表6-12所示。

表6-10　光明公司预计利润表(简表)　　单位:元

项　目	金　额	项　目	金　额
销售收入	464 100.00	利息支出	50 000.00
销售成本	378 460.00	利润总额	−50 770.00
毛利	85 640.00	所得税	
销售费用	46 410.00	税后利润	−50 770.00
管理费用	40 000.00		

利润表(简表)数据来源说明:销售收入来源于表6-4,销售成本来源于表6-6,销售费用、管理费用来源于表6-8,利息支出来源于表6-9。

表6-11　光明公司预计资产负债表(简表)　　单位:元

资　产			负债及所者权益		
项目	年初	年末	项目	年初	年末
现金	1 000 000.00	922 610.00	应付账款		
应收账款		26 620.00	长期借款	500 000.00	500 000.00
直接材料			实收资本	1 500 000.00	1 500 000.00
产成品			未分配利润		−50 770.00
固定资产	1 000 000.00	1 100 000.00			
减:累计折旧		100 000.00			
总产总额	2 000 000.00	1 949 230.00	负债及所有者权益总额	2 000 000.00	1 949 230.00

资产负债表(简表)数据来源说明:期末现金余额来源于表6-9,应收账款根据表6-5计算所得,固定资产增加数来源于表6-9,累计折旧来源于表6-6,未分配利润来源于表6-10。

表 6-12 光明公司预计现金流量表(简表) 单位:元

项 目	金 额
一、经营活动产生的现金流量	
销售商品、提供劳务收到的现金	437 480.00
购买商品、接受劳务支付的现金	185 640.00
支付给职工以及为职工支付的现金	179 230.00
支付的各项税费	
经营活动产生的现金流量净额	72 610.00
二、投资活动产生的现金流量	
购置固定资产、无形资产和其他长期资产支付的现金	100 000.00
投资活动产生的现金流量净额	−100 000.00
三、筹资活动产生的现金流量	
吸收投资收到的现金	
借款收到的现金	
偿还债务支付的现金	
分配股利、利润或偿付利息支付的现金	50 000.00
筹资活动产生的现金流量净额	−50 000.00
四、汇率变动对现金及现金等价物的影响	
五、现金及现金等价物净增加额	−77 390.00
加:期初现金及现金等价物余额	1 000 000.00
六、期末现金及现金等价物余额	922 610.00

现金流量表(简表)数据来源说明:销售商品、提供劳务收到的现金来源于表 6-5,购买商品、接受劳务支付的现金来源于表 6-7 中的直接材料与直接制造费用,支付给职工以及为职工支付的现金来源于表 6-7 中的直接人工,购置固定资产、无形资产和其他长期资产支付的现金来源于表 6-9,分配股利、利润或偿付利息支付的现金来源于表 6-9。期末现金及现金等价物余额与资产负债表(简表)中现金期末余额应一致。

6.3 创业公司财务能力及项目评价

6.3.1 公司财务能力分析内容和方法

1. 公司财务能力分析的目的

财务能力分析是以公司财务报表为主要依据,对经济活动与财务收支情况进行全面、系统的分析。它属于会计分析的重要组成部分。资产负债表、利润表等财务报表能为信息使用者提供企业财务状况和经营成果的概括性资料。但是,为了进行有效的经营决策，仅仅根据上述财务报表提供的资料是远远不够的，还需要对财务报表所提供的数据进一步加工，进行分析、比较，得到经营管理和经营决策所需要的经济信息。例如，资产负债表是反映企业某一特定日期资产、负债和所有者权益及其构成情况的财务报表。但对债权人来说，最关心的是了解企业偿债能力。说明企业偿债能力的资料在资产负债表中没有直接列示数据，利用资产负债表中的资产项目和负债项目的金额进行比较，则可以计算出资产负债率、流动比率和速动比例等评价企业偿债能力的财务指标，从而清楚地了解企业的偿债能力。所以，财务分析的目的就是为会计信息的使用者提供有关决策的有效信息。通过财务分析，即通过对财务报表中相关项目之间的关联关系分析，使会计报表使用者能更加全面深刻地认识企业财务状况的现状及未来的发展趋势。

2. 公司财务能力分析的内容

根据上述不同使用者的要求，公司财务能力分析内容主要包括：

(1) 企业偿债能力分析。偿债能力是现代企业财务能力体系的重要组成部分，是企业财务能力的基本反映。企业偿债能力的分析具有十分重要的意义。对企业内部而言，通过测定企业偿债能力，有利于企业科学合理地进行筹资决策和投资决策；从企业外部来看，债权人最关心的是企业偿债能力的强弱，因为这是他们的投资能否如期收回的主要依据。偿债能力分析是指企业偿还所欠债权人债务的能力分析，包括短期偿债能力分析和长期偿债能力分析两个方面。

(2) 企业营运能力分析。企业营运能力是指企业充分利用现有资源创造社会财富的能力，具体指企业各项营运资产的周转效率。营运资金指维持企业日常经营正常运行所需要的资金，它指企业的流动资产减去流动负债后的余额。这一观点为企业会计人员、一般信用调查人员、短期债权人及投资分析人员所主张，因为这些人员最关注的是企业的财务状况、信用状况及其短期偿债能力，而且只有扣除流动负债后的流动资产净额才是企业可以真正自由运用的资金。企业的日常经营活动在企业会计报表上直接反映为企业营运资金及其各项目的变化，通过对企业营运资金的分析，报表使用者可以得到各自关注的有关企业财务状况和经营状况的信息。

(3) 企业盈利能力分析。盈利能力是指企业在一定时期内赚取利润的能力。不论投资者、债权人还是企业管理者，都非常关心企业的盈利能力。“一定时期”包括两个层次的内容：其一是企业在一个会计期间内从事生产经营活动的获利能力的比较与分析；其二是企业在一个较长时期内稳定获取较高利润能力的分析。盈利能力对于企业来说是至关重要的，企业从事生产经营活动的根本目的就是获取数量可观的利润和维持企业稳定、持续地经营和发展。投资者投资的目的在于获得最大的回报，因而他们最为关心企业的盈利能力；债权人特别是长期债权人的利息收益和债权收回也最终取决于企业能否盈利，因此，他们也会关心企业的盈利能力；企业管理者为了衡量业绩，发现问题，履行经营责任，当然同样会非常关心企业自身的盈利能力。总之，盈利能力分析是企业管理当局及各利害关系人最为关注的公司财务能力分析内容之一。

(4) 企业发展能力分析。企业发展能力分析是指通过对企业会计报表的综合分析来预测未来，以帮助企业管理当局规划未来，帮助投资人、债权人以及有关各方进行有效决策。

3. 公司财务能力分析的方法

公司财务能力分析常用的分析方法有比较分析法和因素分析法。

（1）比较分析法。比较分析方法是通过对财务报表的各项指标进行比较，来分析判断企业财务状况和经营成果及其变化情况，并据以预测未来趋势的方法。比较分析方法又可分为绝对数比较和相对数比较。

绝对数比较是将一个企业连续数期的资产负债表或利润表排列在一起并设增减栏，列示增减金额(以某一年的数据作为基数，也可以分别以前一年作为基数)。通过绝对数比较就可以分析出报告期与基期各指标的绝对变化。

相对数分析是通过对比各指标之间的比例关系和在整体中所占的相对比重来揭示企业财务状况和经营成果。这种分析方法是将某一关键指标的金额作为比较标准，将其余指标与标准指标进行计算比较百分比，然后将几年的百分比进行比较，分析其未来的变化发展趋势。

另外，按照所选取指标内容的不同，比较分析法又分为趋势分析法和结构分析法。

趋势分析法是将同一企业不同时期或同行业不同企业的各财务指标进行对比分析，来判断企业的经营成果和财务状况发展趋势的分析方法。我们可以采用纵向比较的分析方法，即将同一企业连续数期的各财务指标进行比较，以基期为标准来判断分析企业的财务状况和经营成果等。也可以采用横向比较分析，将同行业的不同企业之间进行各指标比较，首先确定各指标的标准水平，如行业的平均水平或者是行业的最佳水平，然后将目标企业的指标与标准指标进行比较分析，将企业与同行业其他企业进行比较，可以确切反映企业在该行业的地位，可以了解该企业的优势和劣势。

结构分析法是将企业的财务报表中的各指标与某一关键指标进行对比分析，分析各项目所占的比重。例如，采用结构分析法分析资产负债表时就可将总资产、负债总额、所有者权益总额列为100%，再计算各项目占总资产、总负债等的比重，从而了解各项目的构成情况。采用结构分析法分析利润表时，可将营业收入列为100%，然后计算各费用占营业收入的比例。在进行行业间比较时我们大多采用结构分析法。

（2）因素分析法。因素分析法也称因素替代法。它是对某个综合财务指标或经济指标的变动原因按其内在的影响因素，计算和确定各个因素对这一综合指标发生变动的影响程度的一种分析方法。该方法主要适用于对多种因素构成的综合指标的分析。因素分析法又可分为连环替代法和差额计算法两种。

连环替代法是将影响某项经济指标的各个因素列成算式，按照一定顺序替代各个因素，以确定各个因素变动对该项经济指标变动的影响程度的一种分析方法。分析计算时以计划指标为基础，用各个因素的实际数依次替代计划数，每次替代后实际数就被保留下来，直到所有的因素都变为实际数。

差额分析法是根据各个因素实际数同计划数的差异，分别确定各该因素的变动对某项经济指标的影响程度的一种分析方法。分析计算时也要按一定顺序逐项以实际数与计划数进行对比。差额分析法实际上是连环替代法的另一种形式，即直接用实际数与计划数之间的差额来计算各因素变动对指标的影响程度。这一方法较连环替代法更为简便。

6.3.2 公司财务能力分析指标

不同的信息使用者都希望从对财务报表的分析中得到对其决策有用的信息，尽管他们的目的和关注点各有差异，但从总体上全面总结和评价企业的财务状况、经营成果以及财务状况变动，则是公司财务能力分析的最基础、最常用的一些指标。为便于说明财务指标的计算和分析方法，本部分将以ABC公司的财务报表数据为例。该公司资产负债表、利润表如表6-13和表6-14所示。

表6-13 ABC公司资产负债表

20×8年12月31日　　单位：万元

资　产	期末余额	期初余额	负债和所有者权益	期末余额	期初余额
流动资产：			流动负债：		
货币资金	110	116	短期借款	180	200
交易性金融资产	80	100	交易性金融负债		
应收票据			应付票据		
应收账款	350	472	应付账款	182	285
预付款项			预收款项		
应收利息			应付职工薪酬	60	65
应收股利			应交税费	48	60
其他应收款			应付利息		
存货	304	332	应付股利		
一年内到期的非流动资产			其他应付款		
其他流动资产			一年内到期的非流动负债		
流动资产合计	844	1 020	其他流动负债		
非流动资产：			流动负债合计	470	610
可供出售金融资产			非流动负债：		
持有至到期投资			长期借款	280	440
长期应收款			应付债券	140	260
长期股权投资	100	200	长期应付款	44	50
投资性房地产			专项应付款		
固定资产	470	640	预计负债		
在建工程			递延所得税负债		

续 表

资　产	期末余额	期初余额	负债和所有者权益	期末余额	期初余额
工程物资			其他非流动负债		
固定资产清理			非流动负债合计	464	750
生产性生物资产			负债合计	934	1 360
油气资产			所有者权益：		
无形资产			实收资本(或股本)	300	300
开发支出			资本公积	50	70
商誉			减:库存股		
长期待摊费用			盈余公积	84	92
递延所得税资产			未分配利润	46	38
其他非流动资产			所有者权益合计	480	500
非流动资产合计	570	840			
资产总计	1 414	1 860	负债和所有者权益总计	1 414	1 860

表 6-14　ABC 公司利润表

20×8 年度　　　　单位:万元

项　目	本年累计数
一、营业收入	5 800
减:营业成本	3 480
税金及附加	454
销售费用	486
管理费用	568
财务费用	62
资产减值损失	
加:公允价值变动收益(损失以“－”号填列)	
投资收益(损失以“－”号填列)	34
其中:对联营企业和合营企业的投资收益	
二、营业利润(亏损以“－”号填列)	784
加:营业外收入	32
减:营业外支出	48
其中:非流动资产处置损失	
三、利润总额(亏损总额以“－”号填列)	768

续 表

项　目	本年累计数
减:所得税费用	254
四、净利润(净亏损以"－"号填列)	514
五、每股收益	
(一) 基本每股收益	
(二) 稀释每股收益	

1. 偿债能力分析指标

通常分析偿债能力的指标包括两大类,一类是短期偿债能力分析指标,另一类是长期偿债能力分析指标。

短期偿债能力是指企业以流动资产偿还流动负债的能力,它反映企业偿付日常到期债务的能力。常用的反映企业偿债能力的指标主要有:流动比率、速动比率、保守速动比率、现金比率等。

(1) 流动比率。流动比率是流动资产对流动负债的比率,用来衡量企业流动资产在短期债务到期以前,可以变为现金用于偿还负债的能力。

流动比率的计算公式如下:

$$流动比率 = 流动资产 / 流动负债$$

流动比率可以反映短期偿债能力。流动比率越高,说明资产的流动性越大,短期偿债能力越强。不过,由于各行业的经营性质不同,对资产的流动性的要求也不同。例如:商业零售企业所需的流动资产,往往要高于制造企业,因为前者需要在存货方面投入较大的资金。另外,企业的经营和理财方式也影响流动比率。

一般认为流动比率不宜过高也不宜过低,应维持在 2∶1 左右,因而也称之为 2 与 1 比率。过高的流动比率,说明企业有较多的资金滞留在流动资产上未加以更好地运用,如出现存货超储积压、存在大量应收账款、拥有过分充裕的现金等,资金周转可能减慢从而影响其获利能力。有时,尽管企业现金流量表出现红字,但是企业可能仍然拥有一个较高的流动比率。

根据表 6-13 中 ABC 公司流动资产和流动负债的比例,可计算出该公司 20×8 年年初的流动比率为 1.80,20×8 年末的流动比率为 1.67,表明 ABC 公司每 1 元的负债在 20×8 年年初有 1.80 元的流动资产作为安全保障,在 20×8 年年末有 1.67 元的流动资产作为安全保障,年末与年初数相比说明 ABC 公司的短期偿债能力有所下降。

(2) 速动比率。速动比率,又称"酸性测验比率",是指速动资产对流动负债的比率。它是衡量企业流动资产中可以立即变现用于偿还流动负债的能力。

速动比率的计算公式如下:

$$速动比率 = (流动资产 - 存货) / 流动负债$$

由于种种原因存货的变现能力较差，因此，把存货从流动资产种减去后得到的速动比率反映的短期偿债能力更令人信服。一般认为，速动比率维持在 1:1 较为正常，它表明企业的每 1 元流动负债就有 1 元易于变现的流动资产来抵偿，短期偿债能力有可靠的保证。速动比率过低，企业的短期偿债风险较大，速动比率过高，企业在速动资产上占用资金过多，会增加企业投资的机会成本。但以上评判标准并不是绝对的。实际工作中，应考虑到企业的行业性质。例如：商品零售行业，由于采用大量现金销售，几乎没有应收账款，速动比率大大低于 1，也是合理的。相反，有些企业虽然速动比率大于 1，但速动资产中大部分是应收账款，并不代表企业的偿债能力强，因为应收账款能否收回具有很大的不确定性。所以，在评价速动比率时，还应分析应收账款的质量。

根据表 6-13 中 ABC 公司流动资产、存货和流动负债的相关数据，可计算出该公司 20×8 年年初的速动比率为 1.15，20×8 年年末的速动比率为 1.13，表明 ABC 公司每 1 元的负债在 20×8 年年初有 1.15 元的易变现流动资产作为安全保障，在 20×8 年年末有 1.13 元的易变现流动资产作为安全保障，年末与年初数相比说明 ABC 公司的短期偿债能力有所下降。

(3) 保守速动比率。保守速动比率又称超速动比率，其计算公式如下：

$$保守速动比率 = (货币资金 + 短期投资 + 应收票据 + 应收账款) / 流动负债$$

保守速动比率是由于行业之间的差别，在计算速动比率时除扣除存货以外，还可以从流动资产中去掉其他一些可能与当期现金流量无关的项目(如待摊费用等)而采用的一个财务指标。由于超速动比率指标的计算，除了扣除存货以外，还从流动资产中去掉其他一些可能与当前现金流量无关的项目(如待摊费用)和影响速动比率可信性的重要因素项目(如信誉不高客户的应收款净额)，因此，能够更好地评价企业变现能力的强弱和偿债能力的大小。

根据表 6-13 中 ABC 公司资产负债表相关数据，可计算出该公司 20×8 年年初、年末的保守速动比率如下：

$$20 \times 8 年年初保守速动比率 = (110 + 80 + 350)/470 \approx 1.15$$

$$20 \times 8 年年末保守速动比率 = (116 + 200 + 472)/610 \approx 1.29$$

(4) 现金比率。现金比率也被称之为流动资产比率或现金资产比率，是指企业现金与流动负债的比率，反映企业的即刻变现能力。

现金比率的计算公式如下：

$$现金比率 = (货币资金 + 交易性金融资产) / 流动负债$$

这里所说的现金，是指现金及现金等价物。该比率可显示企业立即偿还到期债务的能力。但是，如果企业这个比率过高，则说明企业拥有过多的现金类资产，企业的资产未能得到有效的运用。

根据表 6-13 中 ABC 公司资产负债表相关数据，可计算出该公司 20×8 年年初、年末的现金比率如下：

$$20\times 8\text{年年初现金比率}=(110+80)/470\approx 0.40$$

$$20\times 8\text{年年末现金比率}=(116+100)/610\approx 0.35$$

长期偿债能力是指企业对债务的承担能力和对偿还债务的保障能力。长期偿债能力的强弱是反映企业财务安全和稳定程度的重要标志。通常反映长期偿债能力的指标主要有:资产负债率、股东权益比率与权益乘数、产权比率、利息保障倍数等。

(1) 资产负债率。资产负债率是负债总额除以资产总额的百分比,也就是负债总额与资产总额的比例关系。资产负债率反映在总资产中有多大比例资金是通过借债来筹的,也可以衡量企业在清算时保护债权人利益的程度。

资产负债率的计算公式如下:

$$\text{资产负债率}=\text{负债总额}/\text{资产总额}\times 100\%$$

资产负债率是分析企业长期偿债能力的重要指标。资产负债率保持在哪个水平才说明企业拥有长期偿债能力?不同的债权人有不同的意见。较高的资产负债率,对于效益较好、资金流转稳定的企业是可以接受的,因为这种企业具备偿还债务本息的能力;对于盈利状况或经营管理水平不稳定的企业,资产负债率高则说明企业没有偿还债务的保障,不稳定的经营收益难以保证按期支付固定的利息,企业的长期偿债能力较低。作为企业经营者,也应当寻求资产负债率的适当比值,既要能保持长期偿债能力,又要最大限度地利用外部资金。

根据表 6-13 中 ABC 公司资产负债表相关数据,可计算出该公司 20×8 年年初、年末的资产负债率分别是 66%和 73%,这表明 ABC 公司 20×8 年年初的资产有 66%来源于举债,20×8 年年末的资产有 73%来源于举债,显然,20×8 年年末的债务风险增加了。

(2) 股东权益比率与权益乘数。股东权益比率反映所有者提供的资本在总资产中的比重,反映企业的基本财务结构是否稳定。

股东权益比率的计算公式如下:

$$\text{股东权益比率}=\text{股东权益总额}/\text{资产总额}\times 100\%$$

一般来说,股东权益比率高是低风险、低报酬的财务结构,股东权益比率低是高风险、高报酬的财务结构。

根据表 6-13 中 ABC 公司资产负债表相关数据,可计算出该公司 20×8 年年初、年末的股东权益比率如下:

$$20\times 8\text{年年初股东权益比率}=480/1\ 414\times 100\%\approx 33.95\%$$

$$20\times 8\text{年年末股东权益比率}=500/1\ 860\times 100\%\approx 26.88\%$$

权益乘数又称股本乘数,是指资产总额相当于股东权益的倍数,即

$$\text{权益乘数}=\text{资产总额}/\text{股东权益总额}$$

权益乘数越大表明所有者投入企业的资本占全部资产的比重越小,企业负债的程

度越高;反之,权益乘数越小,表明所有者投入企业的资本占全部资产的比重越大,企业的负债程度越低,债权人权益受保护的程度越高。

根据表 6-13 中 ABC 公司资产负债表相关数据,可计算出该公司 20×8 年年初、年末的权益乘数如下:

$$20 \times 8\ 年年初权益乘数 = 1\ 414/480 \approx 2.95$$

$$20 \times 8\ 年年末权益乘数 = 1\ 860/500 = 3.72$$

(3) 产权比率。产权比率用来表明由债权人提供的资金和由投资者提供的资金的相对关系,反映企业基本财务结构是否稳定。

产权比率的计算公式如下:

$$产权比率 = 负债总额 / 股东权益总额$$

一般来说,产权比率越高,说明企业偿还长期债务的能力越弱;产权比率越低,说明企业偿还长期债务的能力越强。

根据表 6-13 中 ABC 公司资产负债表相关数据,可计算出该公司 20×8 年年初、年末的权益乘数如下:

$$20 \times 8\ 年年初产权比率 = 934/480 \approx 1.95$$

$$20 \times 8\ 年年末产权比率 = 1\ 360/500 = 2.72$$

(4) 利息保障倍数。利息保障倍数又称利息保障率,是指企业息税前利润与利息费用之比,它是衡量企业支付负债利息能力的指标。

利息保障倍数的计算公式

$$利息保障倍数 = (税前利润 + 利息费用) / 利息费用$$

公式中“利息费用”是指本期发生的全部应付利息,不仅包括财务费用中的利息费用,还应包括计入固定资产成本的资本化利息。资本化利息虽然不在利润表中扣除,但仍然是要偿还的。利息保障倍数的重点是衡量企业支付利息的能力,没有足够大的息税前利润,利息的支付就会发生困难。

利息保障倍数不仅反映了企业获利能力的大小,而且反映了获利能力对偿还到期债务的保证程度,它既是企业举债经营的前提依据,也是衡量企业长期偿债能力大小的重要标志。要维持正常偿债能力,利息保障倍数至少应大于 1,且比值越高,企业长期偿债能力越强。如果利息保障倍数过低,企业将面临亏损、偿债的安全性与稳定性下降的风险。

2. 营运能力分析指标

营运能力分析就是要通过对反映企业资产营运效率与效益的指标进行计算与分析,评价企业的营运能力,为企业提高经济效益指明方向。通过营运能力分析可以评价企业资产营运的效率,发现企业在资产营运中存在的问题。营运能力分析是盈利能力分析和偿债能力分析的基础与补充。通常反映企业营运能力的分析指标有:应收账款周转率、存货周转率、流动资产周转率、固定资产周转率、总资产周转率等。

(1) 应收账款周转率。应收账款周转率又叫收账比率，是用于衡量企业应收账款流动程度的指标，它是企业在一定时期内(通常为一年)赊销净额与应收账款平均余额的比率。

应收账款周转率的计算公式如下：

$$应收账款周转率 = 赊销收入净额 / 应收账款平均余额$$

公式中，赊销收入净额等于企业当期销售收入减去折扣与折让后的数额再减去当期现销收入，应收账款平均余额等于应收账款余额年初数与年末数之和除以2。

一般来说，应收账款周转率越高，平均收账期越短，说明应收账款的收回越快。否则，企业的营运资金会过多地呆滞在应收账款上，影响正常的资金周转。但是，也存在一些影响该指标正确计算的因素：季节性经营的企业使用这个指标时不能反映实际情况；大量使用分期付款结算方式；大量使用现金结算的销售；年末销售大幅度上升或下降。

我们假设ABC公司的营业收入全部为赊销收入，根据表6-13和表6-14的有关数据，可计算出ABC公司20×8年的应收账款周转率如下：

$$20\times 8 年应收账款周转率 = 5\ 800/[(350+472)/2] \approx 14.11(次)$$

这表示，ABC公司一年内应收账款的周转次数为14.11次。除了使用应收账款周转率来反映应收账款的周转情况，也可以使用应收账款平均收账期。其计算公式如下：

$$应收账款平均收账期 = 360/ 应收账款周转率$$

应收账款平均收账期表示应收账款周转一次所需要的天数。平均收账期越短，说明企业的应收账款周转速度越快。根据ABC公司的应收账款周转率，计算出的应收账款平均收账期如下：

$$应收账款平均收账期 = 360/14.11 \approx 25.51(天)$$

(2) 存货周转率。存货周转率也称存货利用率，是企业一定时期销货成本与平均存货余额的比率。其计算公式如下：

$$存货周转率 = 销货成本 / 平均存货余额$$
$$平均存货余额 = (期初存货余额 + 期末存货余额)/2$$

存货周转率用于反映存货的周转速度，即存货的流动性及存货资金占用量是否合理，是企业营运能力分析的重要指标之一，在企业管理决策中被广泛地使用。存货周转率不仅可以用来衡量企业生产经营各环节中存货运营效率，而且还被用来评价企业的经营业绩，反映企业的绩效。存货周转率越高，表明企业存货资产变现能力越强，存货及占用在存货上的资金周转速度越快。

根据表6-13和表6-14的有关数据，可计算出ABC公司20×8年的存货周转率如下：

$$20\times 8\text{年存货周转率} = 3\,480/[(304+332)/2] \approx 10.94(\text{次})$$

这表示,ABC 公司一年内存货的周转次数为 10.94。除了使用存货周转率来反映存货的周转情况,也可以使用存货周转天数。其计算公式如下:

$$\text{存货周转天数} = 360/\text{存货周转率}$$

存货周转天数表示存货周转一次所需要的天数。天数越短,说明企业的存货周转速度越快。根据 ABC 公司的存货周转率,计算出的存货周转天数为:

$$\text{存货周转天数} = 360/10.94 \approx 32.91(\text{天})$$

(3) 流动资产周转率。流动资产周转率是销售收入与流动资产平均余额的比率,它反映的是全部流动资产的利用效率。其计算公式如下:

$$\text{流动资产周转率} = \text{销售收入}/\text{流动资产平均余额}$$

$$\text{流动资产平均余额} = (\text{期初流动资产余额} + \text{期末流动资产余额})/2$$

流动资产周转率反映流动资产的周转速度。周转速度快,会相对节约流动资产,等于相对扩大资产投入,增强企业盈利能力;而周转速度慢,需要补充流动资产参加周转,形成资金浪费,降低企业盈利能力。该指标越高,说明企业流动资产的利用效率越好。

根据表 6-13 和表 6-14 的有关数据,ABC 公司 20×8 年的流动资产周转率的计算为:

$$\text{流动资产周转率} = 5\,800/[(844+1\,020)/2] \approx 6.22(\text{次})$$

这表示,ABC 公司一年内流动资产的周转次数为 6.22。

(4) 固定资产周转率。固定资产周转率又称为固定资产利用率,是指企业年产品销售收入净额与固定资产平均净值的比率。其计算公式如下:

$$\text{固定资产周转率} = \text{销售收入}/\text{固定资产平均净值}$$

$$\text{固定资产平均净值} = (\text{期初固定资产净值} + \text{期末固定资产净值})/2$$

固定资产周转率反映企业固定资产周转情况,主要用于分析对厂房、设备等固定资产的利用效率,比率越高,说明利用率越高,管理水平越好。如果固定资产周转率与同行业平均水平相比偏低,则说明企业对固定资产的利用率较低,可能会影响企业的获利能力。

根据表 6-13 和表 6-14 的有关数据,ABC 公司 20×8 年的固定资产周转率的计算为:

$$\text{固定资产周转率} = 5\,800/[(470+640)/2] \approx 10.45(\text{次})$$

这表示,ABC 公司一年内流动资产的周转次数为 10.45。

(5) 总资产周转率。总资产周转率是指企业在一定时期内销售(营业)收入同平均资产总额的比值。其计算公式如下:

$$总资产周转率 = 销售收入 / 平均资产总额$$
$$平均资产总额 = (年初资产总额 + 年末资产总额)/2$$

总资产周转率是综合评价企业全部资产的经营质量和利用效率的重要指标。周转率越大，说明总资产周转越快，反映出销售能力越强。企业可以通过薄利多销的办法，加速资产的周转，带来利润绝对额的增加。

根据表6-13和表6-14的有关数据，ABC公司20×8年的总资产周转率的计算为：

$$总资产周转率 = 5\ 800/[(1\ 414 + 1\ 860)/2] \approx 3.54(次)$$

3. 盈利能力分析指标

盈利能力就是公司赚取利润的能力。盈利是企业的重要经营目标，是企业生存和发展的物质基础。一般来说，公司的盈利能力是指正常的营业状况。非正常的营业状况虽然也会给公司带来收益或损失，但这只是特殊情况下的个别情况，不能将其作为企业的一种持续盈利能力进行评价。因此，在分析公司盈利能力时，应当排除证券买卖等非正常项目、已经或将要停止的营业项目、重大事故或法律更改等特别项目、会计准则和财务制度变更带来的累计影响等因素带来的收益。反映公司盈利能力的指标很多，通常使用的主要有资产报酬率、股东权益报酬率、销售毛利率与销售净利率、成本费用净利率、每股利润、市盈率等。

(1) 资产报酬率。资产报酬率也称资产收益率，反映企业全部资产获取利润的水平。按照采用利润额不同，资产报酬率分为资产息税前利润率、资产利润率和资产净利率。

资产息税前利润率，是指企业一定时期的息税前利润与平均资产总额的比率，其计算公式如下：

$$资产息税前利润率 = (利息 + 税前利润)/ 平均资产总额 \times 100\%$$

资产息税前利润率高，说明企业资产的运用效率好，也意味着企业的资产盈利能力强，所以，这个比率越高越好。评价资产息税前利润率时，需要与企业前期的比率、同行业其他企业的这一比率等进行比较，并进一步找出影响该指标的不利因素，以利于企业加强经营管理。

资产利润率，是指企业一定时期的税前利润总额与平均资产总额的比率，其计算公式如下：

$$资产利润率 = 利润总额 / 平均资产总额 \times 100\%$$

该比率不仅可以综合评价企业的盈利能力，而且可以反映企业管理者的资产配置能力。

资产净利率，是指企业一定时期的净利润与平均资产总额的比率，其计算公式如下：

$$资产净利率 = 净利润 / 平均资产总额 \times 100\%$$

该比率通常用于分析评价企业对股权投产的回报能力，即反映每单位的资产可以为股东赚取的净利润。

假设 ABC 公司本期的财务费用均为利息支出，根据表 6-13 和表 6-14 的有关数据，ABC 公司 20×8 年的资产报酬率的计算为：

$$资产息税前利润率 = (62 + 784)/[(1\ 414 + 1\ 860)/2] \times 100\% \approx 51.68\%$$

$$资产利润率 = 784/[(1\ 414 + 1\ 860)/2] \times 100\% \approx 47.89\%$$

$$资产净利率 = 514/[(1\ 414 + 1\ 860)/2] \times 100\% \approx 31.40\%$$

(2) 股东权益报酬率。股东权益报酬率又称净资产收益率或股东权益收益率，是净利润与平均股东权益的百分比，即公司税后利润除以净资产得到的百分比率。具体计算公式如下：

$$股东权益报酬率 = 净利润 / 平均股东权益 \times 100\%$$

上式中，平均股东权益是期初股东权益总额与期末股东权益总额的平均数。该指标反映股东权益的收益水平，用以衡量公司运用自有资本的效率，指标值越高，说明投资带来的收益越高。

根据表 6-13 和表 6-14 的有关数据，ABC 公司 20×8 年的股东权益报酬率的计算为：

$$股东权益报酬率 = 514/[(480 + 500)/2] \times 100\% \approx 104.90\%$$

ABC 公司 20×8 年的股东权益报酬率为 104.90%，表明所有者每投入 100 元资本，则可以获得 104.90 元的净利润。需要注意的是，上式在计算股东权益报酬率时的股东权益平均总额采用的是其账面价值而不是市场价值。在正常情况下，股东权益的账面价值都会低于其市场价值，因此，以股东权益市场价值计算的股东权益报酬率会远低于净资产收益率。

(3) 销售毛利率与销售净利率。销售毛利率是指毛利占销售收入的百分比，也简称为毛利率，其中毛利是销售收入与销售成本的差额。销售毛利率计算公式如下：

$$\begin{aligned}销售毛利率 &= 销售毛利 / 销售收入净额 \times 100\% \\ &= (销售收入 - 销售成本)/ 销售收入净额 \times 100\%\end{aligned}$$

从上述公式中可以看出，增加销售收入或者降低生产成本都可以提高毛利率。又因为产品价格影响销售数量，进而影响销售收入，所以说，该指标主要反映了成本控制和产品定价有关的问题。

根据表 6-14 中的有关数据，ABC 公司 20×8 年的销售毛利率的计算为：

$$销售毛利率 = (5\ 800 - 3\ 480)/5\ 800 \times 100\% = 40\%$$

从计算可知 ABC 公司 20×8 年的销售毛利率为 40%，说明每 100 元的销售收入可以为公司创造 40 元的毛利。

销售净利率是净利润占销售收入的百分比。该指标反映每单位销售收入带来的净利润的多少，表示销售收入的收益水平。销售净利率计算公式如下：

$$销售净利率 = 净利润 / 销售收入净额 \times 100\%$$

一般情况下，该指标越大，说明企业销售的盈利能力越强。一个企业如果能保持良好的持续增长的销售净利率，表明企业的财务状况是好的。但是，并不能绝对地讲销售净利率越大越好，在分析该指标时还必须看企业的销售增长情况、净利润的变动情况以及行业的具体情况。

根据表 6-14 中的有关数据，ABC 公司 20×8 年的销售净利率的计算为：

$$销售净利率 = 514/5\ 800 \times 100\% \approx 8.86\%$$

从计算可知 ABC 公司 20×8 年的销售净利率为 8.86%，说明每 100 元的销售收入可以为公司创造 8.86 元的净利润。

(4) 成本费用净利率。成本费用净利率是企业净利润与成本费用总额的比率。该指标反映企业生产经营过程中发生的耗费与获得的收益之间的关系。成本费用净利率的计算公式如下：

$$成本费用净利率 = 净利润 / 成本费用总额 \times 100\%$$

上式中的成本费用总额包括营业成本、税金及附加、管理费用、财务费用和所得税费用等。成本费用净利率越高，说明企业为获取收益而付出的代价越小，企业的获利能力越强。因此，通过这个比率不仅可以评价企业获利能力的高低，也可以评价企业对成本费用的控制能力和经营管理水平。

根据表 6-14 中的有关数据，ABC 公司 20×8 年的成本费用总额的计算为：

$$成本费用总额 = 3\ 480 + 454 + 486 + 568 + 62 + 254 = 5\ 304\ 万元$$

净利率为：

$$成本费用净利率 = 514/5\ 304 \times 100\% \approx 9.69\%$$

从计算可知 ABC 公司 20×8 年的成本费用净利率为 9.69%，说明 ABC 公司每耗费 100 元可以为公司创造 9.69 元的净利润。

(5) 每股利润。每股利润又称每股税后利润、每股盈余，指税后利润与股本总数的比率，是综合反映公司获利能力的重要指标，其计算公式如下：

$$每股利润 = 税后利润 / 股本总数$$

每股利润是分析每股价值的一个基础性指标，它反映了每股创造的税后利润，比率越高，表明所创造的利润就越多。如果公司只有普通股时，每股收益就是税后利润，股份总数是指发行在外的普通股股数。如果公司还有优先股，应先从税后利润中扣除分派给优先股股东的利息。

假设 ABC 公司无优先股，且发行在外的普通股股数为 300 万股，根据表 6-14 的有关数据，ABC 公司 20×8 年的每股利润为：

$$每股利润 = 514/300 \approx 1.71$$

(6) 市盈率。市盈率也称价格盈余比率或价格收益比率，是指普通股每股市价与每股利润的比率。其计算公式如下：

$$市盈率 = 每股市价 / 每股利润$$

市盈率是股票市价和股票每股收益之比，也是投资者在投资分析时常使用的指标，它反映股票市价对收益的参与程度，也常常被用于确定股票的市场价格。如某新股发行，预计企业每股收益 2 元，证券市场上与该企业近似企业的市盈利为 15，则可确定该股发行价格应大致为 15×2=30 元。证券市场上各企业的市盈率有高有低，市盈率高，表明投资者预测该企业未来的收益率会高于其目前的水平，市盈率低，则意味着投资者对该企业未来收益增长形势不看好。

4. 发展能力分析指标

企业的发展能力，也称企业的成长性，它是企业通过自身的生产经营活动，不断扩大积累而形成的发展潜能。反映企业发展能力的指标主要有：销售增长率、资产增长率、利润增长率等。

(1) 销售增长率。销售增长率是企业本年营业收入增长额与上年营业收入总额的比率。其计算公式如下：

$$销售增长率 = 本年营业收入增长额 / 上年营业收入总额 \times 100\%$$

上式中的本年营业收入增长额是本年营业收入总额与上年营业收入总额的差额。销售增长率是衡量企业经营状况和市场占有能力、评价企业成长性和市场竞争力的重要指标。该指标越大，表明其增长速度越快，企业市场前景越好。

(2) 资产增长率。资产增长率是企业本年总资产增长额同年初资产总额的比率，该指标反映企业本期资产规模的增长情况。其计算公式如下：

$$资产增长率 = 本年总资产增长额 / 年初资产总额 \times 100\%$$

上式中的本年总资产增长额是指本年年末总资产余额与年初资产总额的差额。资产增长是企业发展的一个重要方面，发展性高的企业一般能保持资产的稳定增长。一般来看，总资产增长率越高，表明企业一定时期内资产经营规模扩张的速度越快。但在分析时，也需要关注资产规模扩张的质和量的关系，以及企业的后续发展能力，避免盲目扩张。

根据表 6-13 中的有关数据，ABC 公司 20×8 年的资产增长率的计算为：

$$资产增长率 = (1\ 860 - 1\ 414)/1\ 414 \times 100\% \approx 31.54\%$$

(3) 利润增长率。营业利润增长率是企业本年营业利润增长额与上年营业利润总额的比率，该指标反映企业营业利润的增减变动情况。其计算公式如下：

$$利润增长率 = 本年利润增长额 / 上年利润总额 \times 100\%$$

上式中的本年利润增长额是指本年营业利润总额与上年营业利润总额的差额。该比率越高，说明企业的成长性越好，发展能力越强。

6.3.3 项目可行性分析

对项目进行可行性分析时，首先要计算项目现金流量，然后根据项目各个阶段的现金流量，采用一系列的指标进行评价。采用的评价指标分为贴现的评价指标与非贴现的评价指标。

1. 现金流量的估计

现金流量是指投资项目在其计算期内各项现金流入量与现金流出量的统称。现金流量的估计是计算项目评价指标的主要依据，也是分析项目可行性的基础性数据和重要信息。现金流量根据其在项目周期中发生的时间可分为以下几个部分：初始现金流量，指建设期为投资项目建设而发生的现金流量，主要包括固定资产投资、无形资产投资；营业现金流量，指项目投入使用后在其寿命期内进行生产经营而产生的现金流入和现金流出；终结点现金流量，指项目完成时所发生的现金流量，主要包括固定资产残值处置收入、垫支流动资金的收回等。

(1) 现金流出的主要内容。固定资产、无形资产初始投资。包括购建、运输、安装固定资产以及购买专利等方面的成本和费用支出。

垫支的营运资金。指项目投产进行正常生产经营相应增加的流动资产投资额。通常，某年营运资金垫支额等于本年营运资金需用额减去上年营运资金需用额。其中，本年营运资金需用数等于该年流动资产需用数减去该年流动负债可用数。

付现的营运成本。指项目在运营期内所发生的以现金支付的成本费用。由于会计核算中的成本费用包括需要用现金支付的和当期不用现金支付的成本费用，在现金流量估计中如果采用会计上的成本费用，则需要再减去折旧和摊销。

(2) 现金流入的主要内容。营业收入，指经营期各年度的现金销售收入。如果企业存在赊销，则当期的营业收入不仅包括当期的现金销售收入，还包括以前各期回收的应收账款。

固定资产残值处置净收入。指固定资产报废时发生的残值收入与处置过程中支付处置支出的现金支出的差额。

垫支的营运资金的回收。指在项目终结点在经营期内垫支的营运资金的收回。

(3) 现金流量的计算。在计算项目现金流量时，一般是按照项目周期计算各阶段现金净流量。投资初始和终结点的现金净流量计算较为简单。经营期现金净流量的计算要考虑营业收入、营业成本、折旧以及所得税等的影响，计算方法相对复杂一些，其计算公式如下：

$$
\begin{aligned}
\text{税后经营现金净流量} &= \text{税后利润} + \text{折旧} \\
&= (\text{营业收入} - \text{营业成本}) \times (1 - \text{所得税税率}) + \text{折旧} \\
&= (\text{营业收入} - \text{付现成本} - \text{折旧}) \times (1 - \text{所得税税率}) + \text{折旧} \\
&= \text{营业收入} \times (1 - \text{所得税税率}) - \text{付现成本} \times \\
&\quad (1 - \text{所得税税率}) + \text{折旧} \times \text{所得税税率} \\
&= (\text{营业收入} - \text{付现成本}) \times (1 - \text{所得税税率}) + \\
&\quad \text{折旧} \times \text{所得税税率}
\end{aligned}
$$

下面,我们通过一个案例来说明项目现金流量的计算方法和过程。

某项目在建设期需要购置机器设备一台,价格为 200 万元,该设备的安装费 30 万元,运费 20 万元。预计该设备可使用四年,四年后的残值 10 万元,出售残值可获得现金收入 20 万元。该设备投入使用后每年需要增加存货 25 万元,预计当年可用流动负债 5 万元。营运期每年现金销售收入 200 万元,付现成本 120 万元。假设该设备在项目初始安装后可以立即投入使用。该创业公司适用的所得税税率为 10%,折旧采用直线法计提。

依题意可知:

$$项目初始现金流量 = 200 + 30 + 20 + (25 - 5) = 270$$

计算经营期营业现金净流量如下:

$$营业现金净流量 = (200 - 120) \times (1 - 10\%) + 60 \times 10\% = 78$$

终结点现金流量由两部分组成,一部分是处置固定资产的现金流入,一部分是垫支的营运资金收回,具体如下:

$$终结现金流量 = 20 - (20 - 10) \times 10\% + 20 = 39$$

由此可知该项目各年净现金流量,如表 6-15 所示。

表 6-15　项目各年净现金流量　　单位:万元

时　间	项目初始	第一年	第二年	第三年	第四年
净现金流量	−270	78	78	78	117

2. 非贴现的评价指标

(1) 投资回收期。投资回收期表示收回投资所需要的年限,即项目的现金流入累计到与投资额相等时所需要的时间。一般而言,项目投资回收期越短,投资风险越小。

根据项目现金注入量情况不同,投资回收期的计算公式主要有:

$$投资回收期 = 投资额 / 每期现金流入量$$

该公式适用于投资额一次支出、且每期现金流入量相等时投资回收期的计算。

例如,假设某项目初始投资 10 000 元,项目经营内每年现金流入为 4 600 元,则该项目的投资回收期为:

$$投资回收期 = 10\ 000/4600 \approx 2.17(年)$$

$$投资回收期 = 累计净现金流量开始出现正值的年份数 - 1 + 上年累计净现金流量绝对值 / 当年净现金流量$$

该公式适用于现金流入量各期不相等或投资额非一次投入时投资回收期的计算。

以表 6-15 所示项目为例,投资回收期的计算如下:

$$投资回收期 = 4 - 1 + 36/117 \approx 3.31(年)$$

采用投资回收期进行项目可行性评价其主要的缺点是没有考虑货币的时间价值因素，其次是没有考虑投资收回以后的现金流量和项目的整体效益。因此，该指标可作为项目可行性分析的辅助指标参考使用。

(2) 会计收益率。所谓会计收益率是项目年平均利润额与平均投资额的比率。一般而言，会计收益率越高越好。计算公式如下：

$$会计收益率 = 年平均利润 / 平均资本占用 \times 100\%$$

在实践中，也有将上述公式中的分母以原始投资额表示。尽管计算结果不同，但不改变决策方案的优先次序。

例如，假设某项目初始投资 10 000 元，项目经营内每年的利润分别为 1 600 元、1 600元、600 元，则该项目的会计收益率为：

$$会计收益率 = [(1\ 600 + 1\ 600 + 600)/3]/10\ 000 \times 100\% \approx 12.67\%$$

在实践中，需要一个参照系进行决策，例如，企业对投资项目所需要达到的最低期望报酬率。采用会计收益率进行项目可行性评价的主要缺点是没有考虑货币的时间价值因素，因此并不能够反映项目的真实收益。因此，该指标可作为项目可行性分析的辅助指标参考使用。

3. 贴现的评价指标

(1) 净现值。净现值(NPV)是按照一定的折现率，将项目各年的现金流量贴现到项目期初的总现值与初始投资额之差。净现值的计算公式如下：

$$\begin{aligned} NPV &= \frac{NCF_1}{1+k} + \frac{NCF_2}{(1+k)^2} + \frac{NCF_3}{(1+k)^3} + \cdots + \frac{NCF_n}{(1+k)^n} - C \\ &= \sum_{t=1}^{n} \frac{NCF_t}{(1+k)^t} - C \end{aligned}$$

NCF_t：第 t 年末的净现金流量；

k：折现率(资本成本率或企业必要报酬率)；

n：项目寿命期；

C：项目初始投资额。

一般而言，当 NPV>0，接受该项目；NPV<0，拒绝该项目。

以表 6-15 中所示项目为例，假设该项目的资本成本率为 10%，则该项目的净现值的计算如下：

$$\begin{aligned} 净现值 &= 78/(1+10\%) + 78/(1+10\%)^2 + 78/(1+10\%)^3 + 117/(1+10\%)^4 - 270 \\ &\approx 3.87 \end{aligned}$$

该项目的净现值大于 0，表明项目可行。

净现值的优点在于充分考虑了资金的时间价值，运用了一项方案所有的现金流量，按企业的资金成本或要求达到的最低收益率贴现。净现值法的不足之处在于其属于绝对数的决策指标,容易犯“贪大求全”的毛病,不能揭示投资项目实际报酬率,并且必须首先确定项目的贴现率才可计算。

(2) 现值指数。现值指数(PI)是用项目未来现金净流量现值与初始投资额之比来衡量项目经济效益的一种方法,又称获利能力指数。现值指数的计算公式如下:

$$PI = \frac{\sum_{t=1}^{n} \frac{NCF_t}{(1+k)^t}}{C}$$

各指标的含义参照净现值法公式。

一般而言 PI>1 时 NPV>0,应接受该项目;PI<1 时 NPV<0,应拒绝该项目。

以表 6-15 所示项目为例,假设该项目的资本成本率为 10%,则该项目的现值指数的计算如下:

$$\begin{aligned} PI &= [78/(1+10\%)+78/(1+10\%)^2+78/(1+10\%)^3+117/(1+10\%)^4]/270 \\ &= 1.01 \end{aligned}$$

该项目的现值指数大于 1,表明项目可行。

现值指数的优点在于考虑了资金的时间价值和项目的全部现金流量,且该指标是一个相对指标,可以反映投资的效率。但是,现值指数并不是项目本身的收益率,仅可以用在投资额不同的方案之间进行获利能力的比较。

(3) 内部收益率(内含报酬率)。内部收益率是净现值为零时的折现率。其计算公式如下:

$$\left[\frac{NCF_1}{(1+k)^1}+\frac{NCF_2}{(1+k)^2}+\cdots+\frac{NCF_n}{(1+k)^n}\right]-C=0$$

$$\sum_{t=1}^{n} \frac{NCF_t}{(1+k)^t}-C=0$$

各指标的含义参照净现值法公式。

一般而言,当内部收益率大于资金成本率或必要报酬率时项目可行。

如果项目的现金流量是等额的年金,则可以先计算年金现值系数,然后依据使净现值正负不同的相邻两个折现率 k,运用内插法求内部收益率。如果项目的现金流量为不等额的流量模式,这时就要采用逐步测试法计算内部收益率。方法是首先估计使净现值由正到负相邻的两个折现率 k,如果 NPV 大于 0,则 k 小于内部收益率,反之,如果 NPV 小于 0,则 k 大于内部收益率。然后依据使净现值正负相邻的两个折现率,运用内插法求内部收益率。内插法的计算公式如下:$IRR=\frac{k_1+NPV_1(k_2-k_1)}{NPV_1+|NPV_2|}$。其中,IRR 为内部报酬率,当折现率为 k_1 时,$NPV_1>0$;当折现率为 k_2 时,$NPV_2<0$。

以表 6-15 所示项目为例,通过表 6-16 的测试,采用内插法计算可得该项目的内部收益率为 10.63%。

表 6-16 项目内部收益率测试表

年 份	现金净流量	折现率 $k=10\%$		折现率 $k=11\%$	
		折现系数	现值	折现系数	现值
0	−270	1	−270	1—	270
1	78	0.909	70.902	0.901	70.278
2	78	0.826	64.428	0.812	63.336
3	78	0.751	58.578	0.731	57.018
4	117	0.683	79.911	0.659	77.103
净现值			3.819		−2.265

第3部分 基于 Blackboard 的创新创业理论与实践平台

第7章
模块导航

7.1 平台介绍

7.1.1 平台概述

Blackboard教学管理平台是国际领先的专门为教育机构开发研制的软件平台，是目前全球市场上唯一支持百万级用户的教学平台。全球有将近4 000所大学及其他教育机构在使用Blackboard平台产品，其中包括国际著名的哈佛大学、斯坦福大学、牛津大学、剑桥大学等，以及国内的知名高校，如北京大学、中国人民大学、北京师范大学、华东师范大学、浙江大学、中山大学、上海财经大学、广东外国语大学等。

我校目前主要使用Blackboard教学管理平台开展传统课堂教学的辅助教学活动。“创新创业教育与实践”是我校首次在该平台上开发的基于较少面授环节的网络课程。本课程的所有线上教学内容将通过Blackboard教学管理平台发布。学生注册到课程以后，可以在线完成所有的教学环节，包括观看教学视频、查阅课程资料、与教师互动交流以及完成课程考核等。

7.1.2 平台使用流程

“创新创业教育与实践”课程中学生使用Blackboard教学管理平台的主要操作及流程如图7-1所示。

图7-1 学生使用平台流程

7.1.3 平台使用须知

1. 平台功能简介

Blackboard教学管理平台的功能非常强大，其中与学生学习相关的基本功能包括：

① 教学视频的在线观看；

② 教学资料的查看与下载；

③ 查收通知与电子邮件；

④ 利用讨论板、博客、wiki 和小组等与教师以及其他同学进行非实时交流；

⑤ 在线测验，平台支持自动评分和结果分析；

⑥ 在线提交作业。

2. 使用前准备工作

学生要登录 Blackboard 教学管理平台，必须要有一个账号。我校学生登录平台的账号密码与教务系统的账号密码一致。此外，学生要学习“创新创业教育与实践”课程，必须注册到该课程中。课程管理人员将在学期初课程开始前将所有相关学生账号导入，如出现个别学生账号不能正常使用的情况，可与课程管理员联系。

7.2 平 台 进 入

7.2.1 平台获取

学生进入陕西师范大学本科生教育网(http://jwc. snnu. edu. cn/)，在“快速通道”板块寻找“Blackboard 教学平台”，单击进入，如图 7-2 所示；或者直接打开平台网站 http://bb. snnu. edu. cn/进入登录界面。如图 7-3 所示。

图 7-2 陕西师范大学本科生教育网快速通道

图 7-3　Blackboard 平台登录界面

7.2.2　登录平台

用户名和密码为登录学生教务系统的用户名和密码。

7.2.3　认识平台

登录平台后，平台界面及布局如图 7-4 所示。

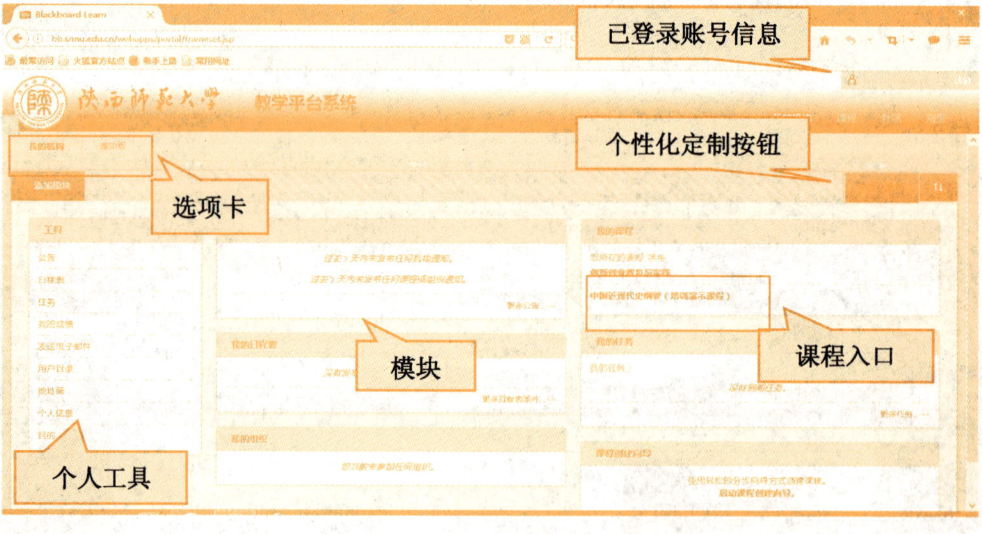

图 7-4　Blackboard 平台布局

① 个人工具：个人工具是供用户使用的一些个性化工具。例如：用户可以通过修改“个人信息”来修改密码；学生可以利用“我的成绩”，查看自己所学课程的成绩和反馈。

② 选项卡：在平台内用来区分产品，是模块的呈现区域。

③ 模块：是产品的基本功能组件，是面向用户的功能入口，比如“我的课程”就是用户所有课程的入口；“我的通知”显示和用户相关的所有通知。

④ 课程入口：该模块是进入课程学习的入口，学生通过点击课程名称进入课程的

教学环境,学生只有进入课程后才可以开展相应的教学和学习活动。

⑤ 个性化定制按钮:学生可设置自己的个性化主题风格。

7.2.4 修改个人信息

进入“我的机构”→“工具”→“个人信息”可修改个人信息,如图 7-5 所示。为便于课程管理,建议同学们添加自己的电子邮箱和手机号码信息。

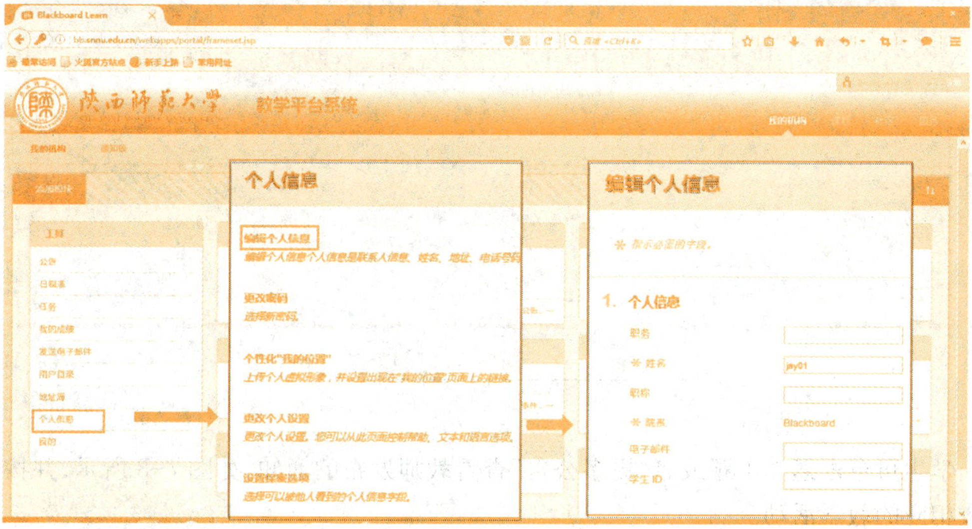

图 7-5 修改个人信息界面

7.3 课 程 准 备

7.3.1 进入课程

在“我的课程”模块选择“创新创业教育与实践”课程,如图 7-6 所示。

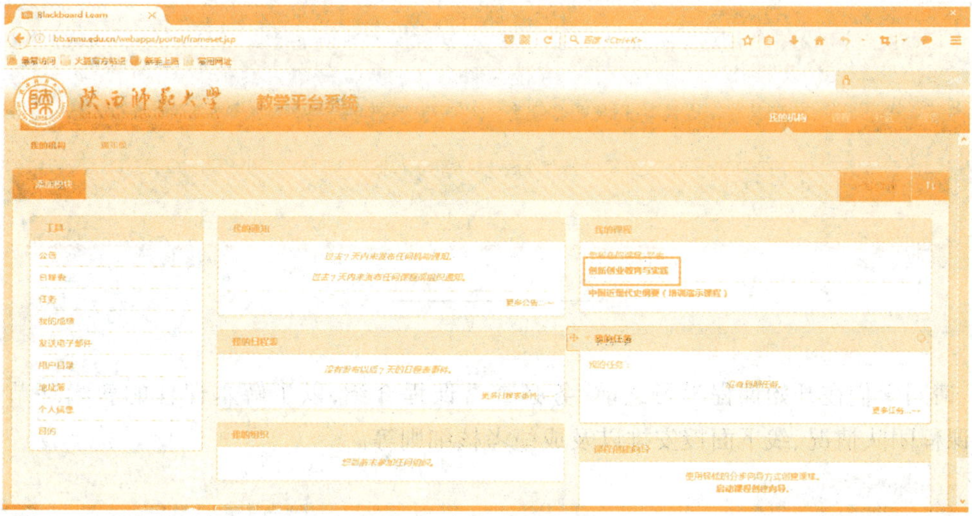

图 7-6 进入课程

单击进入课程学习界面。进入课程后，左边为课程菜单列表，右边默认显示“通知”等内容，如图 7-7 所示。

图 7-7 课程学习界面

7.3.2 查看课程通知

学生可单击通知主题或者“更多公告”查看教师发布的通知，如图 7-8 所示，并按时完成相应的教学活动。

图 7-8 课程通知

7.3.3 查看课程介绍

请同学们在开始课程学习之前，务必查看课程介绍，以了解本课程的教学环节设置、课程团队情况、线下面授安排以及成绩考核细则等。

1. 课程教学环节介绍

点击课程菜单中“教学环节介绍”，即可在右边页面中查看本课程的教学环节设置情况，如图 7-9 所示。

图 7-9 教学环节介绍

本课程的教学环节共分为五个模块，分别是“创新与创业理论”“创业成功人士经验分享”“创业论坛”“创业案例学习”和“创新创业方案设计实践”。其中，“创新与创业理论”模块包含五个专题讲座，分别是第一讲“创新与创业灵感的捕获与价值塑造”；第二讲“目标客户评价与消费者市场细分策略”；第三讲“如何编写一个创业计划书”；第四讲“如何形成可信赖的创业财务计划”和第五讲“创业金融及风险管理”。前三个模块采取“线上＋线下”的混合教学模式，后两个模块采取网络自主学习模式。具体情况请同学们查看 Blackboard 教学管理平台公告。

2. 线下面授安排

单击课程菜单中“线下课程安排”，即可在右边页面中查看线下面授的时间、地点安排，如图 7-10 所示。

图 7-10 线下面授时间地点安排

原则上每个学生需参加一次线下面授课未安排参加某次线下面授的同学可根据自己的兴趣选择参加，但注意课堂容量有限，不得影响已被安排参加此次线下面授同学的正常学习。根据实际情况，上课时间、地点可能发生变动，同学们可关注课程通知。

3. 教学团队介绍

单击课程菜单中“教学团队介绍”，即可在右边页面中查看本课程的教学团队及其分工情况，如图 7-11 所示。

图 7-11 教学团队介绍

4. 成绩评定细则

单击课程菜单中“成绩评定细则”，即可在右边页面中查看本课程的考核构成及要求，如图 7-12 所示。

图 7-12 成绩评定细则

7.4 在线理论学习

本部分内容适用于“创新与创业理论”“创业成功人士经验分享”“创业论坛”和“创业案例学习”模块的课程学习。

7.4.1 查看课程资源

以“创新与创业理论”模块中第一讲的内容为例进行演示。单击“第一讲 创新与创业灵感的捕获与价值塑造”进入学习界面，如图 7-13 所示。

图 7-13 课程资源界面

在每个课程内容的学习页面，学生可观看课程视频、查看案例资料、查阅课程幻灯片、获取课程扩展材料和完成课后小测验等。

7.4.2 观看教学视频

“创新与创业理论”“创业成功人士经验分享”和“创业论坛”模块需要同学们在线上观看教学视频。由于容量限制，每一讲的教学内容按照多个子问题组织为多个教学视频，学生按照顺序依次查看即可。注意应使用 Blackboard 平台支持的浏览器查看视频。建议使用 IE8 及以上版本的浏览器(如果是 IE11 建议不要使用兼容性视图，否则页面会变形)，或者使用 Firefox、Chrome 和 Safari 等浏览器来访问平台。

7.4.3 查看案例资料

“创业案例学习”模块需要同学们在线自主上完成案例资料的阅读和分析。该模块完全采取线上教学模式，包含国内外创业案例，分别由课程菜单列表中的“国内外创业案例一”和“国内外创业案例二”进入。案例资料页面如图 7-14 所示。

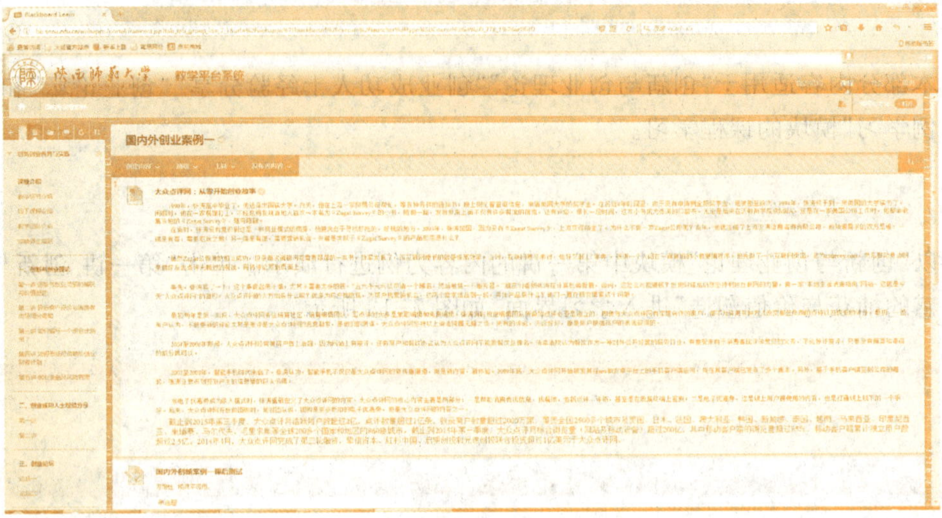

图 7-14 创业案例资料页面

7.4.4 下载课程资料

本课程的所有教学资料均以附件形式上传，学生可下载到本地计算机进行查看。具体方法：单击教师上传的文件，在弹出的对话框中单击“打开”，将在当前页面显示文件内容；单击“保存文件”，可将文件下载至本地计算机，如图 7-15 所示。

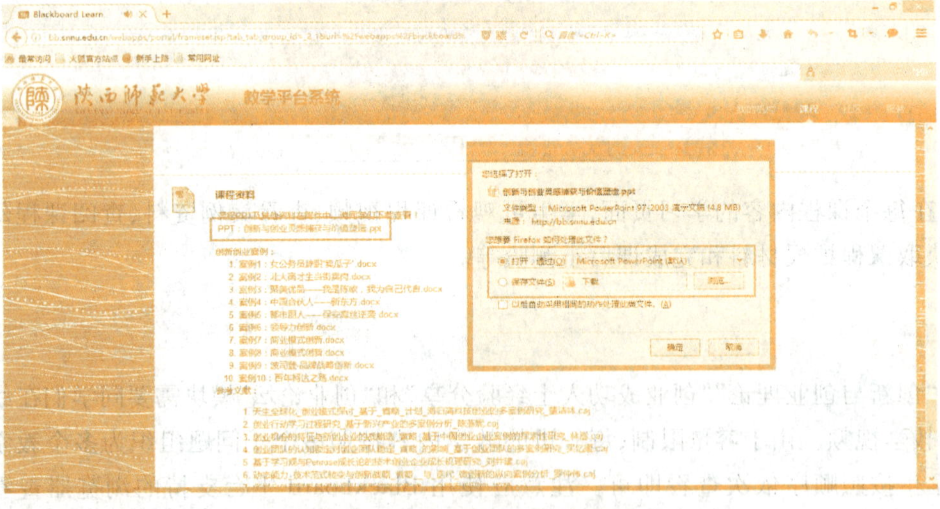

图 7-15 课程资料下载页面

7.5 在线理论测验

本部分内容适用于“创新与创业理论”以及“创业案例学习”两个模块的课后测验。在线理论测试均为选择题。

7.5.1 温馨提示

学生在开始答题前需要先阅读测验说明与规则。具体章节的内容不同,因而测验的规则、时间安排以及具体细则都有差异,请在测验开始前认真阅读,避免出错。请注意:在说明中,部分章节的题目,任课老师可能允许学生进行多次尝试,以提高答题正确率;而其他章节的题目,任课老师可能并不允许学生进行多次尝试答题,请答题者对于上述细节进行认真阅读和识别。

在线测验有时间限制。学生需根据课程通知,在规定时间内及时观看视频和学习资料,及时答题。在答题时间超出约定期限后,教学平台系统会自动关闭答题系统。答题者可以看到测试题目,但是却无法正常作答,如图 7-16 所示。

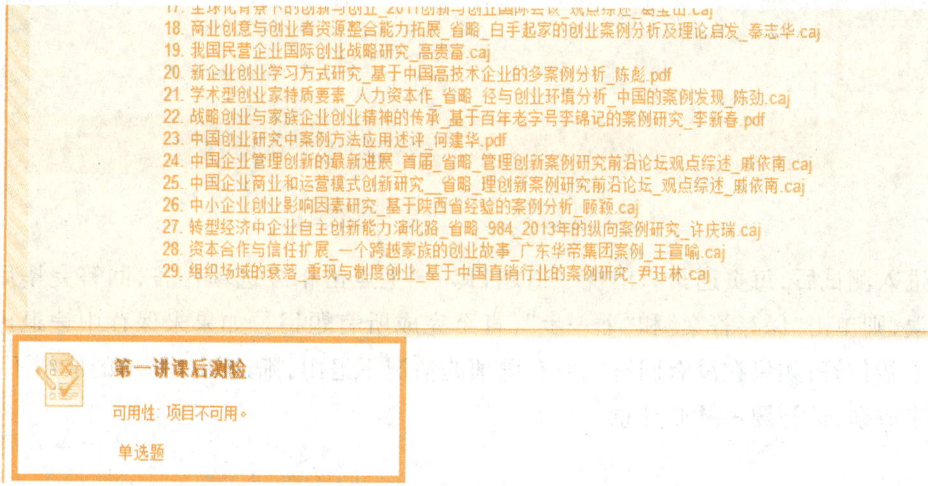

图 7-16 课后测验不可用示意图

答题过程中也需要注意一些细节问题。学生在答题之前要对题型进行识别。"创新与创业理论"模块的理论知识测试一般设置为单选题(除非特别说明),在作答时从四个选项中选择其一即可,如图 7-17 所示。

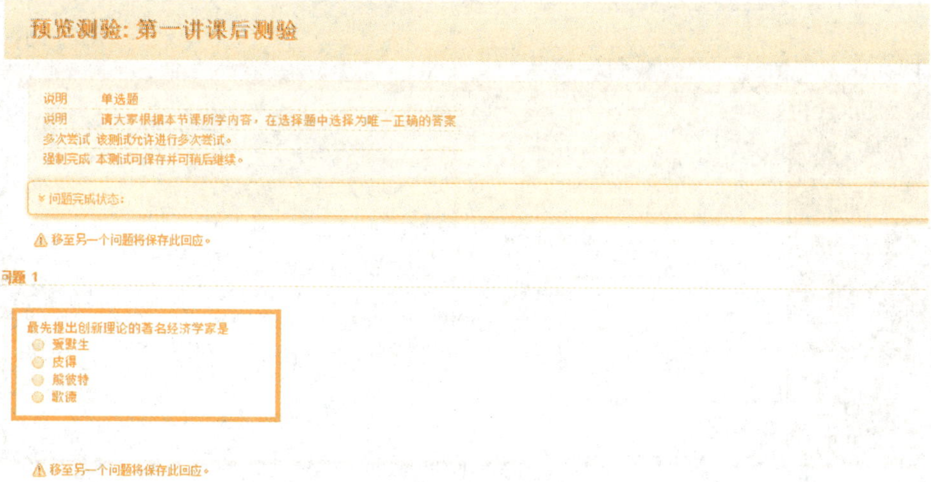

图 7-17 理论模块单选题演示

“创业案例学习”模块的课后测验多为多选题，每道题目需要学生根据理论知识和实际案例情景进行作答，所有符合的选项都应该勾选，如图 7-18 所示。

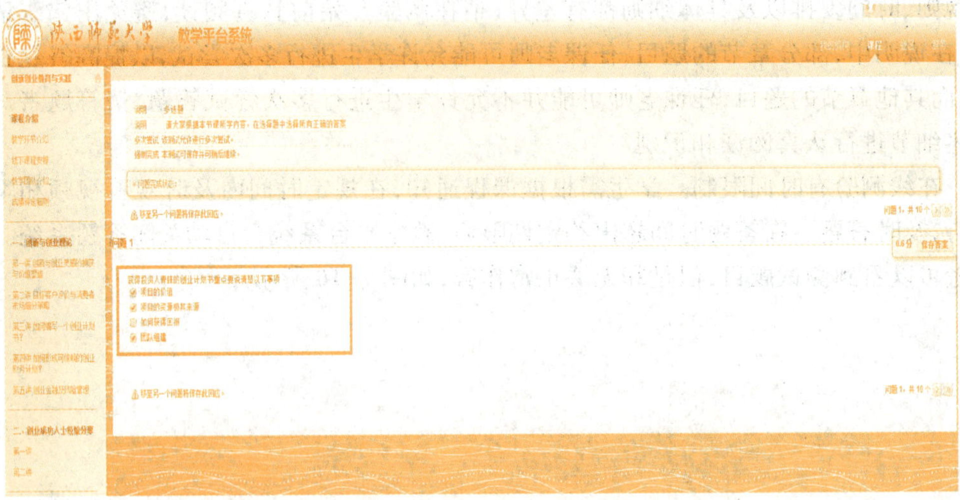

图 7-18　案例模块多选题演示

进入测试后，每页通常只出现一道题目。学生点击相应选项作答，回答完毕后，检查无误，则单击“保存答案”和“下一步”，直至完成所有题目。如果未保存中途退出，则需要重新作答；如果在没有回答完所有题项的情况下退出，则这部分题项的成绩不能计入期末成绩，请答题者务必注意。

7.5.2　执行测验

以“创新与创业理论”第一讲“创新与创业灵感的捕获与价值塑造”为例，说明学生所需的操作。单击第一讲标题，进入到课程资源界面。将本界面下拉至页面底端，可以看到小测验的选项，如图 7-19 所示。

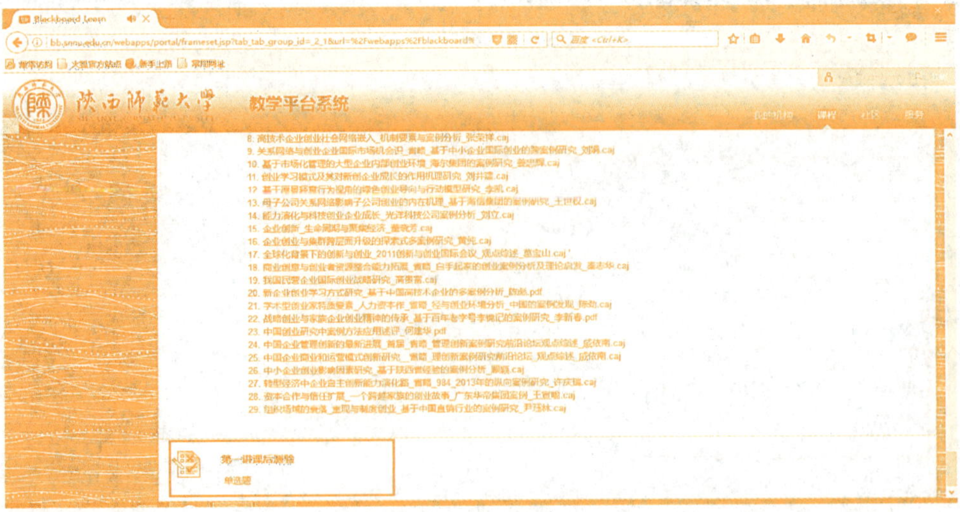

图 7-19　小测验示意图

单击小测验标题，进入小测验界面如图 7-20 所示。请学生在答题前先阅读测验说明，了解测验的规则、时间安排、题型以及其他细则。

图 7-20 小测验开始示意图

完成规则和说明阅读后，单击“开始”按钮进入答题环节，如图 7-21 所示。

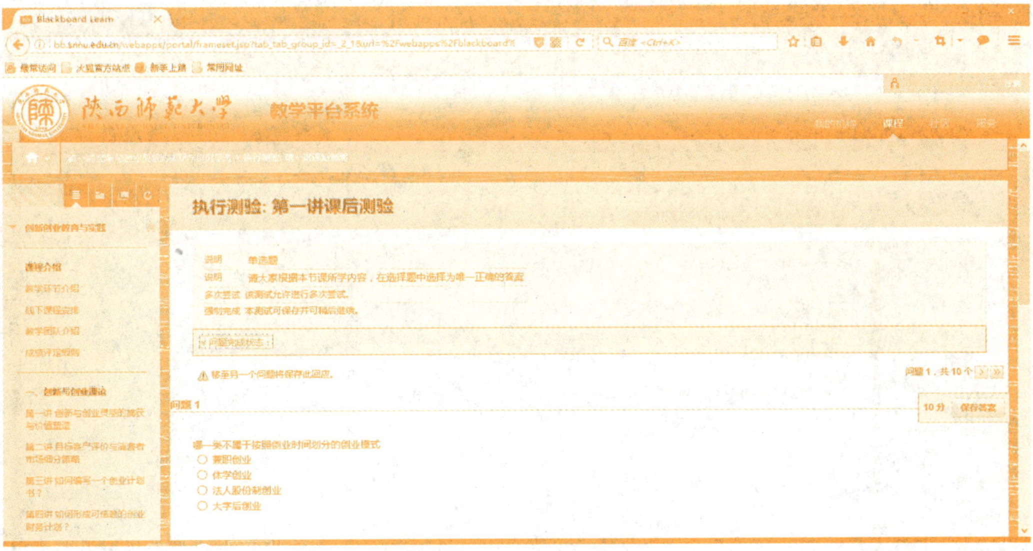

图 7-21 开始答题示意图

屏幕上方的说明部分，是回答问题更为具体和细节的规则说明，请答题者认真阅读规则，避免出错。在回答问题过程中，由于本次测验（第一讲）均为单选题，请答题者问题的选项中四选一即可，每回答完一次答案，请单击“保存答案”选项，确保回答问题及时保存。在回答完所有题目之后，单击“保存并提交”，会弹出确定对话框，如图 7-22 所示。

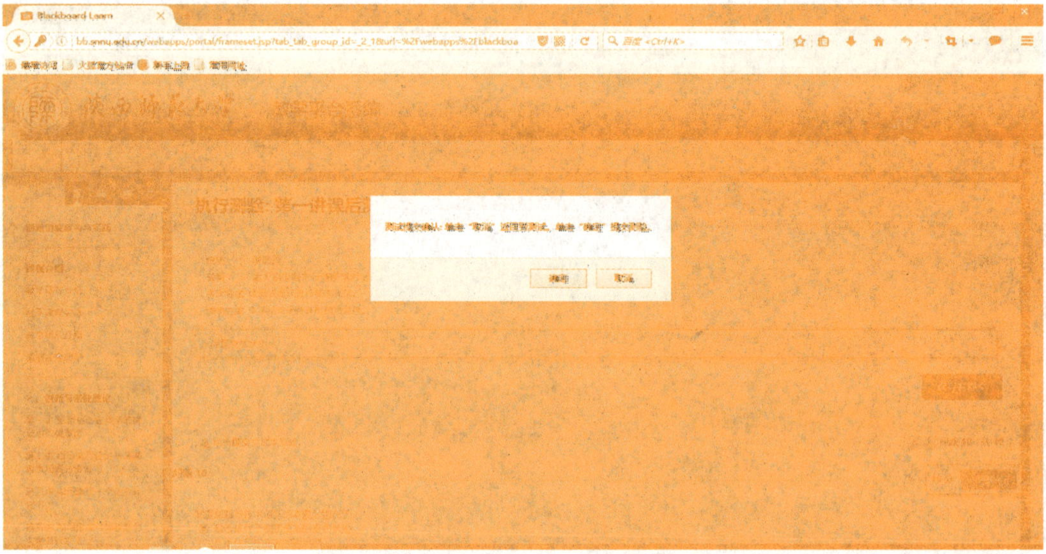

图 7-22 确认完成测试对话框

如果确定完成本次测试，请单击“确定”，则完成提交，如图 7-23 所示。

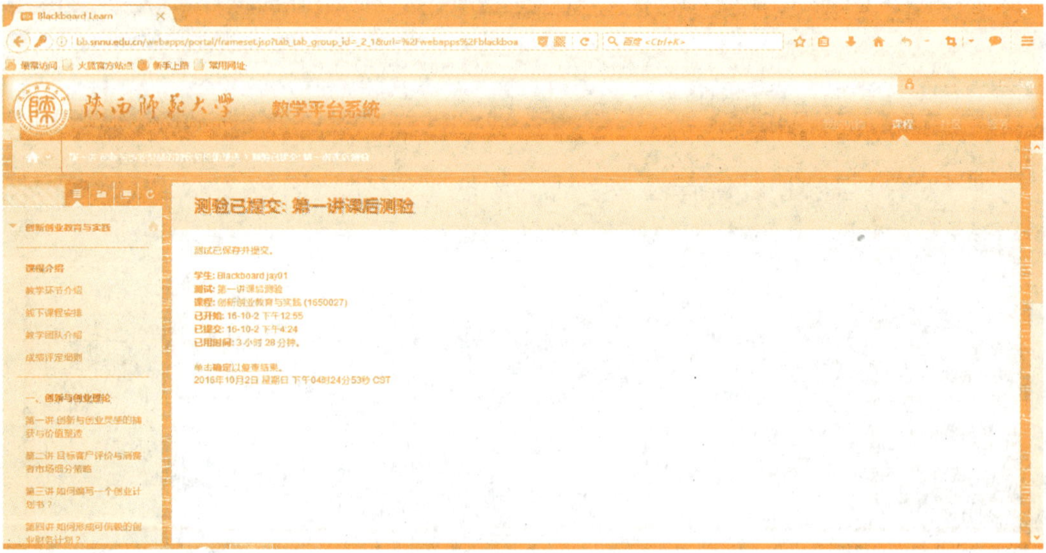

图 7-23 保存并提交测试

7.5.3 重新作答

如果对本次测验成绩不满意，在允许多次尝试的测试中学生可再次执行测试。首先进入小测验界面，单击开始按钮，进入再次执行测试确认界面，单击“再次执行测试”字样即可再次进行测验，如图 7-24 所示。

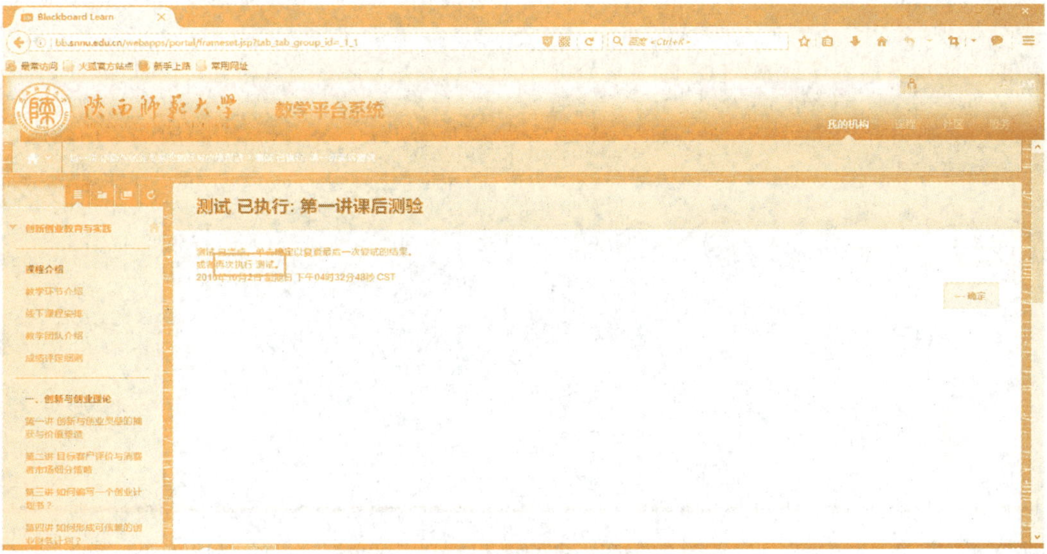

图 7-24 再次执行测试确认界面

7.5.4 查看成绩

Blackboard 教学平台支持自动评分功能，因此，学生完成一次测验后即可查看自己的成绩。具体操作如下：登录平台后，单击“我的机构”选项卡，单击页面左侧“工具”中“我的成绩”，如图 7-25 所示。

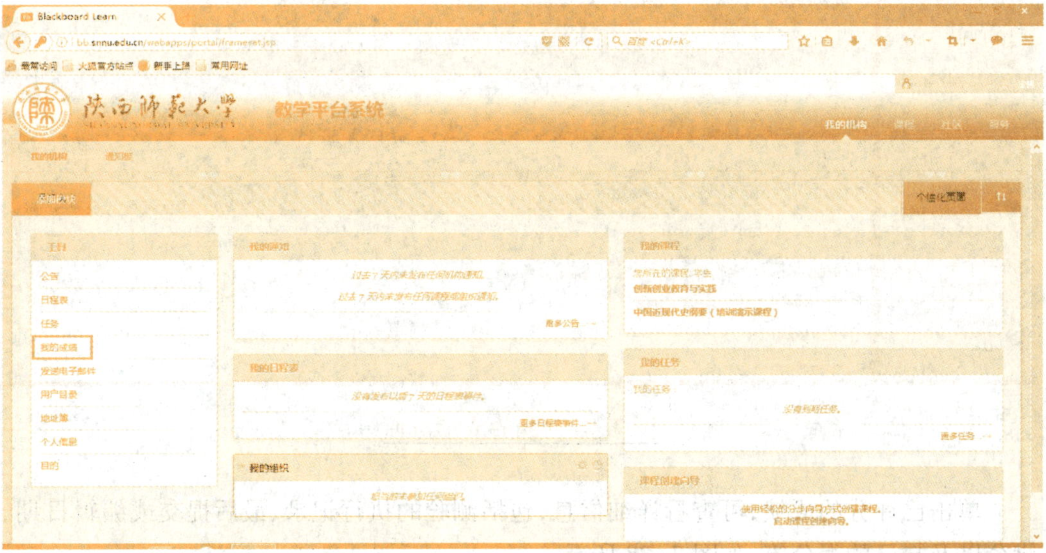

图 7-25 查看成绩入口

在“我的课程/组织”页面，单击课程名称，进入查看成绩页面。如图 7-26 所示。

图 7-26 “我的课程/组织”页面

在“成绩”栏中查看各次测验的成绩，如图 7-27 所示。

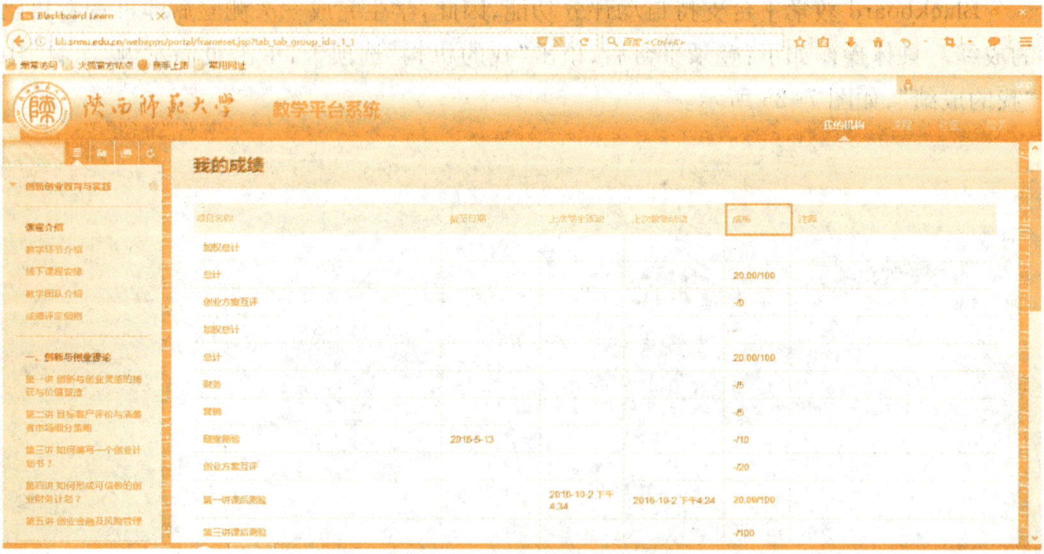

图 7-27 我的成绩页面

单击已评分的成绩，可查看详细信息，包括测验的执行记录、最后提交或编辑日期、满分以及自己的得分等，如图 7-28 所示。

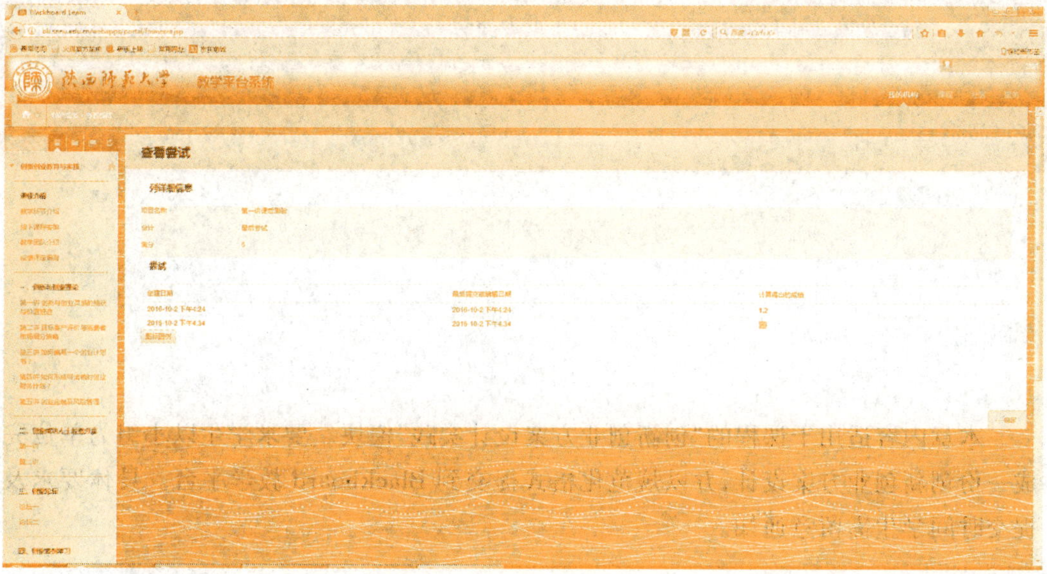

图 7-28 成绩详情页面

第 8 章
创新创业方案设计

本章内容适用于课程的"创新创业方案设计实践"模块。要求学生以小组为单位完成一份创新创业方案设计，并以规范化格式提交到 Blackboard 教学平台。具体要求及提交时间学生需留意通知。

8.1 创新创业分组

8.1.1 小组说明

本课程性质属全校通识教育必修课，学生群体数量庞大，而小组成员要包含所有选修该课程的学生。因此，课程系统建立小组时按照群组的模式建立，即一次建立多个小组。根据系统设定，小组名称为大写字母加阿拉伯数字组成，根据全校学生数量，按照每个小组 10 人的规模，小组名的设定如图 8-1 所示。

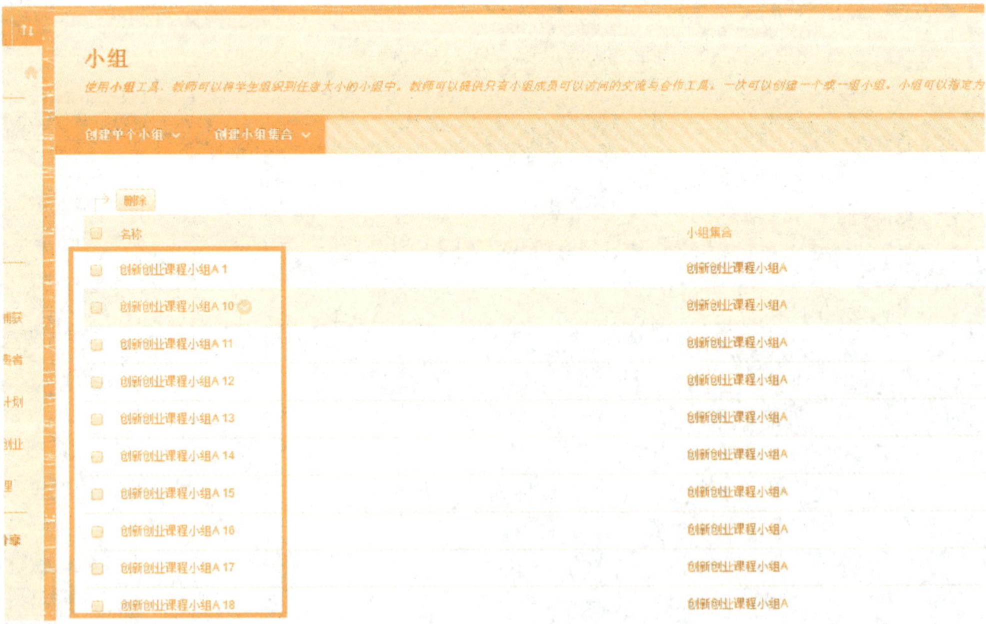

图 8-1 小组编号说明

可以看到，小组名称为“创新创业课程小组 A1”，依次排列。由于系统功能设置的局限，每个字母所代表的小组编号从 1～99，即以 A 字母为标题的小组编号为“创新创业课程小组 A1”至“创新创业课程小组 A99”；在此之后，小组编号为“创新创业课程小组 B1”至“创新创业课程小组 B99”，依此类推。例如，如果有 4 000 人注册本课程，按照每组 10 人，则需要建立 400 个小组，这 400 个小组名称为“创新创业课程小组 A1”至“创新创业课程小组 A99”，“创新创业课程小组 B1”至“创新创业课程小组 B99”，“创新创业课程小组 C1”至“创新创业课程小组 C99”，“创新创业课程小组 D1”至“创新创业课程小组 D99”，“创新创业课程小组 E1”至“创新创业课程小组 E4”，共计 400 个小组。每位同学只能在这 400 个小组里选择一个小组注册，如果多注册，则意味着有同学无法注册入组。因此，要求学生谨慎注册，避免一人注册多个小组。

8.1.2 温馨提示

需要特别提醒的是，学生一旦注册加入某个小组，不能撤销，所以要求学生在加入小组前务必进行确认。如果已经加入到小组，学生要按照注册小组进行小组讨论和作业参与，不要再重复注册入组，否则将在期末作业评分中造成信息错误，例如如果学生注册了 2 个小组，则系统里的小组名单中将有 2 个小组包含这位学生的名字；系统未来评分时候，小组得分为每位学生小组作业得分，如果 A1 小组和 A29 小组均包含这位学生名字，则系统默认将以 A1 小组得分为这位学生评分。

8.1.3 小组注册

学生进入课程后，在如图 8-2 所示的课程学习界面单击左侧工具栏中的“小组”选项，即可进入小组注册页面，如图 8-3 所示。单击“查看注册表以加入小组”，可以在新打开的页面中查看本课程所有预设的小组，如图 8-4 所示，本课程限定每个小组的最大

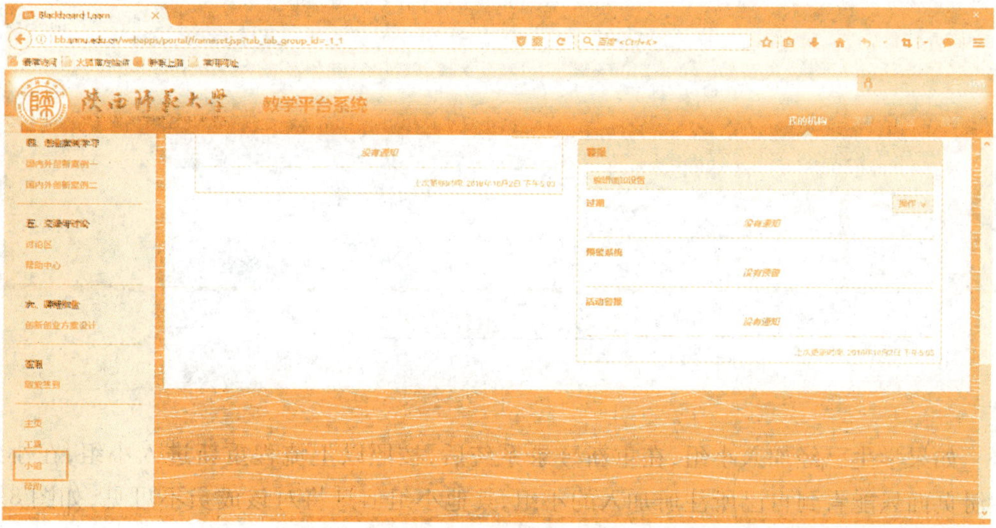

图 8-2 课程学习界面

成员数为 10 人，小组 1 和小组 10 均已有 1 位注册成员，学生可选择仍有余位的小组加入。以学生加入“创新创业 2015 级团队 1”为例，单击该小组下方的“注册”按钮即可完成注册。学生完成注册后，网页将自动跳转至小组主页。

图 8-3 小组注册页面

图 8-4 小组注册入口

8.1.4 查看小组

如果学生已经加入小组，在重新登录系统后，按照以上流程重新进入小组，在小组注册页面只能看到自己所注册加入的小组，其他小组信息将对该成员不可见，如图 8-5 所示。

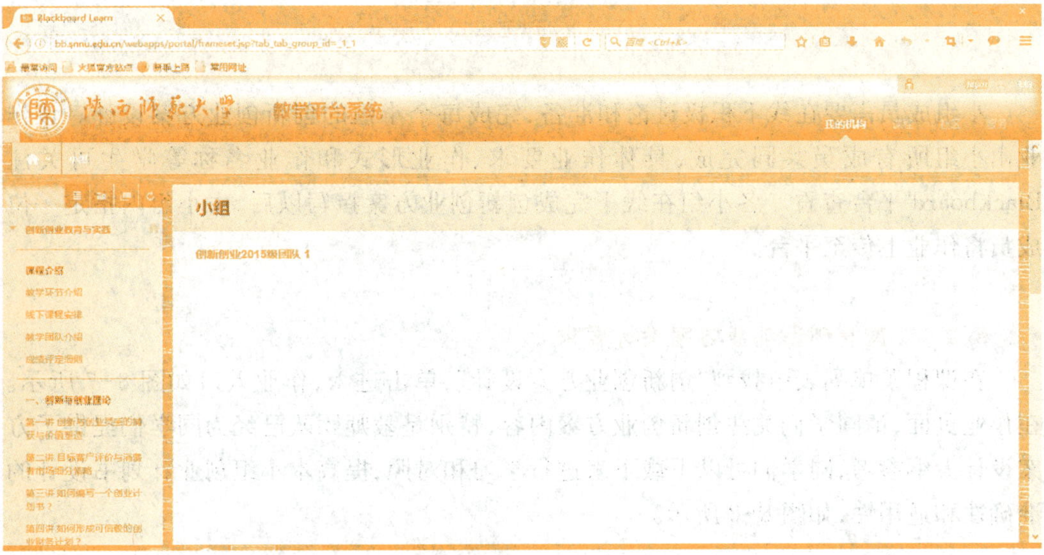

图 8-5　小组注册页面

学生单击“小组”链接进入所加入的小组后，将进入小组主页如图 8-6 所示。该页面包含小组成员信息、小组工具（包括小组博客、小组日志和小组讨论版等）和小组作业。小组的所有课程活动将在该页面内部进行。

图 8-6　小组主页

8.2 小组创新创业方案提交

小组成员需要在线下积极讨论和准备，完成每个小组的创新创业方案设计。该作业由小组所有成员共同完成，具体作业要求、作业形式和作业名称等学生可关注Blackboard平台查看。各小组在线下完成创新创业方案撰写以后，由小组内指定一位成员将作业上传至平台。

8.2.1 查看创新创业方案设计要求

在课程菜单列表中找到“创新创业方案设计”，单击进入，作业入口如图8-7所示。在作业页面，请同学们关注创新创业方案内容，特别是教师团队已经为同学们提供了方案设计大纲参考，同学们可以下载下来进行学习和对照，提高本小组创业计划书设计的准确性和适用性，如图8-8所示。

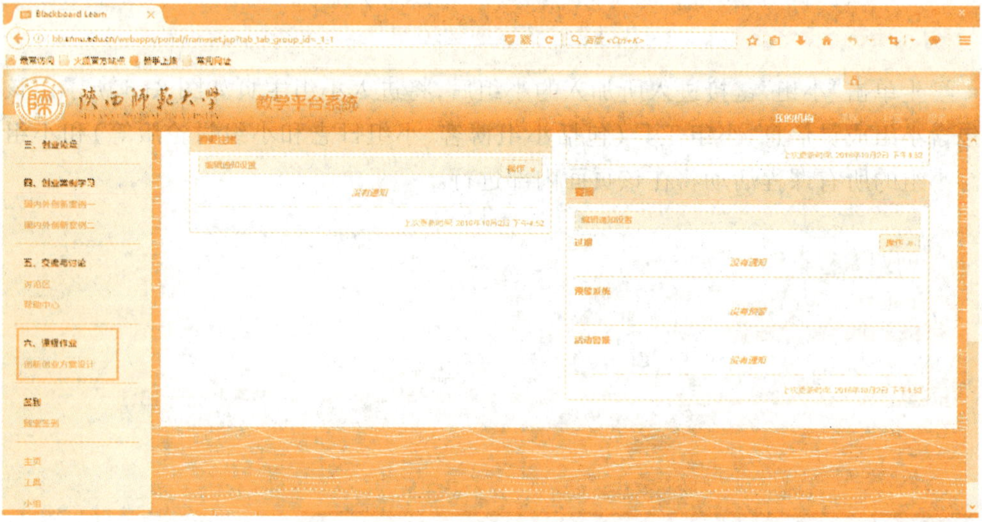

图8-7 小组作业入口

图8-8 小组作业要求

8.2.2 提交小组创新创业方案

同学们熟悉小组功能并掌握创业计划书撰写要点后，需要围绕创业计划书进行小组讨论和分工撰写，最终完成创业计划书的学习与撰写。撰写完毕后，小组内选择一名同学作为组长，由他/她代表小组提交作业。具体操作如下：在小组主页单击“创业方案作业提交”，作业提交入口和作业提交页面分别如图 8-9 和图 8-10 所示。

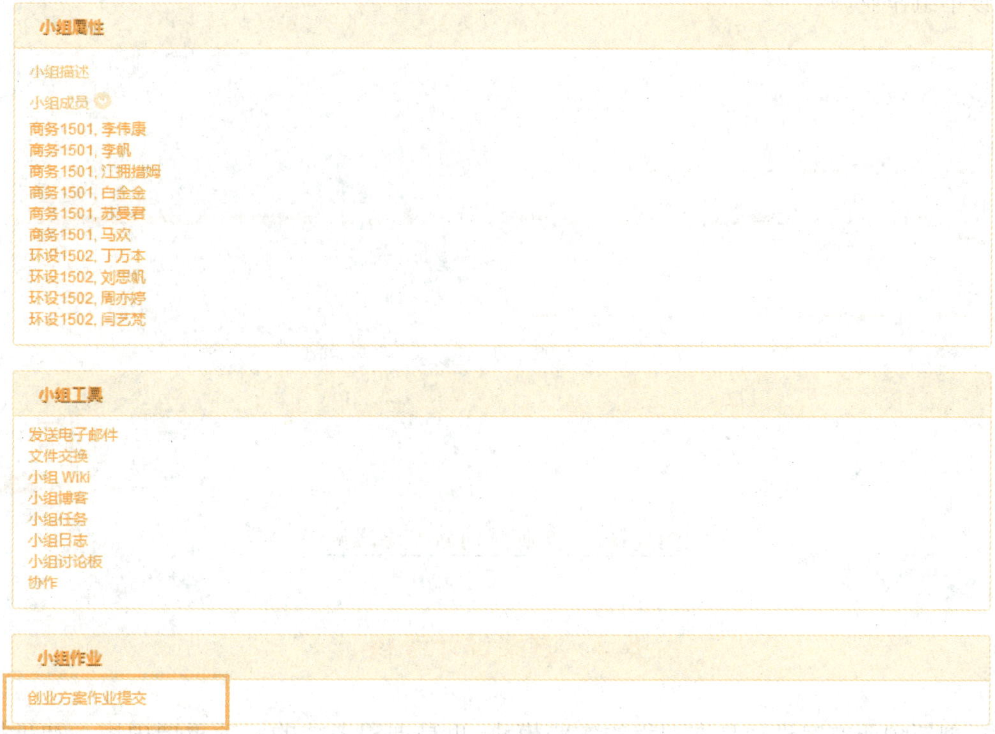

图 8-9 作业提交入口

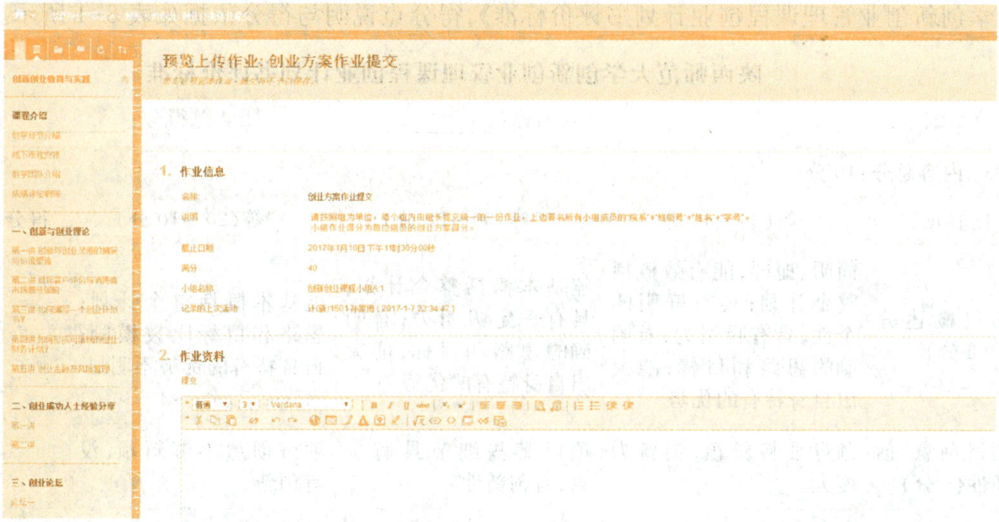

图 8-10 创业计划书提交页面

需要同学们注意的是，请不要把小组作业粘贴在创业方案作业提交页面的文本输入框内，而是需要以附件形式进行提交。在提交页面找到“浏览‘我的电脑’”选项，添加附件，并单击“保存”，这样作业就保存进入系统里了，如图 8-11 所示。如果同学们需要修改或者替换，可以重新上传覆盖，或者先删除附件再重新上传。最终定稿后，一定要单击“提交”选项，这样作业才能最终上传到评分中心，后台教师才能够在评分系统中看到该小组作业。

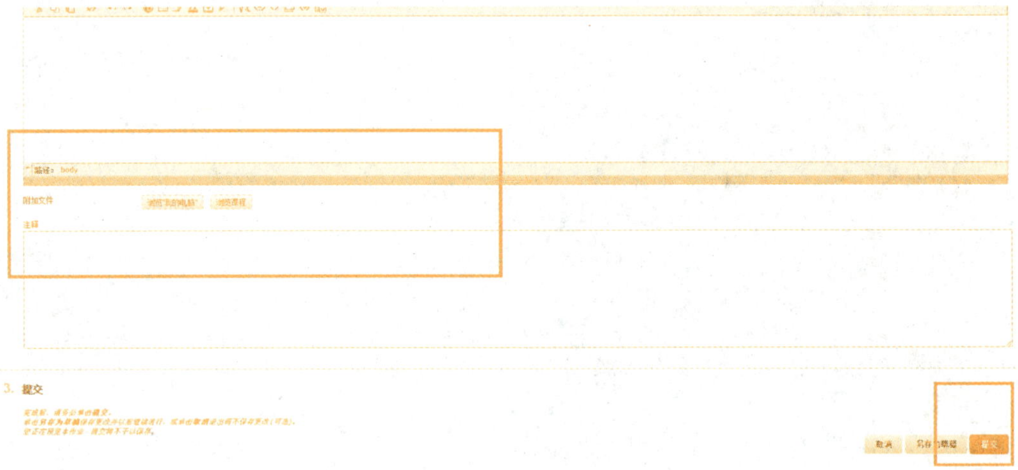

图 8-11　创业计划书提交演示

8.3　方案设计考核

创新创业方案设计是本课程的实践模块，也是课程考核的一项重要内容。初步拟定的该部分总成绩为 40 分，占课程总成绩的 40%。经课程组讨论，形成了《陕西师范大学创新创业管理课程创业计划书评价标准》，得分点说明与得分依据如表 8-1 所示。

表 8-1　陕西师范大学创新创业管理课程创业计划书评价标准

分组编号：　　　　　　　　团队名称：________　　　　　团队总得分：________

一、内容总分：40 分				
比赛项目	一等(30～40 分)	二等(30～20 分)	三等(20～10 分)	**得分**
项目概述分析(2 分)	简明、扼要，能有效概括整个计划；具有鲜明的个性，具有吸引力；有明确的思路和目标；能突出自身特有的优势	能基本概括整个计划；具有一定吸引力；有明确的思路和目标；能突出自身特有的优势	能基本概括整个计划；思路和目标比较模糊；自身特有的优势不明显	
项目创意、创新性(5 分)	创意独特新颖，创新力度大	项目某些细节具有创意，有创新性	项目创意不够新颖，没有创新	
商业赢利模式、经济及财务状况(8 分)	赢利模式可行，列出关键财务因素、财务指标和主要财务报表，财务计划及相关指标合理准确	盈利模式基本可行。基本列出了财务因素、财务指标和主要财务报表	盈利模式不可行，没有列出关键财务因素、财务指标和主要财务报表	
融资方案和回报(3 分)	需求合理，估计全面；融资方案具有吸引力	融资方案某些细节具有吸引力，明确回报率，大致明确回报周期	对投资回报率及投资回报周期有一定认识	

续 表

比赛项目	一等(30～40 分)	二等(30～20 分)	三等(20～10 分)	得分
生产经营模式(5 分)	开发状态和目标规划合理,操作周期和实施计划恰当,在各阶段目标合理,重点明确。对经营难度和资源要求分析准确	开发和状态和目标规划基本合理,有操作周期和实施计划,对经营难度和资源要求分析合理	开发状态和目标规划不合理,操作周期和实施计划不恰当,重点不明确。对经营难度和资源要求分析不准确	
团队组成(2 分)	团队成员具有相关的教育及工作背景;能力互补且分工合理;组织机构严谨;产权、股权划分适当	团队成员具有相关的教育及工作背景,有基本的能力,产权和股权划分基本合理	团队成员具有相关的教育及工作背景,组织结构不严谨,没有合理的划分产权和股权	
市场及竞争分析(5 分)	市场分析数据完整,市场分析科学、客观,结合自身项目能准确把握市场发展趋势。明确竞争对手的优势和劣势及公司的优势	市场分析数据基本完整,基本符合市场发展趋势。基本了解竞争对手的优势和劣势及公司的优势	有一些基本的市场分析数据,对市场趋势不是很明朗。不了解竞争对手的优势和劣势及公司的优势	
营销策略(5 分)	营销策略具有创新和对顾客具有潜在的吸引力,成本及定价合理,营销渠道顺畅,有一定创新	营销策略某些细节具有创新,成本及定价基本合理	有一些基本的营销策略,没有创新	
项目可操作性分析(5 分)	项目、服务或产品的各项分析和预算的可行性较高、运营计划明确	项目、服务或产品的各项分析和预算的可行性一般、运营计划基本明确	项目、服务或产品的分析和预算没有可行性	
项目总评	整个计划书规范,文章前后逻辑紧密,语言流畅,内容全面、系统、科学性强,对整个经营模式的体系设计创新性高,具有很大的商业价值等	计划书基本规范,有内容,某些细节对整个经营模式有一定的创新	计划书不规范,内容不全面,对整个经营模式的体系设计没有创新能力,没有商业价值	

第 9 章 讨论交流与在线答疑

9.1 讨论区设计

在 Blackboard 课程平台的设计中，为方便学生之间的交流讨论以及教师答疑，我们设置了交流与讨论板块，如图 9-1 所示。

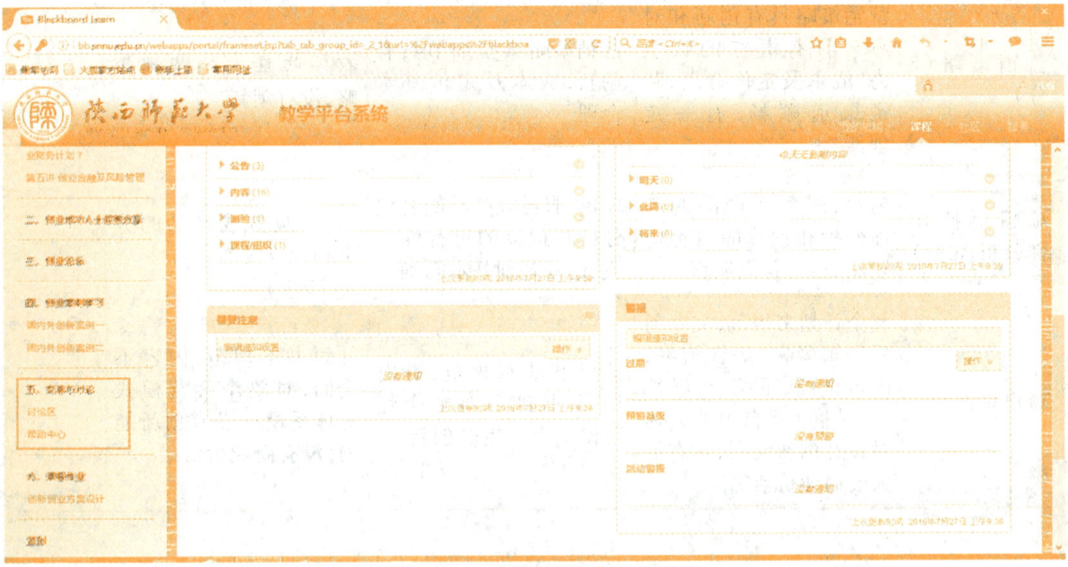

图 9-1 交流与讨论板块

学生可单击“讨论区”查看讨论板中的内容，为方便学生有针对性地就专门领域的问题展开交流讨论，我们根据专业领域设置了不同的讨论区板块，分别是“创意”“营销”“财务”“融资”和“创业计划书”论坛。学生根据需要进入相应论坛参与讨论，与论坛主题不相关的话题将不在答疑范围内。讨论板界面如图 9-2 所示。

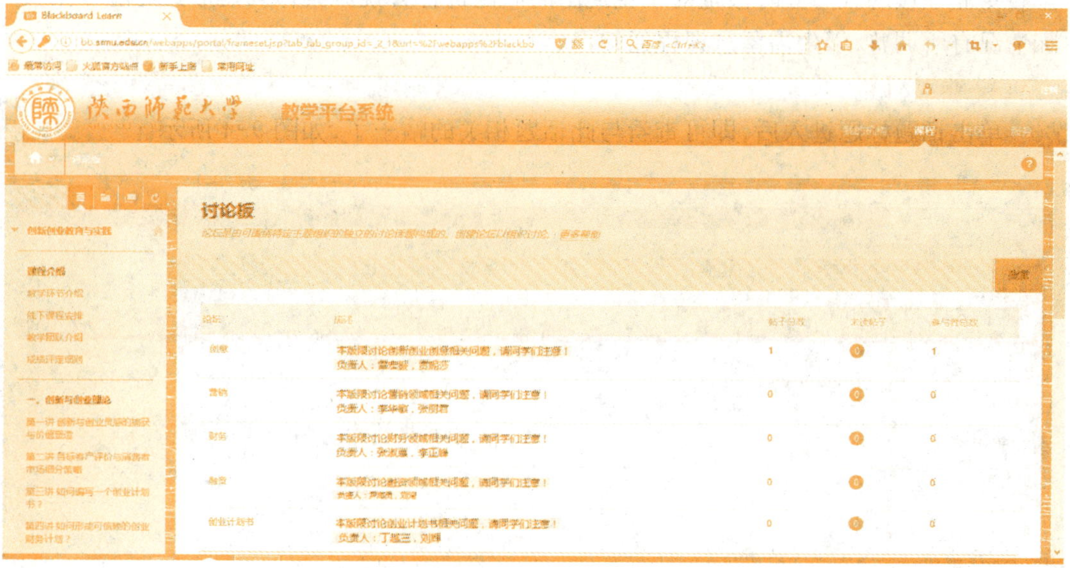

图 9-2 讨论板界面

9.2 在线答疑

学生可单击相应论坛进入话题浏览页面。以“创意”论坛为例，单击论坛名称进入话题浏览界面，如图 9-3 所示。

图 9-3 论坛话题浏览界面

在此页面中，学生可在感兴趣的话题中参与讨论或是自己创建新话题。我们将安排各专业领域的教师分时段地对学生提出的问题进行答疑。具体答疑形式可能根据实际情况有所调整,学生需留意课程通知。

1. 跟帖讨论

单击话题标题进入后,即可查看与此话题相关的帖子了,如图 9-4 所示。

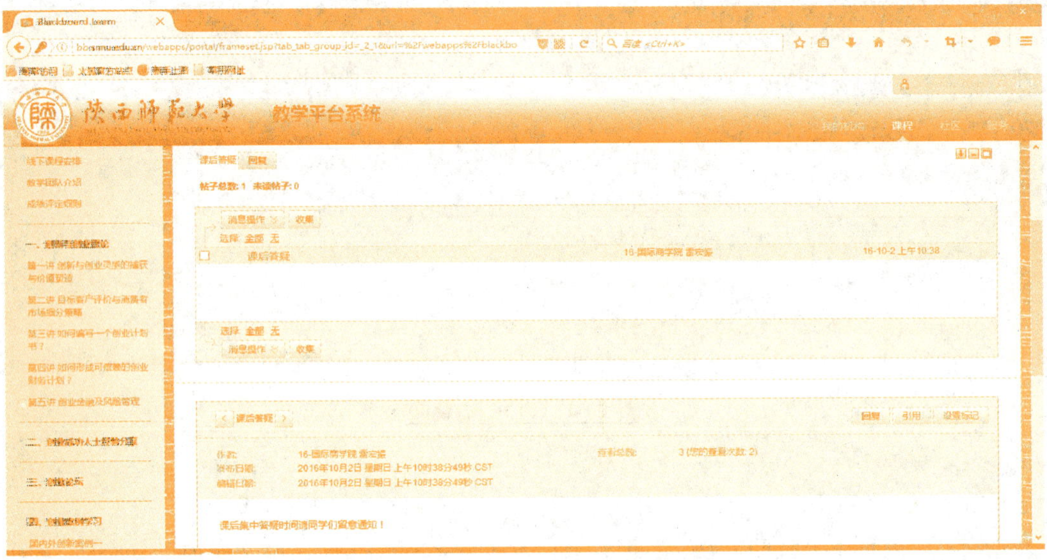

图 9-4　话题相关帖子浏览界面

如果学生对帖子感兴趣,可以跟帖讨论。单击“回复”按钮,即可以发表回帖,如图 9-5和图 9-6 所示。

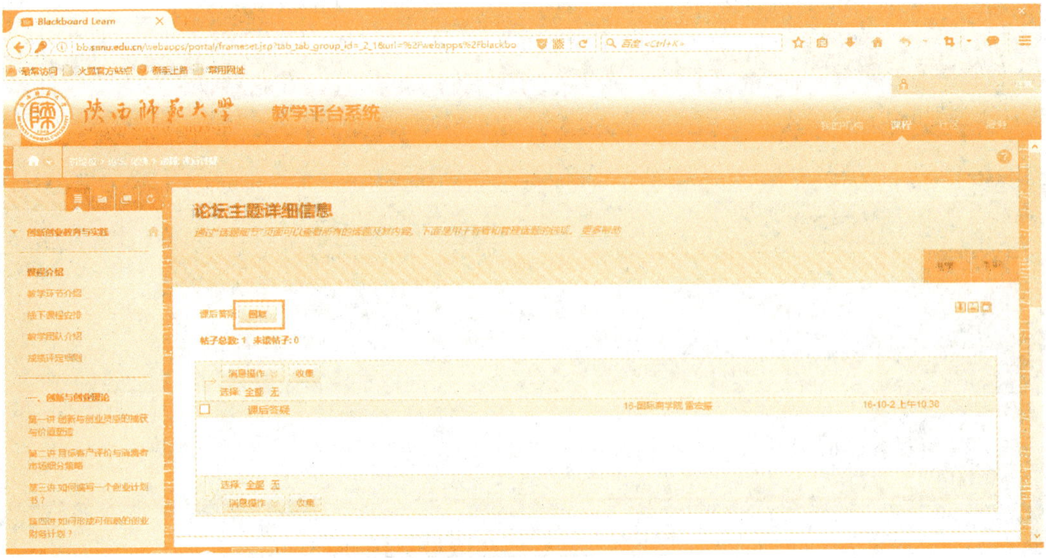

图 9-5　回复帖子

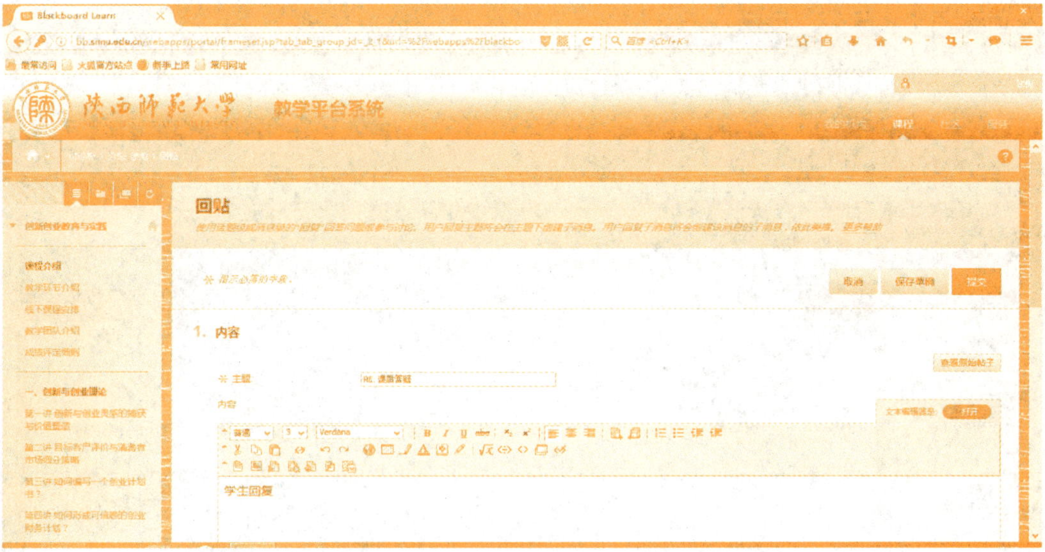

图 9-6 发表回帖

回帖后，再次查看帖子时，系统便会多出一条显示，如图 9-7 所示。

图 9-7 话题相关帖子浏览界面

2. 创建话题

在话题浏览界面，单击“创建话题”，还可创建自己的新话题，如图 9-8 和图 9-9 所示。

图 9-8 创建新话题

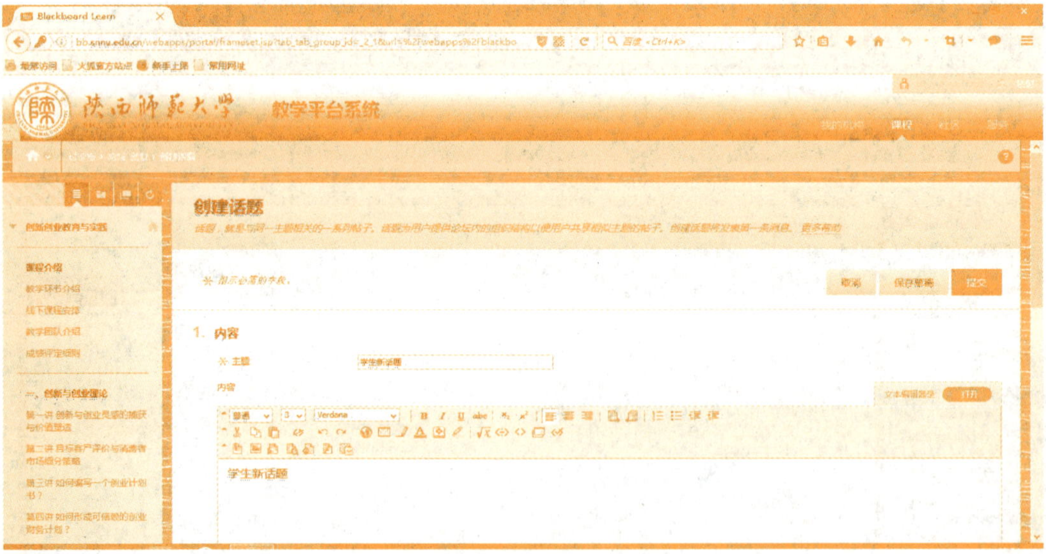

图 9-9 发表新话题

发表新话题后，再次进入话题浏览界面时，系统便会显示多出一条新话题，如图 9-10所示。

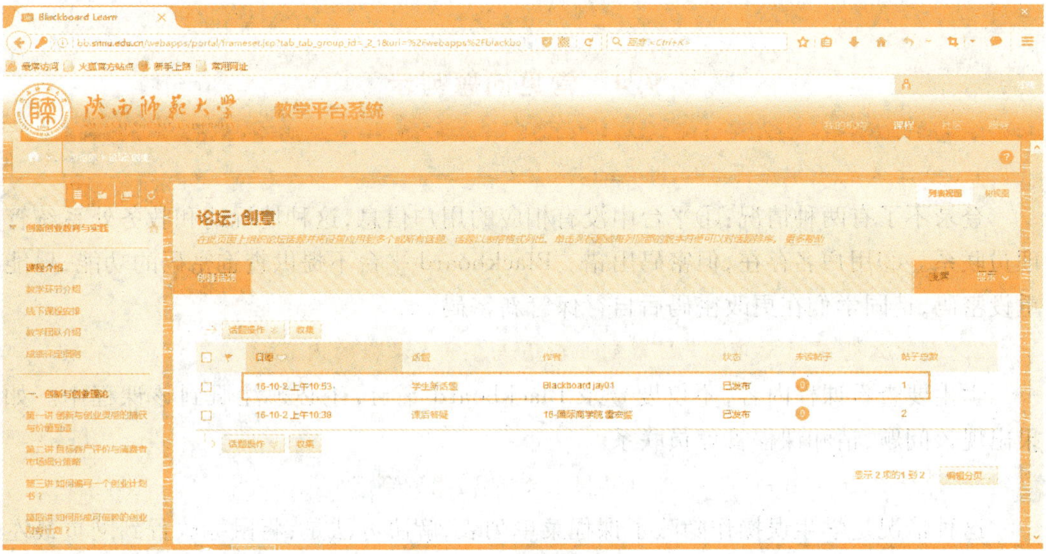

图 9-10　论坛话题浏览界面

9.3　帮助中心设计

为帮助学生开展在线学习,我们将创建本课程的常见问题解答(该部分内容将与课程同步建设)。学生可单击“交流与讨论”模块的“帮助中心”进入查看历届同学经常碰到的问题。常见问题列表页面如图 9-11 所示。

图 9-11　常见问题列表页面

9.4 常见问题列示

1. 为什么我登录不了 Blackboard 平台?

登录不了有两种情况:①平台中没有相应的用户信息,这种情况请和教务处系统管理员联系。②用户名存在,但密码出错。Blackboard 平台不提供查询密码的功能,只能重设密码,请同学们在更改密码后自行保管新密码。

2. 为什么登录后看不到"创新创业教育与实践"课程的内容?

学生要查看课程内容,不仅要登录 Blackboard 平台,还必须注册到该课程中。如果出现该问题,请和课程管理员联系。

3. 为什么进入课程后,左侧的课程菜单列表找不到了?

这种情况是学生误操作隐藏了课程菜单列表,解决办法是:将鼠标放置到网页最左侧,待出现双向箭头及"显示课程菜单"字样后单击,即可显示已隐藏的课程菜单列表。如图 9-12 所示。

图 9-12 显示课程菜单列表操作

4. 为什么找不到"课程通知"了?

进入课程后,在左侧的课程菜单下找到"主页",单击进入,即可在课程主页上找到"我的通知"工具。单击"更多公告"可查看课程通知。

5. 为什么在课程资源页面无法观看视频?

该问题是由于浏览器不支持 Blackboard 平台的视频播放功能导致的,学生需下载其他浏览器进行观看。建议使用 IE、Firefox、Chrome 和 Safari 等浏览器访问平台。

6. 选择题明明已经做了，为什么期末成绩的界面里，显示选择题没有得分？

选择题做完后，最终需要确定提交而不是暂时保存。所以学生在学习完每一讲内容后，及时完成课后测验，答题过程中注意保存，最终答完后请确认后单击“提交”。为避免出现此类问题，请务必在测验截止前查看自己的成绩进行确认。

7. 小组注册时不小心注册到了 2 个小组，怎么区分我是哪个小组？

由于 Blackboard 教学平台的功能限制，同学们自主注册小组时缺乏退出机制，因此再次提醒大家谨慎操作。可在事前跟相关同学商量后确定要加入的小组组号，尽量避免出现重复注册的情况。如果重复注册，请牢记你最终参与小组作业的组号，并只在这个小组的小组作业上署名。小组组长也需要提醒组员，提交作业时需要署名，请各位组员明确小组信息，避免把未参与小组活动的同学署名在作业上。

8. 小组作业提交了，但是成绩中心教师却给我们打了零分？

小组作业提交由组长一人代表小组提交，小组组长一定要按照附件形式提交作业，然后单击“保存”并在最终确认后单击“提交”。如果只保存未提交，则教师无法看到小组作业，会按照零分处理。另外，不要在小组作业提交窗口里的文字栏里复制粘贴小组作业，一定要严格按照要求，以附件形式提交，否则依然按照零分处理。另一种零分情况是，小组作业存在严重的网络抄袭和复制粘贴现象。评分教师会在评分过程中，随时按照小组作业主题进行网络查重，如果被评分教师认定小组作业存在严重的抄袭和复制粘贴现象，则按照零分处理。

第4部分 创新创业理论与实践习题

第 2 章习题

知识点习题

1. 单项选择题

1. 最先提出创新理论的著名经济学家是(　　)。

A. 爱默生　　B. 皮得　　C. 熊彼特　　D. 歌德

2. 制度创新与技术创新的本质区别在于(　　)。

A. 是否依存于物质资本的寿命长短　　B. 是否依存于新发明的出现

C. 是否依存于政策制定者的抉择　　D. 是否依存于灵感的来源

3. 创新与创业的依托和基石是(　　)。

A. 灵感　　B. 经验　　C. 理论　　D. 资本

4. 我国当前的原始创新能力的主体为(　　)。

A. 企业　　B. 个人

C. 政府　　D. 研究院所与高校

5. 实现地区技术跨越式发展的创新模式为(　　)。

A. 原始创新模式　　B. 系统创新模式

C. 集成创新模式　　D. 模仿创新模式

6. 哪一类不属于按照创业时间划分的创业模式(　　)。

A. 兼职创业　　B. 休学创业

C. 法人股份制创业　　D. 大学后创业

7. 管理能力的核心部分为(　　)。

A. 把握机会的能力　　B. 决策能力

C. 领导能力　　D. 学习能力

8. 创业成功的重要标志为(　　)。

A. 把握机会的能力　　B. 决策能力

C. 领导能力　　D. 学习能力

9. “创业及其相关内容是可以被教的”,这句话暗示创新创业的必要条件为(　　)。

A. 政策的支撑　　B. 合理的知识结构

C. 人脉的建立　　D. 资本

10. 哪种创业模式平台是由政府、学生、企业三者共同参与的优质创业平台(　　)。

A. “技术导向+园区孵化”模式　　B. “模拟企划+资金注入”模式

C. “创意课程+多渠发展”模式　　D. 系统创新模式

2. 多项选择题

1. 自主创新模式具有哪几种?(　　)。

A. 原始创新模式　　B. 系统创新模式

C. 集成创新模式　　D. 模仿创新模式

E. 探索创新模式

2. 原始创新模式的难度在于(　　)。

A. 灵感的来源　　B. 巨额的投入

C. 高风险性　　D. 周期长

E. 收益低

3. 目前常见的创业形式有哪几种?(　　)。

A. 创业者代理或加盟创业　　B. 创业者依附创业

C. 创业者入驻孵化园创业　　D. 法人股份制创业

4. 创新与创业的能力要求有(　　)。

A. 把握机会的能力　　B. 决策能力

C. 领导能力　　D. 学习能力

E. 抗风险能力

5. 大学生创业面临的挑战有(　　)。

A. 政策执行力不强　　B. 家庭的干涉

C. “融资难”的影响　　D. 创业信念不足

E. 自身素质不强

6. 法人股份制创业的特点有(　　)。

A. 风险较大　　B. 资金投入大

C. 管理能力欠缺　　D. 有稳定的组织形式

E. 获得政策支撑较多

7. 集成创新模式的特征有(　　)。

A. 市场壁垒小　　B. 面临较强的法律方面障碍

C. 系统的层面性　　D. 要素的协同性

E. 持续的融合性

8. 爱默生认为灵感来源于(　　)。

A. 大自然　　B. 文化传统

C. 现实社会生活　　D. 模仿

E. 情感的宣泄

9. 熊彼特的“创新”包括哪几种情况(　　)。

A. 采用一种新产品

B. 采用一种新方法

C. 开辟一个新的市场

D. 掠取或控制原材料的一种新的供应来源

E. 实现任何一种工业的新组织

10. 如何发现创新和创业的着眼点(　　)。

A. 解答生活的痛点

B. 遇到有才华的人

C. 斗志昂扬,投身事业

D. 发现顾客需求

E. 精炼创业想法

第3章习题

知识点习题

1. 单项选择题

1. 创业者进入市场时最常用的方式是(　　)。

A. 建立一个全新的企业　　B. 收购现有企业

C. 特许经营　　D. 其他

2. 关于创业计划,下列说法正确的是(　　)。

A. 创业者面对转瞬即逝的机会,应该赶紧投入到创业活动中去,而不是坐在桌子边勾画创业计划

B. 好的口头谈判能力比一份书面的计划书更重要

C. 创业计划应基于详细和真实的调查而完成

D. 创业计划书有严格的格式,创业者不应该用独特的风格和方式讲述自己的故事

3. 成熟的风险投资家在选择投资目标企业时,都有一个重要的标准,就是这个企业是否实行(　　)。

A. 员工投保　　B. 员工议事　　C. 员工持股　　D. 员工集资

4. 由于销售额不足,较差的增长前景以及高额的费用等造成的企业倒闭,一般被认为在(　　)方面存在着问题。

A. 市场营销　　B. 经营管理　　C. 广告宣传　　D. 质量控制

5. 只要存在(　　)就有商机,就有创业的机会。

A. 尚未满足的需求　　B. 货币与商品的交换

C. 经济发展,生活改善　　D. 好的商品和有钱的顾客

6. 倾向于价格低廉,产品差异不大且经常购买的消费行为属于(　　)。

A. 就便消费　　B. 选择性消费　　C. 特殊购买　　D. 诱发购买

7. 消费者的购后评价主要取决于(　　)。

A. 心理因素　　B. 产品质量和性能发挥状况

C. 付款方式　　D. 他人态度

8. 供应商应把中间商视为顾客的(　　)而不是销售代理人,帮助他们为顾客做好服务。

A. 采购代理人　B. 销售代理人　C. 供应代理人　D. 都不是

9. 为了弄清市场变量之间的因果关系,收集有关市场变量的数据资料,运用统计分析和逻辑推理等方法,判明变动原因和结果以及它们变动的规律,这是属于(　　)。

A. 探测性调研　B. 描述性调研

C. 因果关系调研　D. 定期性调研

10. 采用(　　)的模式的企业应具有较强的资源和营销实力。

A. 市场集中化　B. 市场专业化

C. 产品专业化　D. 市场全面覆盖

11. 占有最大的市场份额,在价格变化、新产品开发、分销渠道建设和促销战略等方面对本行业其他公司起着领导作用的竞争者,被称为(　　)。

A. 市场领导者　B. 市场利基者　C. 强竞争者　D. 近竞争者

12. 成长期营销人员的促销策略主要目标是在消费者心目中建立(　　),争取新的顾客。

A. 产品外观　B. 产品质量　C. 产品信誉　D. 品牌偏好

13. 消费品市场的特点是(　　)。

A. 市场较集中　B. 购买人数多而散

C. 专用性较强　D. 购买决策常为集体决策

14. 分销渠道策略的实质是 (　　)。

A. 寻找尽可能短的销售渠道　B. 找到最理想的中间商

C. 便于顾客购买,扩大企业产品销售　D. 确定使用何种分销渠道

15. 当新产品开始进入目标市场时,如果目标市场规模不大,而且消费者已经相当了解这项产品;并且愿意出高价,同时竞争者尚未进入市场。此时,该公司应采用 (　　)。

A. 高速渗透策略　B. 缓慢渗透策略

C. 快速撇油(推销)策略　D. 缓慢撇油(推销)策略

16. 在下列促销手段中,见效最快的是(　　)。

A. 广告宣传　B. 人员推销　C. 营业推广　D. 公共关系

17. 运用新一代技术革命所创造的整体更新产品是(　　)。

A. 全新产品　B. 仿制新产品　C. 改进新产品　D. 换代新产品

18. 在激烈的市场竞争中,有些位居次席者则采取以进攻为主的竞争策略,以攫取更多的市场占有率,菲利普·科特勒称之为(　　)。

A. 市场领先者　B. 市场追随者　C. 市场挑战者　D. 市场弥缺者

19. 包装是“无声的推销员”,说明了包装最主要的功能是(　　)。

A. 包装可以保护商品

B. 包装可以提高商品价值

C. 包装可以促进销售,引起消费者注意、激发消费者的购买欲望

D. 包装影响商品销售,会增加商品的成本

20. 产品组合中产品项目的多少称为(　　)。

A. 产品组合的广度　　B. 产品组合

C. 产品组合的深度　　D. 产品组合的相关度

2. 多项选择题

1. 创业周期包含哪几个阶段？(　　)。

A. 导入期　　B. 成长期　　C. 成熟期　　D. 衰退期

2. 成功的机会识别是哪些因素综合作用的结果？(　　)。

A. 创业愿望　　B. 创业能力　　C. 创业资源　　D. 创业环境

3. 下列哪些环境属于创业市场的宏观环境？(　　)。

A. 人口环境　　B. 经济环境　　C. 自然环境　　D. 技术环境

4. 创业市场的微观环境分析主要是根据波特的竞争模型对创业市场的哪些主要竞争力量展开分析？(　　)。

A. 潜在进入者　　B. 行业内现有竞争者

C. 替代产品的生产者　　D. 供应者和购买者

5. 创业机会评估的检验列表可包括下列哪些主要指标？(　　)。

A. 企业的基本可行性　　B. 企业的竞争优势

C. 企业的顾客决策　　D. 商品或服务的生产

6. 创业机会具有哪三个特点？(　　)。

A. 可开发性　　B. 可盈利性　　C. 时效性　　D. 长期性

7. 成功的机会识别是哪些因素综合作用的结果？(　　)。

A. 创业愿望　　B. 创业能力

C. 创业资源　　D. 创业环境

8. 下列哪些环境属于创业市场的宏观环境？(　　)。

A. 人口环境　　B. 经济环境

C. 自然环境　　D. 技术环境

9. 创业市场的微观环境分析主要是根据波特的竞争模型对创业市场的哪些主要竞争力量展开分析？(　　)。

A. 潜在进入者　　B. 行业内现有竞争者

C. 替代产品的生产者　　D. 供应者和购买者

10. 创业机会评估的检验列表可包括下列哪些主要指标？(　　)。

A. 企业的基本可行性　　B. 企业的竞争优势

C. 企业的顾客决策　　D. 商品或服务的生产

第4章习题

知识点习题

1. 单项选择题

1. 以下关于创业计划书的表述正确的是（　　）。

A. 创业计划书连接创业创意与创业活动的纽带

B. 创业计划书在创业过程中的价值不大

C. 创业计划书就是一个形式，不能说明什么

D. 创业计划书制定好后就不需要再调整了

2. 在创业的不同时期，投资人对创业计划书的正式性要求（　　）。

A. 都应该采用标准化的格式　　B. 是一样的

C. 是不同的　　D. 以上都对

3. 创业计划书最关键的受众是（　　）。

A. 投资人　　B. 合作伙伴

C. 企业内部雇员　　D. 预招聘的核心人才

4. 创业计划书编写过程中，首先要（　　）。

A. 识别商业机会　　B. 评估机会可行性

C. 编写创业计划书　　D. 修正创业计划书

5. 创业计划书中介绍材料部分主要包括（　　）。

A. 封面与目录　　B. 市场分析　　C. 产品策略　　D. 财务计划

6. 创业计划书最重要的部分是（　　）。

A. 封面　　B. 目录　　C. 执行概要　　D. 财务计划

7. 在给创业企业起一个好听的名字，要重点关注企业的名称应该与企业的计划从事的经营活动相匹配。因此，客户驱动型的企业（　　）。

A. 企业名称应体现客户的特性

B. 企业名称应该体现其产品或服务的优点

C. 企业名称就直接体现其提供的产品的类型

D. 直接用创业者或某知名人士的姓名给企业命名

8. 以下关于“愿景”的表述正确的是（　　）。

A. 愿景是对企业存在的理由及立志要成长为什么样子的描述
B. 愿景是指为了实现企业愿景，企业应该做好哪些方面的事情
C. 愿景与使命不能合并在一起描述
D. 创业企业的愿景是由员工的意志决定的
9. 市场分析的目的在于(　　)。
A. 发现真正的“商业机会”　　B. 分析产业
C. 分析目标市场　　D. 分析市场结构
10. 以下不属于需要撰写的财务计划内容的是(　　)。
A. 财务资金的需求　　B. 明确假定
C. 盈亏平衡分析　　D. 外部风险控制分析

2. 多项选择题

1. 撰写创业计划书的价值在于(　　)。
A. 帮助创业者系统地思考创意的可行性　　B. 提供推销企业的文本
C. 了解创业团队的创业的核心驱动力　　D. 吸引风险投资
2. 一份具有竞争力的创业计划书具有(　　)的特点。
A. 以客观性说服投资者　　B. 充分地展示项目优势
C. 逻辑严密性　　D. 强化方案的可行性
3. 在创业计划书的撰写过程中，对发现的新的商业机会的评价重点从以下哪些方面开展？(　　)。
A. 初筛创意，以决定最初的可行性
B. 开展全面的可行性分析，以判断创业计划的各事项是否能够得到保证
C. 对创业计划的具体内容进行详尽的描述
D. 重点介绍企业经营范围
4. 创业计划书写给自己看的目的有(　　)。
A. 是创业管理团队思想统一与一致的体现　B. 能够给予员工明确的行动目标
C. 吸引外部员工加入　　D. 吸引投资人
5. 创业计划书的目录应该包含(　　)。
A. 一级标题　　B. 二级标题　　C. 图表　　D. 附录
6. 创业计划书的封面应该包含的信息有(　　)。
A. 企业名称、地址
B. 联系人电话(座机与手机)、传真号、电子信箱等联系方式
C. 日期
D. 免责声明和文本编号
7. 创业计划书“执行概要”撰写要遵循的原则有(　　)。
A. “执行概要”的写作顺序与创业计划的内容安排顺序保持一致
B. 篇幅不应超过 10 页纸
C. “执行概要”的内容只需要告诉读者“做什么”，其他不用描述

D. 执行概要最终要的是要清晰地展示“企业面临的机会与可能实现的目标”

8. 创业计划书关于营销计划的描写主要包括(　　)。

A. 总体营销策略　　B. 定价策略

C. 销售过程　　D. 促销组合以及销售渠道

9. 对管理团队的介绍应重点关注(　　)。

A. 团队成员之间技能互补而非冗余　　B. 成员具有相似的工作习惯

C. 成员具有共同的目标和抱负　　D. 创业者间的协议

10. 创业计划书中对产品或服务开发计划的描述,表明创业企业将会有持续的竞争力的可能。在这部分主要介绍以下内容:(　　)。

A. 开发状况和任务　　B. 挑战与风险

C. 成本　　D. 知识产权

第 5 章习题

知识点习题

1. 单项选择题

1. 创业公司在运营中，最困难的问题是(　　)。

A. 资金情况　　B. 销售增长　　C. 人的管理　　D. 研发速度

2. 创业公司的股权不清，属于什么风险？(　　)。

A. 财务风险　　B. 团队风险　　C. 管理风险　　D. 产品风险

3. 用来衡量小企业规模的标准不包括(　　)。

A. 销售额　　B. 资产价值　　C. 存款量　　D. 企业类型

4. 由于销售额不足，较差的增长前景以及高额的费用等造成的企业倒闭，一般被认为在(　　)方面存在着问题。

A. 市场营销　　B. 经营管理　　C. 广告宣传　　D. 质量控制

5. 对一个企业进行评价中，从外界寻求最有帮助的渠道是(　　)。

A. 会计师和银行　　B. 会计师和律师

C. 供货商和顾客　　D. 银行和律师

6. 下面与创业融资难没有关系的是(　　)。

A. 创业企业的融资规模相对较小

B. 创业企业几乎没有可以提供抵押的资产

C. 创业企业的失败率较高

D. 创业融资需求具有鲜明的阶段性特点

7. 关于信用担保体系，下列说法不正确的是(　　)。

A. 并不能分散金融机构信贷风险

B. 政府出资、资助和承担一定的补偿责任

C. 是解决中小企业融资难的突破口之一

D. 受益主体主要以中小企业为主

8. 为获得资金，创业初期的企业不应该(　　)。

A. 将短期贷款用于较长时间才能产生效益的投资项目

B. 用折扣刺激现金流的产生，有时折扣太大以至于不足以弥补变动成本

C. 把股份转让给对“事业”毫无怜悯心的风险资本家

D. 逐渐重视企业的现金流量、贷款结构和融资成本等，必须要有符合实际的经营计划，而且要以“周”为单位来监控现金流量

9. 债权性资金的特点是(　　)。

A. 具有对企业的控制权

B. 到期从企业收回

C. 资金提供者参与企业的重大决策

D. 承担企业经营风险

10. 关于天使投资，下列说法不正确的是(　　)。

A. 天使投资是一种外部资金

B. 投资程序简单

C. 不是权益投资

D. 还可以提供专业知识和社会资源方面的支持

2. 多项选择题

1. 个人贷款的特征包括(　　)。

A. 贷款资金少，周转快

B. 贷款品种多、用途广

C. 还款方式灵活

D. 贷款便利

E. 贷款期限短

2. 企业借款合同的变更与解除情况包括(　　)。

A. 借款合同依法需要变更或解除的，必须经借贷双方协商同意，协商未达成之前借款合同继续有效

B. 需办理抵(质)押变更登记的，还应到原抵(质)押登记部门办理变更抵(质)押登记手续及其他相关手续

C. 保证人失去保证能力或保证人破产、分立、合并等情况

D. 借款人在还款期限内死亡、宣告死亡、宣告失踪

E. 借款人丧失民事行为能力

3. 以下各项中，属于流动资金贷款的有(　　)。

A. 中国银行的个人商用房贷款

B. 中国银行的个人投资经营贷款

C. 中国建设银行的个人助业贷款

D. “幸福时贷”个人无担保贷款

E. “现贷派”个人无担保贷款

4. 以下关于风险投资定义的说法正确的有(　　)。

A. 投资对象主要是新兴创业企业尤其是高科技创业企业

B. 通过资本经营服务对所投资企业进行培育和辅导

C. 在企业发育成长到相对成熟后退出投资，以便于一方面实现自身的资本增值，另一方面能够进行新一轮创业投资

D. 仅仅提供资本金支持，不参与企业经营管理

E. 风险投资的资金完全来自投资人自身

5. 风险投资的特征主要包括(　　)。

A. 高风险、高成长性、高预期回报

B. 风险投资属于长期性、权益类资本

C. 分段投资、复合式投资工具、合同制约

D. 参与管理和激励机制

E. 短期性

6. 以下关于有限合伙制的说法正确的有(　　)。

A. 有限合伙是一种税收透明的结构形式,能够避免重复纳税

B. 预定的年度管理费用能有效地控制风险投资基金的日常开销

C. 有限合伙能有效地约束风险资本家,降低其损害投资者利益的风险

D. 有限合伙有效地激励风险资本家出色地完成代理任务

E. 有限合伙的各方法律地位是平等的

7. 参与到风险资本投资中是投资银行的业务之一,以下说法正确的有(　　)。

A. 银行参与到风险资本市场的最常用方式是,投资于其自身充当一般合伙人的合伙公司

B. 投资银行支持的合伙公司业务方向主要是投资于创业型企业的早期阶段,并与投资银行的其他业务配合进行

C. 投资银行通过对创业型企业提供过桥式投资或成熟期投资而获得上市承销业务

D. 投资银行在创业型企业进行收购兼并或转售时提供财务顾问和包销服务等

E. 投资银行的主要目标是规避风险

8. 以下是风险投资阶段近年来呈现出从早期投资转向晚期投资的主要原因的有(　　)。

A. 在企业发展的晚期阶段投资较早期阶段投资比风险小

B. 风险投资的业绩由内部收益率评定。在计算内部收益率时,出售投资的时间长度正如最终所获绝对收益一样重要。投资时间越短,内部收益率越高。因此,风险资本家倾向于选择后期公司而不是早期的企业

C. 晚期阶段投资较早期阶段投资退出容易

D. 晚期投资从进入到退出比早期投资所需时间短

E. 产业经济的衰退

9. 传统的标准的对企业价值的评价方法包括(　　)。

A. 成本法　　B. 相对估价法　　C. 收益法　　D. 期权定价法

E. 市场法

10. 在治理结构安排中,风险资本家通常通过以下哪些办法来构筑针对被投资企业管理层的约束机制?(　　)。

A. 管理层雇佣条款　　B. 董事会席位

C. 表决权分配　　D. 反摊薄条款

E. 法律诉讼手段

第6章习题

知识点习题

1. 单项选择题

1. 我国资产负债表中，资产各项目排列顺序的依据是(　　)。

A. 流动资产、长期投资、固定资产、无形资产及其他资产

B. 流动资产、固定资产、长期投资、无形资产

C. 流动资产、长期投资、无形资产、固定资产

D. 其他长期资产、固定资产、无形资产、流动资产

2. 企业编制的会计报表，债权人侧重关心企业的(　　)信息。

A. 盈利能力　　B. 偿债能力

C. 资本结构　　D. 利润分配政策

3. 下列关于企业投资项目可行性研究的财务分析内容的表述，错误的是(　　)。

A. 进行财务现金流量分析

B. 需要从投资主体角度分析项目的偿债能力和财务生存能力

C. 一般是编制项目投资现金流量表和项目资本金现金流量表

D. 计算相应的财务内部收益率和财务净现值等指标

4. 下列属于非贴现现金流量指标的是(　　)。

A. 投资回收期　　B. 内部报酬率　　C. 获利指数　　D. 净现值

5. 只有当投资决策的投资报酬率(　　)资金成本时，企业才愿意投资。

A. 等于　　B. 高于　　C. 低于　　D. 无关于

6. 债权人在进行企业财务分析时，最为关注的是(　　)。

A. 获利能力　　B. 偿债能力

C. 发展能力　　D. 资产运营能力

7. (　　)是反映企业经营成果的会计报表。

A. 资产负债表　　B. 利润表

C. 现金流量表　　D. 会计报表附注

8. 资产负债表中资产的排列顺序是按(　　)。

A. 项目收益性　　B. 项目重要性　　C. 项目流动性　　D. 项目时间性

9. 影响企业短期偿债能力最根本的原因是（　　）。

A. 企业的经营业绩　　B. 企业的融资能力

C. 企业的权益结构　　D. 企业的资产结构

10. 净现值、净现值率和获利指数指标共同的缺点是（　　）。

A. 不能直接反映投资项目的实际收益率

B. 不能反映投入与产出之间的关系

C. 没有考虑资金的时间价值

D. 无法利用全部净现金流量的信息

2. 多项选择题

1. 会计报表使用者包括（　　）。

A. 投资者　　B. 债权人

C. 政府部门　　D. 企业管理者及企业职工

2. 利用资产负债表可以考核评价企业的（　　）。

A. 偿债能力　　B. 筹资能力

C. 财务风险　　D. 预测企业未来财务发展趋势

3. 下列项目中，列在资产负债表中的有（　　）。

A. 固定资产　　B. 累计折旧　　C. 货币资金　　D. 长期借款

4. 资产负债表能够提供（　　）信息。

A. 资产状况　　B. 负债状况

C. 所有者权益状况　　D. 利润形成状况

5. 会计报表按反映的经济内容可分为（　　）。

A. 反映财务状况的报表　　B. 反映财务成果的报表

C. 反映费用成本的报表　　D. 对内报表

6. 下列会计报表中，属于动态的会计报表的是（　　）。

A. 利润表　　B. 利润分配表

C. 库存现金流量表　　D. 资产负债表

7. 下列经济业务带来的现金流出，应当记入“经营活动产生的现金流量”项目的有（　　）。

A. 购买材料支付的货款

B. 融资租入固定资产支付的租赁费

C. 捐赠支出

D. 购买 3 个月内到期的短期债券投资支付的现金

8. 下列关于利润表的说法正确的有（　　）。

A. 反映企业在一定时期经营成果的报表，是一张动态报表

B. 通过收入与成本、费用相配比，全面反映企业在一定期间的经营成果

C. 可以分析企业的经济效益和盈利能力

D. 预测企业在未来一定时期内的盈利趋势

9. 现金流量表中的现金是一个广义的概念，包括(　　)。

A. 库存现金

B. 提前通知金融部门可随时支取的定期存款

C. 股票

D. 自购买日起 3 个月内到期的短期债券投资

10. 下列事项中，影响利润表中营业利润的有(　　)。

A. 营业外收入　　B. 财务费用

C. 投资收益　　D. 公允价值变动损益

第5部分 创新创业理论与实践案例分析

案例分析一　共享汽车的发展及预测——汽车分时租赁，从新能源汽车到无人驾驶汽车

案例分析二　海外互联网医疗——全美国最大医生社区

案例分析三　汇源果汁和麦当劳的市场细分

案例分析四　我做千夜旅游为什么会失败——千夜旅游联合创始人冯钰

案例分析五　创业团队股权设计

案例分析六　马云15年传奇融资路：从500万美元到243亿美元

案例分析七　中小企业融资选择

案例分析八　迷你KTV

案例分析九　医用甲壳质可吸收缝合线创业财务报告分析

案例分析一　共享汽车的发展及预测
——汽车分时租赁，从新能源汽车到无人驾驶汽车

随着人口快速成长，全球汽车保有量不断攀升，致使全球面临 CO_2 排放量逐年提升而引发气候异常，车辆增加造成都市拥堵、停车面积紧张，汽车产业面临挑战。因此，除了加强节能科技和电动汽车的发展，汽车共享(car-sharing)概念应运而生。

汽车共享是指用户自主服务、随时用车、车辆共享的商业模式。租车、用车、还车全程用户自主，不需要直接与汽车共享工作人员接触，用户可全天随时订车并就近取车，根据自己的需要共用汽车，不必购买私家车或乘坐出租车。这个新兴商业模式，对于使用者而言有相当多的好处，便利性胜过一般交通工具、使用时间弹性比传统租车方式更好、不需要负担保险和维护等费用，还具有异地还车等多项优势，多人共乘的方式使整体性价比更高。因此，汽车共享是一种创新的汽车消费模式，是出行方式的一场革命。

2014 年，汽车共享参与者及汽车共享数量都有相当惊人的成长，其中欧洲和亚洲地区的增长动力最强。在汽车共享的主要推行市场中，欧洲占半数，不仅是因为汽车共享是由欧洲发起，更重要的是汽车共享与新能源汽车的结合符合欧洲人民提倡的环保意识。而亚洲主要增长动力则来自中国，由于公共交通在城市地区仍有最后一段空白，以及一些城市的汽车牌照近年来不易取得，因此汽车共享便成为民众最好的选择。由于消费者(尤其是年轻人)更倾向于享受服务而非拥有汽车，所以包括汽车分时租赁在内的共享出行已经成为一种愈发盛行的潮流趋势。

一、汽车分时租赁

2010 年，中国首个汽车共享业务车纷享(ccclub)出现在阿里巴巴商业园区——一组小型车队在园区内部为人们提供出行服务。2013 年，中国的分时租赁汽车达到 780 辆，其中旗下汽车超过 50 辆的公司有五家。而如今，中国拥有超过 26 000 辆分时租赁汽车、数十家业务运营商，特别是在北京、上海、杭州、深圳、长沙、武汉等发达城市，汽车分时租赁市场尤为繁荣。

近五年来，不同背景的相关公司纷纷进入中国市场，评估并选择合适的运营模式，从而建立其独有的竞争优势。国际企业，特别是整车厂，越来越关注自身核心竞争力——汽车制造、零售与专业服务来构建新型生态系统。中国本土供应商主要分为三类：整车厂自有、整车厂提供支持的第三方运营商、第三方科技公司。其中大多数依靠政府补贴与本地化资源。这些企业与各利益相关方建立独家合作伙伴关系，争取在其商业模式盈利之前能够初步建立市场地位。

2013 年以来，本土企业加快发展步伐，大规模扩充汽车数量，到目前所拥有的汽车数量已高达分时租赁市场总车辆的 90%。当前中国汽车分时租赁市场总车辆数约为 26 000 辆，仅微公交一家就拥有约 10 000 辆，紧随其后的是 Evcard，我行 I-Go 和车纷享。

2015 年，罗兰贝格曾进行过一项相关调查，在 180 位受访者中，47%的人表示“听

说过”汽车分时租赁,经介绍之后,有76%的人对使用汽车分时租赁“感兴趣”。国内领先的汽车共享公司——中国(上海)电动汽车租赁公司Evcard的另一项调查显示,该公司超过50%的会员年龄在25~35岁之间。与其他成熟市场相比,2015年中国汽车分时租赁的全球市场份额略小,拥有车辆约占全球分时租赁汽车总数的16%。中国汽车分时租赁业务的注册会员约有800万人,占全球总数14%。经调查,注册会员中活跃用户比例不足30%。客户对“共享出行”的接受程度高,对于未来,调查者坚信中国市场拥有巨大潜力,并能为新的市场参与者提供广阔空间。

2015年10月,国务院鼓励汽车行业企业开发并实施新型汽车共享模式。2016年3月,国家发改委牵头10个国家部委共同提出新的指导方针,鼓励信用体系的完善和共享经济发展。由深圳发展研究中心主导的汽车分时租赁技术集成与应用项目正式实施;青岛政府提出“绿色出行计划”,在公务出行中使用分时租赁汽;上海为建立汽车分时租赁网络提供支持,包括提供一定数量的免费停车场等。计划实现汽车共享服务每年至少增加4 000辆汽车。北京在部委与相关机构建立汽车分时租赁试点项目,计划截至2016年底实现汽车分时租赁服务新增6 000辆汽车。政府提供财政补贴和政策性支持大力促进了共享模式发展。

汽车分时租赁运营模式中包括车辆购置、售后维护等主要成本,也包括首次购买和保险等高成本项目。如果无法与价值链上其他企业合作,汽车分时租赁运营商在初始投资和运营等环节将面临极大的资金压力,对现金流产生负面影响。消费者通常将汽车分时租赁作为出租车或专车的一种替代方案,但中国出租车费相对较低,进一步压缩了汽车分时租赁的定价空间。与西方国家不同,中国市场上出行的替代解决方案价格较低,这将提高消费者的价格敏感度,影响分时租赁汽车的出行率,从而进一步限制汽车分时租赁业务的盈利能力。导致成本上升的另一个因素是客户的不当行为,如违章停车、损坏车辆、丢失钥匙、交通违章、预订错误、违法租用、拒绝支付等。为解决客户不当行为造成的问题,企业不得不强化线下团队与相关技术,由此也推高了额外的成本支出。如更高的材料成本:钥匙、加油卡/充电卡、车辆牌照等损失不在保险公司的赔付范围之内,企业需要自己承担;更高的线下运营成本:企业还需要承担额外的洗车、挪动停放不当的汽车、追踪被盗汽车等其他相关费用;更高的后台成本:处理、追缴违章罚款等特殊情况的费用;更高的保险费用:由于缺乏对该行业保险建模经验,保险公司对分时租赁供应商车辆所收取的保费要比私家车高50%~100%。目前,大多数企业仍依靠政府补贴,尚未实现盈利并建立可持续发展的商业模式。如果仅仅关注政策规定和政府期待,运营商可能会忽视客户的价值主张,无法构建适当的用户场景,从而导致车辆的低利用率。

选择适当的用户场景是汽车分时租赁运营商实现业务可持续发展的重中之重。理想的汽车分时租赁用户使用场景应当是基于特定的使用需要,并在日常运营中易于实现,比如在该场景下其他出行服务或交通解决方案相对有限。汽车分时租赁运营商需要对目标客户群进行明确的定位,并在此基础上通过开发定制产品来吸引潜在客户。年轻消费者是思想领先的汽车分时租赁运营商的目标客户群。公开调查显示,基于对共享理念的了解以及私家车的局限性,年轻人对汽车分时租赁业务更感兴趣。同时,年轻人也更经常外出,例如参加社交活动、周末短途旅行、市内游览等。运营商需要创造性地提供汽车分时租赁的新型宣传方式来推动用户场景的构建,在创新设计中,汽车共享应不止是作为一种出行方式,而是一套完整的客户服务系统,其中涵盖客户用车的各种需求——购物、住宿、旅行与景点观光等。例如,微租车 Feezu 在海南某些主要景区建立了一个完整的汽车分时租赁网络来覆盖各种主要的出行场景,连接酒店、购物中心和旅游景点。这种完备的服务体系不仅能够提高用户体验,还可以为各个利益相关方带来附加价值,如案例分析图 1-1 所示。

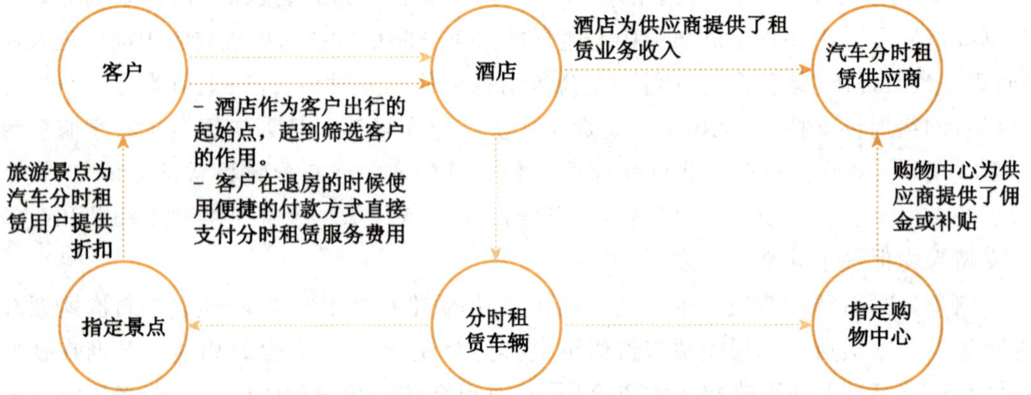

案例分析图 1-1 微租车的汽车分时租赁网络图

与成熟市场相比,汽车分时租赁在中国仍属于一种相对较新的商业模式,尚处于发展的早期阶段。然而,汽车分时租赁的客户潜力巨大、汽车数量增长迅速、来自不同背景的企业间的竞争日益激烈,在这些因素的共同作用下,中国汽车分时租赁的前景将非常广阔。

二、新能源汽车的应用

在专家看来,新能源共享汽车首先在某种程度更多是起到了“培育”新能源汽车消费者的作用。同济大学汽车学院新能源汽车产业化研究中心副主任吴小员就此话题接受中新网记者采访时指出,通过新能源共享汽车,可以让更多人了解、使用,甚至未来去购买新能源汽车。新能源共享汽车的出现,让消费者可以通过手机很方便地实现取还车和移动支付,也不用为没有地方安装充电桩等事情发愁。她介绍,上海已经超过巴黎等城市,成为全球最大的新能源汽车分时租赁运营城市。

2017 年 3 月初,300 余辆新能源分时租赁汽车正式落户北京国贸桥、双井桥、亮马桥、燕莎桥、华威桥等地,这批来自首汽集团 Gofun 出行的新能源汽车,成为继共享单车之后又一种绿色出行方式。

实际上,上海的新能源汽车分时租赁市场也值得注意。环球车享汽车租赁有限公司首席市场官黄春华说:“上海市在去年底时已经成为了全球最大的新能源汽车分时租赁运营城市。”作为其中一家企业,环球车享旗下的 EVcard 目前已在上海投入了 1.5

万辆新能源汽车，黄春华认为："汽车企业其实对我们的分时租赁模式是非常欢迎的，诸如北汽新能源、上汽、广汽、江淮、奇瑞、宝马都会与我们达成合作关系，因为我们最起码一次性会采购几百辆到几千辆新能源汽车，这对车企来说将是一个很好的营销渠道，甚至比面向个人的销售方式更便利，不仅如此，通过体验分时租赁模式，消费者对新能源汽车的直观感受，接受度也将逐步提高。"

分时租赁市场正在成为新能源汽车一个消化点。当前，新能源汽车销售市场暂时出现低迷状况，原因主要是补贴滑坡、地方细则不明确、消费者在观望，而共享汽车是新能源汽车的其中一项销售渠道，分时租赁企业采取整车采购、批量投放的方式拓展市场，势必对车企有一定积极意义。对此，Gofun 出行相关负责人表示："北京因受制于机动车牌照发放总量的控制，2016 年仅发放 2 000 个电动汽车牌照，而 Gofun 是其中享有牌照最多的企业，共计 800 个牌照，全部用于购买电动汽车并投入到分时租赁业务中。截至今年初，Gofun 出行在北京市内投放的汽车数量已达 1 100 辆。"

不过，众所周知，共享新能源汽车模式的推广工作依然有不少难点需要突破，光是完善在基础设施方面就需要大量的前期投入，加上共享单车市场的冲击，尽管一次性可以投入几千辆新能源汽车，但这一数量可能与共享单车投放的数量无法比较，所以共享汽车模式从投入期到市场广泛接受的周期会更长一点。近几年公众对这一新兴业态的认知度大大提升，国家对新能源以及共享概念也在坚定推动和持续探讨中，汽车共享和新能源汽车的结合符合现代环保观，两者相辅相成，相互促进。

三、自动驾驶汽车

共享一切的经济模式和无人驾驶的技术趋势是业界公认的促进汽车与人的关系发生根本转变的最重要因素。这两种全新概念诞生时间都不长，但却以汹汹之势改变着全世界每一个人的生活。近期，百度公司发布了"Apollo"新计划，将向汽车行业及自动驾驶领域合作伙伴提供一个开放、完整、安全软件平台，帮助合作伙伴搭建一套属于完整自动驾驶系统。陆奇表示，"百度将把自己所拥有的自动驾驶技术开放给业界，旨在建立一个以合作为中心的生态体系，共同促进自动驾驶技术的发展和普及。"

据最新报道，苹果已获得在美国加州测试无人驾驶汽车的许可证。加州机动车管理局(DMV)周五表示，该许可证允许苹果的三辆汽车及六名司机在公路上测试无人驾驶汽车技术，这些汽车全部是 2015 款雷克萨斯 RX450h。媒体纷纷惊呼苹果无人车要来了，苹果的无人车真的要来了吗？据美国《汽车新闻》报道，福特汽车为无人驾驶技术发展策划双重路线，其执行董事长比尔·福特称，仅坚持传统的汽车销售路线还不足以让福特汽车公司在第二个百年中风生水起，正因如此，福特公司如今正在两条道路上同时前进，一条是自动驾驶汽车，另一条是车辆共享。福特称，能够使汽车销售量变少并且使更多车辆共享的汽车制造商才会取得成功，这些制造商还需要忽略这样做的风险。比尔·福特说："如果我们什么也不做，靠着现有的商业模式吃饭，等待我们的只有组装别人的东西，使用很高的固定成本，获得非常低的利润。找到如何走出困境的公司才能获得利润增长，而在某种程度上，改变商业模式会是一条充满生机的道路。"

抛开这些新闻，让我们先从无人车产业链的角度好好思考这个问题。整个汽车以及出行行业正在经历百年一遇的颠覆性转型，这是一块超级大的蛋糕，各路“玩家”(传统汽车制造商、科技巨头、互联网新贵)纷纷加入战团，希望能从中分得一杯羹。进化到无人驾驶时代，人的出行模式和汽车行业的商业模式都会有巨变。

以后将会是车来开车而不是人来开车，同时出行将成为一种服务，个人购车比率会显著下降，汽车所有权将更多归于车队和共享网络。个人直接购买无人车的比例会下降，即使在没有无人驾驶的今天，拥有私家车的重要性都在下降而共享出行急剧增加：在美国，年轻人(16～24 岁)持有驾驶证的比例从 2000 年的 76%下降到 2013 年的 71%；而在过去 5 年，北美的汽车共享服务使用量每年都增长超过 30%。即使搁置个人会不会直接购买无人车的争论，汽车网络、出行网络占有率都会提升很大，这是因为就算个体还是会去购买自动驾驶车，考虑到个人只有 5%的时间在真正使用车，那么有效利用其他 95%的时间唯一方法就是加入共享网络。而无人驾驶车队很有可能成为基础出行服务提供商，他们会像航空公司、公交系统一样提供基础服务。这也会带来商业模式的巨变，因为在这种模式下，无人车购买决策将不再是个人而是由车队决定，车队看重的可能更多是可靠性、性价比等因素。

在这种模式下面，无人驾驶汽车制造厂商将是价值链上附加值最低的部分，提供差异化很低的整车制造能力，而且更多的是比拼性价比和可靠性，就如同现在的富士康，从成本和效率角度，未来中国有望成为无人驾驶汽车制造的大本营。无人车共享网络也会在未来的无人车战局里占据重要战略地位。在汽车共享模式中，人们对汽车的需求将变得短时而单一，碎片化的使用环境让汽车的性能定义变得单纯而明确，各种功能兼顾的传统理念将不再必需。一个人的多种出行方式，将搭配选择不同的车型，彻底突破一人一车的局限。

设计师将不必为如何平衡各种矛盾需求而挠头，因为用户并不介意满载行李去机场时腿部空间稍微局促一点，也不会在接送孩子时吐槽音响不够好。当然，共享模式对汽车的改变并非只有简单面，复杂的另一面也会有，只不过这种复杂将更多的由用户来定义。

比如汽车的版本配置数量将远远超出现在水平，所安装的智能设备也将具备极大的变通兼容能力，而用户则通过移动设备锁定自己独特的需求，当这三者快捷自由地建立连接之后，汽车的极端个人化也就真正实现了。

总之，与其他国家市场类似，中国汽车行业也正从单纯的汽车制造向以客户为导向的服务行业转变。面对绿色出行，共享经济模式，在行业转型的大潮中，最先采取行动的企业无疑将抢占汽车分时租赁业务最大的市场份额，这将与约三十年前大众汽车率先进入并抢占中国市场的成功经历如出一辙。

案例分析二　海外互联网医疗——全美国最大医生社区

在互联网医疗创业领域，医生入口程序因影响到生态环境中的重要角色——医生群体而显得格外受到关注。一直以来美国最大的医师在线社交网络平台 Doximity 是国内创投人士们常挂在嘴边谈论的模仿对象之一，但 Doximity 究竟都做了些什么，是怎样做的，构建了怎样的商业逻辑和盈利模式，却从未有公开性的研究或报道来系统解剖，动脉网互联网医疗研究院详细梳理了 Doximity 的脉络。

Doximity 经常被称作“医师们的 LinkedIn”。它为专业医疗人员提供了一个进行业内联络、信息交流和医疗合作的安全平台。从成立到 2014 年底，Doximity 的会员人数在短短三年时间里增加到了 40 万人，这意味着超过一半的美国医师加入了这个网络。与此同时，医师们累计在 Doximity 上创建了 2 000 多万个专业联络关系(相当于平均每个成员有 53 个直接关联的同事)。每天医师们通过 Doximity 发送的加密信息超过 2 万条。3 年多时间里累计有将近 21.5 万个工作机会通过 Doximity 提供给其成员。

Doximity 也备受风险投资机构青睐。经过三轮融资，Doximity 共筹到了 8 180 万美元，是得到最多风险投资的医疗行业社交网站。但是 Doximity 表示，2014 年初，公司的现金流开始出现增长，所以并不急于花掉最新一轮融资得来的 5 400 万美金。从各个角度来说，Doximity 都可算是垂直社交网络发展的成功典范。下面我们就来看看 Doximity 有什么特别之处。

一、封闭型社交网络

Facebook 和 LinkedIn 这样的社交网络具有庞大的用户群，但这些面向大众的社交网络并不适合负有隐私保护责任的医师等职业人员。医师们如何能充分利用社交网络的优势又不违背美国《健康保险隐私及责任法案》(Health Insurance Portability and Accountability Act，以下均缩写为 HIPAA)呢？Doximity 提出了有效的解决办法和 LinkedIn 以及 Facebook 的全面开放不同，Doximity 只对全科和专科医师、注册护士、医师助理等医疗保健领域的专业人员开放。这个强大的封闭型社交网络建立在详尽的医师信息的基础上。

Doximity 深度整合了 21 个公共数据库，其中包括美国国家医疗保健提供者标志符(National Provider Identifier, NPI)的数据库和美国联邦医疗保险的数据库，以及一系列的医学院、医院、医学成像中心以及药房等医疗保健机构的医师数据库。因此 Doximity 拥有几乎全部美国医师的公共资料。

医师只要在 Doximity 中输入姓名和执业地区，并回答一些身份验证的问题就可以找到自己的 Doximity 档案。这份档案包括了医师的地址、行医区域、专业特长和发表过的学术文章等公共信息。医师需要通过三个步骤的身份认证才能最终完成 Doximity 账户注册，获得对档案的所有权。一旦登入 Doximity 的用户平台，医师们可以更新和补充他们的执业信息、上传及修改简历、与选定的同事交换私人信息等。

Doximity 的封闭性性保证了这个社交网络平台的私密和安全，同时也提供了一个符合 HIPAA 规范的交流平台。

在这里，医师可以使用他们的真实姓名和身份分享自己的职业经验，进行高水平的专业交流和病例合作诊断。对专科医生来说，Doximity 的平台能够帮助他们巩固自己的职业声望,加强专业联系,提高专业水平,而全科医生和其他医疗工作者则使用Doximity的强大内部搜索引擎寻找转诊医师、检测机构、药房和其他资源。以前需要花费大量时间的工作现在Doximity中只是常见的简单操作。

二、符合HIPAA规范的移动沟通方式

根据HIPAA的要求,美国医师不能使用电子邮件和手机短信进行工作交流,以免造成病患隐私信息泄漏,所以他们在工作中最常使用的沟通工具还是传统的电话和传真。据调查,美国医师每天用电话联络同事的平均时间为40分钟。每年医疗保健系统产生的传真能够达到1.5亿页,传真一份病历的平均时间则达到了15分钟。虽然电子病历的推广很大程度上提高了医疗沟通的效率,但是86%的电子档案并不支持外部分享。医疗人员之间的交流不畅极易导致对病人治疗的延误。据The Joint Commission on Accreditation of Healthcare Organizations统计,65%的医疗事故根源在于医疗人员之间的沟通出了问题。

Doximity是第一个采用符合HIPAA规范的沟通方式的社交网站。

最初Doximity的成员之间可以使用经过特殊加密的符合HIPAA规范的短信系统进行交流。目前这个功能已经整合进一个独立的,使用Doximity用户接口的手机应用软件。Doximity中的短信产品则升级到了DocMail。医师可以通过DocMail发送格式丰富,容量更大的信息,比如高分辨率照片和多页检测报告等。这些信息可以用安全和非安全方式发送。安全信息需要接收者提供个人识别码才能查看。接收非安全信息则没有严格限制。

虽然提供符合HIPAA规范的短信和邮件服务,Doximity并没有强迫医师们改变他们常年形成的工作习惯。DocFax是Doximity最受欢迎的产品之一。每个在Doximity登记的用户都会得到一个私人传真号码。任何人无论是否加入Doximity网络都可以直接向这个号码发传真。医师们可以在智能手机、平板电脑和台式机上使用Doximity的应用软件回复、存储、签署、转发或者打印这些传真。一旦传真被对方接收,系统会给发件人发回回执。

以上提到的这些沟通工具虽然都有台式机的版本,但都是优先为移动设备如智能电话和平板电脑设计的,以保证医师无论在办公室、病房、实验室或出诊途中都能随时联络同事。这体现了Doximity把移动性作为产品设计第一原则的设计理念。

三、Doximity的盈利模式

Doximity的创始人谈到Doximity的商业模式时提到了三个可能的利润来源。

(1) Doximity的各种产品会继续向个人用户免费开放,但医院可以付费使用加强版的交流工具和其他附加功能。

(2) 另一个可能的盈利点是医师调查。医学研究机构可以通过Doximity邀请医师参加一些医学保健方面的有偿问卷或是咨询工作。

(3) 当然Doximity还有一个更重要的盈利方式就是协助医师招聘。美国医师短

缺的现象日益严重,医师招聘是一个年利润可超过 7 000 万美元行业。Doximity 协助人力资源公司和各类医疗组织招聘具有各种特定职业背景和专业技能的医师,以及从事咨询,代理医师和参与国际救援工作的人员。这种招聘性中介目前仍是 LinkedIn 和 Doximity 这样的商业社交网站最主要的收益来源。为提高医师招聘的效率并且帮助 Doximity 成员获得适合的工作机会,Doximity 将早期版本中有关招聘的功能加以整合升级,推出了 Talent Finder 产品。Talent Finder 类似于招聘配对服务。使用 Talent Finder, Doximity 的成员医师可以将他们的职业档案和简历分享给医院、健康系统和其他潜在的雇主。他们也可以细化感兴趣的工作地点、薪资、工作班次和时间等求职要求。通过 Talent Finder,招聘者可以利用地点、教育背景、专业领域等条目迅速检索 Doximity 的网络,发现符合条件的求职者并通过 DocMail 和他们联络。这样的服务极大程度上保证无关的招聘信息不会打扰医师繁忙的工作,同时招聘活动的成功率也比传统的医师招聘方式高出很多。

长远来看,Doximity 还有其他机会从对细分市场的渗透中获利。Doximity 的医师群体规模虽然不大,但是具有超强购买决策力。定向广告或是医疗设备制造商和医药公司的赞助活动等都可能成为 Doximity 下一个金矿。Doximity 的创业团队或许也看到了这些机会,但是目前他们在提供广告服务方面还没有任何明显举动。

他们必须要保证对商业利益的追求不要损害到医疗人员的用户体验。毕竟对这个专业市场的高占有率和高渗透率才是 Doximity 在细分市场占有主导地位的根源及未来一切盈利活动的基础。

四、提高市场占有率的商业战略

正因为高市场占有率对 Doximity 盈利能力的重要意义,Doximity 的团队在三年多的时间里陆续推出了多个提高 Doximity 成员价值,改善用户体验的特色产品,以期吸引更多医师加入并且提高现有用户的网络活跃度。动脉网制作了以下这张 Doximity 产品家族图谱,体现了围绕医生群体多维度的互联,如案例分析图 2-1 所示。

2012 年, Doximity 推出了第一个 HIPAA 加密的医生论坛 iRounds。不久, DocNews 产品上线。Doximity 整合了数百家专业杂志的信息源并且可以发送定制新闻,使医师们在忙碌的工作当中也能及时了解行业信息。

2013 年 5 月,Doximity 和克里夫兰诊所合作开发了新的医学继续教育系统。新的教育模式将医学继续教育从传统的课堂和研讨会转移到了个人网络空间。Doximity 的成员从此不必离开工作和病人出远门参加学术研讨会,而能够在工作间隙使用移动设备进行在线学习及讨论最先进的医学研究成果,进而获取医学继续教育的学分。

2013 年 9 月,Doximity 应用接口开放。医师们只要使用 Doximity 登录信息就可以登入多个健康医学网站和手机应用。

2015 年初,Doximity 推出了事业巡航者工具。这个互动式的薪酬地图包括了 48 个医疗专科在美国各个地区的薪酬趋势,能够帮助医师更好地进行职业规划和薪资谈判。

除了推出上述多项满足医师用户群需求的产品之外,Doximity 还通过战略合作来

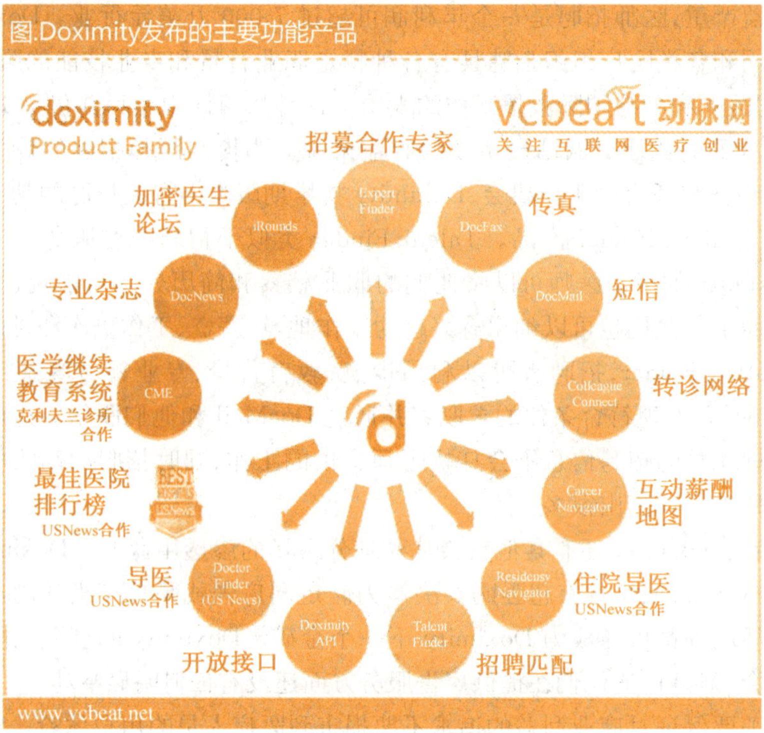

案例分析图 2-1 Doximity 产品家族图谱

争取新用户的加入。其中规模最大的就是和美国新闻与世界报道的合作。这家媒体公司是美国最佳医院、最佳医学院和最佳健康保险计划排名的发布者。为编制最佳医院排名，公司每年都会对医师进行问卷调查。医师的意见对这个排名有相当重要的意义。在美国新闻和 Doximity 合作之后，所有的医师问卷都可以通过的 Doximity 完成。虽然 Doximity 没有明确说明这次合作究竟如何影响了 Doximity 的用户数量，可以肯定的是有相当多的医疗机构督促自己的员工加入 Doximity 网络并在线完成问卷。

同样，Doximity 和美国新闻合作推出了住院医师导航。Doximity 成员可以利用这个工具搜索美国最好的住院医师项目。这个工具推出之后，加入 Doximity 的医学院高年级学生数由原来学生总数的 12%上升到了 40%，而这些未来的医师还没有被计算在现有的 40 万 Doximity 专业成员之内。

Doximity 一系列产品和合作项目的推出对于提升市场占有率的作用非常明显，用户总数持续稳定的增长显示了 Doximity 稳固的市场地位和强劲的盈利潜力，企业的现金流也在 2014 年 1 月第一次出现增长。

这一切成绩离不开 Doximity 创业团队的努力工作。Doximity 的创始人 Jeff Tangney 是全球第一家移动医疗上市公司 Epocrates 的创始人，一手带领 Epocrates 走向 IPO。联合创始人 Nate Gross 除了具有医学院的教育背景，也是一家医药健康领域种子基金的联合创始人。LinkedIn 的联合创始人 Konstantin Guericke 也在 2012 年加入了 Doximity 的董事会。作为世界上最大商业社交网络的创始人，他显然在如何吸引用户和快速建立大型社交网络方面具有丰富的经验。

除此之外,Dximity 的团队中有部分成员来自 Epocrates 的创业团队,有接近 10% 的员工有医师背景。Doximity 每月和每年都会召集不同规模的医师聚会,听取医生对产品设计的意见。在深入理解客户群体的需求方面,Doximity 做出了很多努力。所以 Jeff Tangney 曾说过,Doximity 是一款医师设计给医师用的应用软件。

五、融资现况与未来

近几年来,投资者们对于垂直社交网络的投资兴趣大增。几个新成立的面向细分市场的社交网络都吸引了几百万级的投资。投资者们坚信这些新兴企业能够从招聘者和市场营销人员那里获取丰厚的利润。Doximity 也是这股潮流的受益者。强大的盈利潜力和开发团队深厚的创业背景无疑使 Doximity 更受投资者关注。

Doximity 先后进行过三轮融资,2011 年 3 月,A 轮融资 1 080 万美元。2012 年 9 月 B 轮融资 1 700 万美元。2014 年 4 月,C 轮融资 5 400 万美金,其融资与发展历程如案例分析图 2-2 所示。

在只有三年的时间里,Doximity 共获得了总共 8 100 万美元的投资。6 个投资者中有 2 个对 Doximity 进行了重复投资,足见投资者对 Doximity 商业前景的认可。另一个值得注意的是 Doximity 的投资者混合了善于进行早期投资的风险投资者和一般在公司上市之前才会介入的晚期投资专家。虽然最近一轮投资中,双方并没有公布对公司的估值。业界有专家估计 Doximity 的价值将会很快达到 10 亿美元。

Doximity 最终会计划上市,但是 CEO Jeff Tangney 认为虽然有一些晚期投资者会催促企业尽早上市,但是对于 Doximity 这样价值不断增长的企业来说,投资者的套现等待期肯定要更长一些。

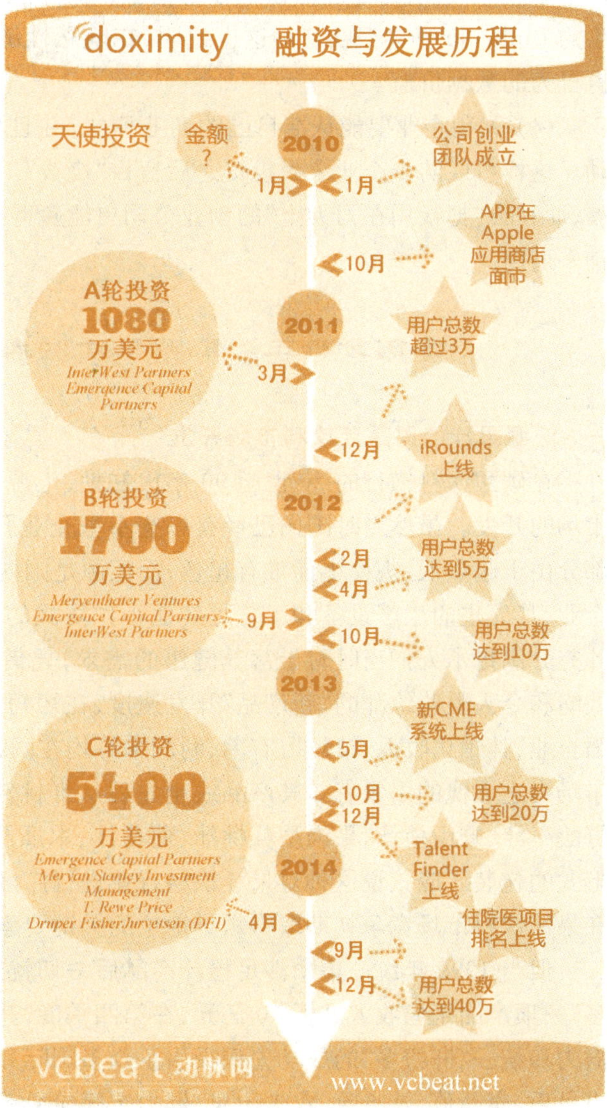

案例分析图 2-2 Doximity 融资与发展历程

六、Doximity 的发展对中国医疗类网站创业的一些启示

(1) 在企业的盈利行为可能和用户的利益发生冲突的时候，创业者需要格外谨慎地采取商业行动。为了短期利润动摇了用户基础，企业很可能再也达不到更为重要的长期利润目标。国内做医生入口的创业团队一贯以为收入将主要来自药企的市场合作，但事实上 Doximity 并非如此。

(2) 因为医疗类的细分市场规模有限，新建企业必须要迅速提高市场占有率并在一定时间内保有高市场占有率才能抢占商业先机，稳固自己的市场地位。但这个目标的达成是建立在对细分市场用户的行为模式和需求有深入了解，并且能够迅速推出符合市场需求的产品的基础上。同时，善于利用战略合作也能够取得出人意料的效果。

(3) 虽然因为患者信息的使用受 HIPAA 的限制，但就医师招聘、薪酬等领域，Doximitiy 不遗余力地进行数据分析挖掘，并善用数据可视化工具。说 Doximity 是医生的 Linkedin 确实很贴切。这也说明，在隐私性敏感数据之外，这个领域还有其他大有可为的数据价值。

(4) 初创企业要能认准自己的商业模式，并且尽量围绕这个商业模式开展商业活动。这样可以防止企业拿到投资之后盲目"烧钱"。企业不但有足够的资金支持后续发展，而且会"把钱用在刀刃上"的创业公司更能赢得投资者的信任和赞赏，为未来的融资铺平道路。

案例分析三　汇源果汁和麦当劳的市场细分

一、汇源果汁的果蔬汁饮料市场开发

在碳酸饮料横行的 20 世纪 90 年代初期，汇源公司就开始专注于各种果蔬汁饮料市场的开发。虽然当时国内已经有一些小型企业开始零星生产和销售果汁饮料，但大部分由于起点低、规模小而难有起色；而汇源是国内第一家大规模进入果汁饮料行业的企业，其先进的生产设备和工艺是其他小作坊式的果汁饮料厂所无法比拟的。汇源果汁充分满足了人们当时对于营养健康的需求，凭借其 100％纯果汁专业化的"大品牌"战略和令人眼花缭乱的"新产品"开发速度，在短短几年时间就跃升为中国饮料工业十强企业，其销售收入、市场占有率、利润率等均在同行业中名列前茅，从而成为果汁饮料市场当之无愧的引领者。其产品线也先后从鲜桃汁、鲜橙汁、猕猴桃汁、苹果汁扩展到野酸枣汁、野山楂汁、果肉型鲜桃汁、葡萄汁、木瓜汁、蓝莓汁、酸梅汤等，并推出了多种形式的包装。应该说这种对果汁饮料行业进行广度市场细分的做法是汇源公司能得以在果汁饮料市场竞争初期取得领导地位的关键要素。

但当 1999 年统一集团涉足橙汁产品后一切就发生了变化，在 2001 年统一仅"鲜橙多"一项产品销售收入就近 10 亿元，在第四季度，其销量已超过"汇源"。市场的巨大的潜力和统一"鲜橙多"的成功先例吸引了众多国际和国内饮料企业的加入，可口可乐、百事可乐、康师傅、娃哈哈、农夫山泉、健力宝等纷纷杀入果汁饮料市场，一时间群雄并起、硝烟弥漫。根据中华全国商业信息中心 2002 年第一季度的最新统计显示，"汇源"的销

量同样排在鲜橙多之后，除了西北区外，华东、华南、华中等其他六大区都被鲜橙多和康师傅的“每日 C”抢得领先地位，可口可乐的“酷儿”也表现优异，显然“汇源”的处境已是大大不利。尽管汇源公司把这种失利归咎于可能是因为“PET 包装线的缺失”和“广告投入的不足”等原因造成，但在随后花费巨资引入数条 PET 生产线并在广告方面投入重金加以市场反击后，其市场份额仍在下滑。显然，问题的症结并非如此简单。

在市场的导入初期，由于客户的需求较为简单直接，市场细分一般是围绕着市场的地理分布、人口及经济因素等广度范围展开的。

各细分的子行业由于有易于识别的有形标准，相互间往往不交叉，且这种分类标准一经确定后往往多年不变。其一般应用在政府、行业协会及研究机构等，主要目的是为了从整个行业产业链的角度加以引导和规范使其健康发展。其特征表现在目标细分市场的形象化。也就是说，通过市场的广度细分，其目标细分市场可以直接形象地描写出来。比如说，当企业把市场分割为中老年人、青年人以及儿童等几个目标细分市场时，人们都能形象地知道这些细分市场的基本特征。由于这种“分类”方法简单、易于操作、费用低，大部分企业都可掌握且也乐于采用。但只有在市场启动和成长期的恰当时机率先进行广度市场细分的企业才有机会占有更大的市场份额。这时候品牌竞争往往表现得不够明显，竞争一般会表现在产品、质量、价格、渠道等方面，有人称之为产品竞争时代，汇源果汁就是在此期间脱颖而出的一个专业品牌，并成为数年来果汁业的领跑者。

但当客户的需求多元化和复杂化，特别是情感性因素在购买中越来越具有影响力的时候，此时市场竞争已经由地域及经济层次的广度覆盖向需求结构的纵深发展了，市场也从有形细分向无形细分(目标市场抽象化)转化，即细分后的目标市场，无法通过形象的描述来说明。例如，我们可以通过市场的深度细分，找到“追求时尚”这一目标细分市场。但这个目标细分市场在哪里？它是由哪些顾客组成？这些顾客是否有着共同的地理、人口及经济因素特征？企业应该采取什么样的方法与这个目标细分市场人群沟通？显然，这时的目标细分市场已经复杂化和抽象化了，企业对消费者的关注也已从外在因素进入心理层面因素。同时，企业也无法用传统的方法去接近所选择的目标细分市场，这时运用科学的市场研究方法来正确地细分市场就显得尤其重要了。而这时仍然运用市场竞争初期的浅度市场细分方法甚或“行业细分”的方法对市场进行细分已根本无法适应市场竞争的要求。以统一“鲜橙多”为例，其通过深度市场细分的方法，选择了追求健康、美丽、个性的年轻时尚女性作为目标市场，首先选择的是 500 毫升、300 毫升等外观精制适合随身携带的 PET 瓶，而卖点则直接指向消费者的心理需求：“统一鲜橙多，多喝多漂亮”。其所有的广告、公关活动及推广宣传也都围绕这一主题展开，如在一些城市开展的“统一鲜橙多 TV-GIRL 选拔赛”“统一鲜橙多阳光女孩”及“阳光频率统一鲜橙多闪亮 DJ 大挑战”等，无一不是直接针对以上群体，从而极大地提高了产品在主要消费人群中的知名度与美誉度。再看可口可乐专门针对儿童市场推出的果汁饮料“酷儿”，“酷儿”卡通形象的打造再次验证了可口可乐公司对品牌运作的专业性，相信没有哪一个儿童能抗拒“扮酷”的魔力，年轻的父母也对小“酷儿”的可爱形象大加赞赏。

而“汇源”果汁饮料从市场初期的“营养、健康”诉求到现在仍然沿袭原有的功能性诉求，其包装也仍以家庭装的为主，根本没有具有明显个性特征的目标群体市场。只是运用广度（也是浅度）市场细分的方法切出“喝木瓜汁的人群”“喝野酸枣汁的人群”“喝野山楂汁的人群”“喝果肉型鲜桃汁的人群”“喝葡萄汁的人群”“喝蓝莓汁的人群”等一大堆在果汁市场竞争中后期对企业而言已不再具有细分价值的市场。即使其在后期推出了500毫升的PET瓶装的“真”系列橙汁和卡通造型瓶装系列，但也仅是简单的包装模仿，形似而神不似。（汇源近期推出的“他她水”功能饮料颇有新意，自是另当别论）

至此，我们已能看出在这场果汁饮料市场大战中，汇源公司领导地位如此轻易被动摇真正原因。我们说汇源与统一、可口可乐公司比较，他们间的经营出发点、市场细分方法的差异才是导致市场格局发生变化的关键因素。

汇源是从企业自身的角度出发，以静态的广度市场细分方法来看待和经营果汁饮料市场；而统一、可口可乐等公司却是从消费者的角度出发，以动态市场细分的原则（随着市场竞争结构的变化而调整其市场细分的重心）来吸引人和经营市场。同样是“细分”，但在市场的导入期、成长期、成熟期和衰退期，不同的生命周期却有不同的表现和结果。

二、麦当劳瞄准细分市场需求

麦当劳作为一家国际餐饮巨头，创始于20世纪50年代中期的美国。由于当时创始人及时抓住高速发展的美国经济下的工薪阶层需要方便快捷的饮食的良机，并且瞄准细分市场需求特征，对产品进行准确定位而一举成功。当今麦当劳已经成长为世界上最大的餐饮集团，在109个国家开设了2.5万家连锁店，年营业额超过34亿美元。

回顾麦当劳公司发展历程后发现，麦当劳一直非常重视市场细分的重要性，而正是这一点让它取得令世人惊羡的巨大成功。

市场细分是1956年由美国市场营销学家温德尔·斯密首先提出来的一个新概念。它是指根据消费者的不同需求，把整体市场划分为不同的消费者群的市场分割过程。每个消费者群便是一个细分市场，每个细分市场都是由需要与欲望相同的消费者群组成。市场细分主要是按照地理细分、人口细分和心理细分来划分目标市场，以达到企业的营销目标。

而麦当劳的成功正是在这三项划分要素上做足了功夫。它根据地理、人口和心理要素准确地进行了市场细分，并分别实施了相应的战略，从而达到了企业的营销目标。

1. 麦当劳根据地理要素细分市场

麦当劳有美国国内市场和国际市场，而不管是在国内还是国外，都有各自不同的饮食习惯和文化背景。麦当劳进行地理细分，主要是分析各区域的差异。如美国东西部的人喝的咖啡口味是不一样的。通过把市场细分为不同的地理单位进行经营活动，从而做到因地制宜。

每年，麦当劳都要花费大量的资金进行认真的严格的市场调研，研究各地的人群组合、文化习俗等，再书写详细的细分报告，以使每个国家甚至每个地区都有一种适合当地生活方式的市场策略。

例如，麦当劳刚进入中国市场时大量传播美国文化和生活理念，并以美国式产品牛肉汉堡来征服中国人。但中国人爱吃鸡，与其他洋快餐相比，鸡肉产品也更符合中国人的口味，更加容易被中国人所接受。针对这一情况，麦当劳改变了原来的策略，推出了鸡肉产品。在全世界从来只卖牛肉产品的麦当劳也开始卖鸡了。这一改变正是针对地理要素所做的，也加快了麦当劳在中国市场的发展步伐。

2. 麦当劳根据人口要素细分市场

通常人口细分市场主要根据年龄、性别、家庭人口、生命周期、收入、职业、教育、宗教、种族、国籍等相关变量，把市场分割成若干整体。而麦当劳对人口要素细分主要是从年龄及生命周期阶段对人口市场进行细分，其中，将不到开车年龄的划定为少年市场，将 20 岁～40 岁之间的年轻人界定为青年市场，还划定了老年市场。

人口市场划定以后，要分析不同市场的特征与定位。例如，麦当劳以孩子为中心，把孩子作为主要消费者，十分注重培养他们的消费忠诚度。在餐厅用餐的小朋友，经常会意外获得印有麦当劳标志的气球、折纸等小礼物。在中国，还有麦当劳叔叔俱乐部，参加者为 3 岁～12 岁的小朋友，定期开展活动，让小朋友更加喜爱麦当劳。这便是相当成功的人口细分，抓住了该市场的特征与定位。

3. 麦当劳根据心理要素细分市场

根据人们生活方式划分，快餐业通常有两个潜在的细分市场：方便型和休闲型。在这两个方面，麦当劳都做得很好。

例如，针对方便型市场，麦当劳提出“59 秒快速服务”，即从顾客开始点餐到拿着食品离开柜台标准时间为 59 秒，即不得超过一分钟。针对休闲型市场，麦当劳对餐厅店堂布置非常讲究，尽量做到让顾客觉得舒适自由。麦当劳努力使顾客把麦当劳作为一个具有独特文化的休闲好去处，以吸引休闲型市场的消费者群。

通过案例分析，麦当劳对地理、人口、心理要素的市场细分是相当成功的，不仅在这方面积累了丰富的经验，还注入了许多自己的创新，从而继续保持着餐饮霸主的地位。当然，在三要素上如果继续深耕细作，更可以在未来市场上保持住自己的核心竞争力。

首先，在地理要素的市场细分上，要将研究出来的市场策略应用到实际中提高效率。麦当劳其实每年都有针对具体地理单位所做的市场研究，但应用效率却由于各种各样的原因不尽如人意。如麦当劳在中国市场的表现，竟然输给在全球市场远不如它的肯德基，这本身就是一个大问题。麦当劳其实是输给了更注重本土化的肯德基。这应该在开拓市场之初便研究过的，但是麦当劳一上来还是主推牛肉汉堡，根本就没重视市场研究出来的细分报告。等到后来才被动改变策略，推出鸡肉产品，这是一种消极的对策，严重影响了自身的发展步伐。

所以，针对地理细分市场，一定要首先做好市场研究，并根据细分报告开拓市场，注意扬长避短是极其重要的。

其次，在人口要素细分市场上，麦当劳应该扩大划分标准。不应仅仅局限于普遍的年龄及生命周期阶段。可以加大对其他相关变量的研究，拓宽消费者群的“多元”构成，配合地理细分市场,进行更有效的经营。

例如,麦当劳可以针对家庭人口考虑举行家庭聚会,营造全家一起用餐的欢乐气氛。公司聚会等也是可以考虑的市场。

最后,在心理细分市场上,有一个突出的问题,即健康型细分市场浮出水面。这对麦当劳是一个巨大的考验。如果固守已有的原料和配方,继续制作高热和高脂类食物,对于关注健康的消费者来说是不可容忍的。

案例分析四 我做千夜旅游为什么会失败
——千夜旅游联合创始人冯钰

一、企业背景

千夜旅游是2013年3月正式上线的定制旅行类服务商,其致力于为旅游爱好者提供智能出行和线路规划服务,用户输入目的地、选择当地的名胜景点和特色活动,然后智能旅行顾问帮助规划最优行程、并由专业旅行服务商提供咨询、报价,签约出行。千夜旅游网于同年5月即获得中关村兴业投资的1 000万元融资,直到团队解散,千夜旅游网的账面仍保持着高达100多万元的金额。

2014年8月底,千夜旅游网站发布公告称,自2014年9月1日起,网站将全面停止服务,包括千夜旅游网、千叶神灯等业务,其会员中心、呼叫中心、机票业务也将通通停止受理。

曾在在线旅游领域坚持三年的千夜旅游网未能逃脱失败的命运,公司联合创始人冯钰回顾三年创业经历,对其创业失败进行了如下的描述:

1. 被看好的市场不一定就能做好

千夜旅游成立于2011年8月份。创始人冯钰在其文章中提到:千夜旅游确实是我们几个从来没有做过旅游的人误打误撞进来的,当时我们也跟现在很多创业者和投资人看到的一样,旅游市场几万亿的盘子,出境旅游增长迅速,去年是应该上亿人次了吧,还有其他在线旅游的渗透率还很低,觉得旅游这个行业机会很大,现金流不错,盘子够大。但真进来了发现是一个很大的坑,旅游讲"吃、住、行、游、购、娱"六要素,可每一个要素放到本地都是一个大产业,而旅游是个体验服务,自由行用户的需求千差万别,想提供符合用户需求的产品太难了。

2. 对市场认识不足,有技术却做不深

确定方向后,我们又花了半年的时间做产品。网站于10月之前上线,之后我们开始谈融资。当时我们的方向是规模化定制,即反向定制加智能规划。我们在融资前做了很多调查,花了半年的时间把所有的旅游方式都试过,导游P2P、智能定制、尾单、小包团等,基本上能看到的主流旅游形式我们都去试了,最后发现2C很难做。因为2C最大的问题是每个用户的需求完全不一样:同样一个团,同样一个导游,同样的服务,不同的用户都有不同的反应。

小包团也是一样,这件事效率非常低,只能做高端用户,一年做200个用户,每个用

户赚 10 万元钱，而不是说你今年做了 10 万用户，每个用户赚 200 元钱。这个时候你会发现个性化不可能满足，太散了。

个性化定制效率实在太低，在用户身上你花了超过利润的钱做服务，当你把价提上去之后发现根本没有人买单。一开始我们拿技术这个方式做，后来发现也走不通。我最后反思这件事需要针对特定的用户群去做。

想通这个方向之后，我们做智能规划。当时我们做泰国市场，雇了 20 个大学生，花了 3 个月搜集泰国的旅游数据，整理了 8 000 多个信息点，每个信息点有 30 多个项目，想做信息结构化，最后没理全。

在这中间，数据在实时变化，你要随时更新。比如你去泰国，头一个月去一家饭馆非常好，于是你推荐了，下个月去发现全是中国人了，再过一个月这个饭馆没法吃了。这种数据你得实时变化，要不然用户去一次这家饭馆，发现不好，就失去了信心。

这件事情拿机器也很难做，我们技术也挺强的，我们当时负责研发的副总是从奇虎 360 过来的，但我们发现这件事拿技术很难走通。公司花了很大的力气做泰国，但往韩国做的时候还得花这么大的人力、物力，这不是一个快速复制的事，我们试了很多的点子，当时很苦，基本上每天工作 12～14 小时。

3. 股权结构不合理制约了融资与合作

对于千夜来说，实际上最大的问题是股权结构的问题，给执行团队留的股份太少，导致我们在融上一轮融资时就非常费力，将近六个月时间在谈融资。别人会觉得你们执行团队在早期的时候股份都这么少，担心会有风险。对于业务我觉得我们已经找到重心，或者说已经把产品做得差不多，但我们几个都是第一次创业，经验不足。

曹宇和我最先在这个团队，当时我们俩都是刚从公司出来，没太多经验，后来通过朋友介绍，认识了邸烁。他原来是谷歌的技术总监，当时和李开复老师一起回来开拓谷歌中国。后来他自己创业，公司主要做硬件和解决方案，已经拿了比较大的 A 轮融资。他当时想拿了那么多钱也用不了，于是就想投一些互联网公司。

也就是说，别的机构投了一笔大钱到他那儿，他拿了一小部分放在我们这儿，控股了千夜旅游，我和曹宇两个人占小部分股份。实际上，我们刚开始启动的时候有 400 多万元资金进来，包括几家机构和个人的钱，里面股份比较分散，早期的 400 多万元在其中占的比例很高。

因为早期股权比较分散，所以在上一轮中关村兴业投了 1 000 万元之后，我们很谨慎。当时，我们把管理团队降薪、普通员工降薪，从原来的办公室搬到一个小地方，希望能把这个钱尽量坚持长久一点。今年年初，公司开始有正常的流水，在公司清算的时候，我们账上仍有 100 多万元现金。

其实，问题核心还是股份结构不合理，导致 A 轮融资进不来。我们整个执行团队股份很少，剩下的都是股东，后来有两个副总裁加盟时谈到了股份，实际上都没有兑现。

当时，我们谈了很多有意向的投资方，跟老股东也在谈，拖了很长时间，股东之间扯皮就扯了小半年。我是 4 月份出来的，当时觉得这个没太大希望，曹宇他们坚持到 7 月份，这么扯下去人员流失很厉害，后来大股东觉得没有多大意义，就把这个项目停掉了。

执行团队股份少这种现象，如果站在投资人角度来看，他们觉得风险非常大。第一是说你的动力不足；第二，你这么点股份很容易受到其他诱惑而走掉。北京能数得上的VC我们都谈过，我的判断应该是没有可能再继续下去的，基本上我们认为这是一个症结，不是其他的业务问题。

对于我们来说，因为是第一次创业，没想去谈那么多，更多的是想先做一件事。而当时的资源拿了钱进来，提供了一些支持，包括人员、办公场地等，所以，我们当时就没想到这个事儿有那么大的风险。其实，我们到现在都不能理解，为什么那些老股东宁可把事情黄掉，也不愿意把股份让出来？

对于我们来说，如果当时拿到钱估计我们还会做下去，因为仍有机会。但是，如果重新选方向的话，我们就不会再选旅游这个方向，因为确实太苦，包括你面临的竞争，面临的复杂市场环境。

二、点评

曾风光无限的“千夜”旅游曾于获得中关村兴业的1 000万元投资，市场估值达到5 000万元。根据创始人冯钰反思千夜倒闭的原因可以发现，作为创业企业在制定创业计划时一定要深思以下问题：

(1) 好的市场是不是一定有好的市场机会，好的市场机会需要匹配什么样的资源予以支持。定制化的旅游市场很大，但是个性化的需求也对创业企业的商业模式、运营管理提出了巨大的挑战，如果没有匹配的管理能力和资源支持，即便是好的市场机会也不属于自己的机会。在撰写创业计划书的时候，一定要做好充分的市场分析与调查，准确识别自己可以把握的市场机会。

(2) 充分认识大数据对市场细分的作用。数据之所以叫大数据，一个是因为数据只有到达到一定的容量之后才能起作用，再一个原因就是它的变化几乎是时刻存在着的。而基于大数据上的统计与利用，哪怕技术再强，也难能完全实现用户的所有需求点。因此，在利用信息化分析手段时，要充分认识市场需求与统计分析手段存在的差异性。

(3) 正确确定公司的股权结构。股权结构是创业公司后续融资与经营的基础与前提。在最开始如果没有处理好，很可能为今后的创业失败埋下隐患。有的人认为该平均分配，事实上，最错误的做法是股权五五分，五五分的结果是没有分配决定权。在开始的蜜月期可能不会产生争执，正所谓可以共患难，难以同甘苦。到了一定阶段，出现分歧的时候，如果有没有一个人拥有绝对的控制权，可能谁也不服气谁，最终的结果就是分道扬镳，创业失败。基于公司法规定的的股权二分之一的决议规则和三分之二的特别决议规则，相对理想的股权分配是持二分之一以上股权，更理想是三分之二以上。

案例分析五　创业团队股权设计

创业团队股权设计主要包括三个部分，一是创始人的股权；二是员工的股权；三是众筹的股权。

一、创始人的股权

1. 确定创始人

创始人是承担了风险的人。判断创始人的简单方法是看,拿不拿工资,如果在最开始,都不能支付工资给你,那你就是创始人。

2. 创始人的身价如何确定

首先给每个人创始人 100 份股权。假设公司现在有三个合伙人 A、B、C,那么一开始他们分别的股权为 100∶100∶100。

召集人可能是执行总裁,也可能不是执行总裁,但如果是他召集了大家一起来创业,他就应该多获得 5%股权。假设 A 是召集人。那么,现在的股权结构比例为 105∶100∶100。

创业点子及执行很重要,如果创始人提供了最初的创业点子并执行成功,那么他的股权可以增加原有股权的 5%(如果之前是 105 份股权,那增加 5%之后就是 110.25 份股权)。

迈出第一步最难(股权增加 5%～25%)。如果某个创始人提出的概念已经着手实施,比如已经开始申请专利、已经有一个演示原型、已经有一个产品的早期版本,或者其他对吸引投资或贷款有利的事情,那么这个创始人可以额外得到的股权,从 5%到 25%不等。

总裁或总经理应该持股更多(股权增加 5%)。总裁作为对公司贡献最大的人理应拥有更大股权。一个好的总裁对公司市场价值的作用,要大于一个好的首席技术官,所以担任总裁职务的人股权应该多一点点。

全职创业是最有价值的(股权增加 200%)。如果有的创始人全职工作,而有的联合创始人兼职工作,那么全职创始人更有价值。因为全职创始人工作量更大,而且项目失败的情况下冒的风险也更大。

信誉是最重要的资产(股权增加 50%～500%)。如果创始人是第一次创业,而他的合伙人里有人曾经参与过风投投资成功了的项目,那么这个合伙人比创始人更有投资价值。在某些极端情况下,某些创始人会让投资人觉得非常值得投资,这些超级合伙人基本上消除了“创办阶段”的所有风险,所以最好让他们在这个阶段获得最多的股权。

现金投入参照投资人投资。很可能是某个合伙人投入的资金相对而言较多。这样的投资应该获较多的股权,因为最早期的投资,风险也往往最大,所以应该获得更多的股权。

最后进行计算。现在,如果最后计算的三个创始人的股份为 200∶150∶250,那么将他们的股份数相加(即为 600 份)作为总数,再计算他们每个人的持股比例为 33%∶25%∶42%。

说明,以上所有的股权分配比例,可根据实际情况进行调整。

3. 创始人股权的退出机制

作为创业企业，如果创始人离开创业团队就涉及股权的退出机制。如果不设定退出机制，允许中途退出的合伙人带走股权，对退出合伙人是公平的，但却是对其他长期参与创业的合伙人最大的不公平，对其他合伙人来说也没有安全感。

对于退出的合伙人，一方面，可以全部或部分收回股权；另一方面，必须承认合伙人的历史贡献，按照一定溢价或折价回购股权。

对于如何确定具体的退出价格，涉及两个因素，一个是退出价格基数，一个是溢价或折价倍数。可以考虑按照合伙人掏钱买股权的购买价格的一定溢价回购、或退出合伙人按照其持股比例可参与分配公司净资产或净利润的一定溢价，也可以按照公司最近一轮融资估值的一定折扣价回购。有些退出价格是当时投入的本金，加合理利息回报。至于选取哪个退出价格，不同公司会存在差异。

4. 股权与分红权的分离

股权和分红权可以分离，表决权理论上也可以分离。对于出资较大的合伙人，可以给予较大的分红权，但对于承担风险较大的，应给与较大的股权。

5. 股权协议的约定

一些公司拥有股权的合伙人，在创业过程中出现了违背创业企业利益的行为，比如泄密或者携带知识产权另立门户等，为了保护创业企业其他合伙人的利益，最好在协议中约定这些对股权的限制条款。还可制定股权实现的考核标准，不达到考核标准不拥有股权。

二、员工的股权

员工是多少？员工的判断标准主要是看其是否是具有员工心态的人。

在创业企业，有些合伙人希望把员工当做合伙人，也给予股权激励。这样的做法，一方面，过早的分散了股权，另一方面，拥有员工心态的人，希望得到的是稳定的现金收入，而不是未来可能增值的股权，因此得不到满足。即使是作为激励作用的股权也不应当份额过大。员工管理问题不应单纯利用股权解决。一般来说，创业投资会要求员工持股计划在创业投资进来之前执行，这样创业投资就可以减少稀释。不过不能认为这是A轮创业投资自私，要知道B轮创业投资到时候也会要求在他们进来之前再执行一次员工持股计划，这时A轮创业投资和创始股东将一起稀释。员工的期权比例应该留多少？一般来说是5%～15%。

三、众筹的股权

众筹从概念逐渐变为实践，“股权众筹是否构成非法集资”已经不再是法律角度的焦点。股权众筹，既然是“众”筹，就说明股东数量非常多。不过，公司法规定，有限责任公司的股东不超过50人，非上市的股份有限公司股东不超过200人。法律对公司股东人数的限制，导致大部分众筹股东不能直接出现在企业工商登记的股东名册中。这一问题的解决方案一般有两种：

1. 委托持股,或者说是代持股

一个实名股东分别与几个乃至几十个隐名的众筹股东签订代持股协议,代表众筹股东持有众筹公司股份。在这种模式下,众筹股东并不亲自持有股份,而是由某一个实名股东持有,并且在工商登记里只体现出该实名股东的身份。中国国内法律已经认可了保护真实股东的合法利益,也就是即使股东名册里面没有出现众筹股东的名字,只要有协议证明真实股东是真实的出资人,其权益也是被保障的。

2. 持股平台持股

比如,先设立一个持股平台,50 个众筹股东作为这个持股平台的投资人,把资金投入持股平台;然后,持股平台把这笔款再投入众筹公司,由持股平台作为众筹公司的股东。这样 50 个众筹股东在众筹公司里只体现为一个股东,即持股平台。持股平台可以是有限责任公司,也可以是有限合伙人。两者对于众筹股东来说都是有限责任的。按照合伙企业法,通常有限合伙人不参与管理,由普通合伙人负责管理。这样,众筹发起人就可以其普通合伙人的身份,管理和控制持股平台,进而控制持股平台在众筹公司的股份,也就实际上控制了众筹股东的投资及股份。

这里谈一下期权池,期权池是在融资前为未来引进高级人才而预留的一部分股份,用于激励员工(包括创始人自己、高管、骨干、普通员工),是初创企业实施股权激励计划最普遍采用的形式,在欧美等国家被认为是驱动初创企业发展必要的关键要素之一。硅谷的惯例是预留公司全部股份的 10%～20%作为期权池,较大的期权池对员工和创业投资方具有更大吸引力。创业投资方一般要求期权池在它进入前设立,并要求在它进入后达到一定比例。由于每轮融资都会稀释期权池的股权比例,因此一般在每次融资时均调整(扩大)期权池,以不断吸引新的人才。

四、股权分配案例

苹果公司起始阶段的股权分配比例是乔布斯和沃兹尼亚克各 45%、韦恩 10%;谷歌股权分配比例为:佩吉和布林各 50%;Facebook 股权分配比例为:扎克伯格 65%、萨维林 30%、莫斯科维茨 5%。

苹果电脑是沃兹尼亚克开发的,但乔布斯和沃兹股份一样(沃兹的父亲对此非常不满),因为乔布斯不仅是个营销天才,而且拥有领导力,对公司未来意志坚定激情四射。而沃兹生性内敛,习惯于一个人工作,并且只愿意兼职为新公司工作,乔布斯和他的朋友家人百般劝说才同意全职。至于韦恩,他拥有 10%是因为其他两人在运营公司方面完全是新手,需要他的经验。由于厌恶风险,韦恩很快就退股了,他一直声称自己从未后悔过。创业团队在组建过程中需要制定股权分配方案。随着公司逐渐变大,资本需求会越来越旺,后续融资不可避免,引进经验丰富的运营人才也必须授予其股权或期权,这些都会稀释创始人的股权。事实上,创始人在公司长大之后如何不被董事会踢出自己创办的公司,早已是硅谷的经典话题之一。乔布斯在苹果上市 4 年半后被赶出了苹果公司,没有一个创始人愿意失去自己的公司,而他们也有办法做到这一点,那就是采用双层股权结构(就是前文提到的表决权和分红权分离的做法)。苹果当年是单一股权结构，同股同权，苹果上市后，乔布斯的股权下降到11%，董事会里也没有他的铁杆盟友(他本以为马库拉会是)，触犯众怒后的结局可想而知。

Facebook是扎克伯格开发的，他又是个意志坚定的领导者，因此占据65%，萨维林懂得怎样把产品变成钱，莫斯科维茨则在增加用户上贡献卓著。不过，Facebook起始阶段的股权安排埋下了日后隐患。由于萨维林不愿意和其他人一样中止学业全情投入新公司，而他又占有1/3的股份。因此，当莫斯科维茨和新加入但创业经验丰富的帕克贡献与日俱增时，就只能稀释萨维林的股份来增加后两者的持股，而萨维林则以冻结公司账号作为回应。A轮融资完成后，萨维林的股份降至不到10%，怒火中烧的他干脆将昔日伙伴们告上了法庭。萨维林之所以拿那么高股份是因为他能为公司赚到钱，而公司每天都得花钱。但扎克伯格的理念是“让网站有趣比让它赚钱更重要”，萨维林想的则是如何满足广告商要求从而多赚钱。短期看萨维林是对的，但这么做不可能成就一家伟大的公司，扎克伯格对此心知肚明。Facebook正确的办法应当是早一点寻找天使投资，就像苹果和谷歌曾经做过的那样。在新公司确定产品方向之后，就需要天使投资来帮助自己把产品和商业模式稳定下，避免因经济压力将公司引入歧途。Facebook的天使投资人是帕克的朋友介绍的彼得·泰尔，他注资50万美元，获得10%股份。这之后，Facebook的发展可谓一帆风顺，不到一年就拿到了A轮融资——阿克塞尔公司投资1 270万美元，公司估值1亿美元。7年后的2012年，Facebook上市，此时公司8岁。Facebook上市时同样使用了投票权1∶10的AB股模式，这样扎克伯格一人就拥有28.2的表决权。此外，扎克伯格还和主要股东签订了表决权代理协议，在特定情况下，扎克伯格可代表这些股东行使表决权，这意味着他掌握了56.9%的表决权。在中国，公司法规定同股同权，不允许直接实施双层或三层股权结构，但公司法允许公司章程对投票权进行特别约定(有限责任公司)，允许股东在股东大会上将自己的投票权授予其他股东代为行使(股份有限公司)。

谷歌从天使投资到A轮融资的时间差不多是一年。硅谷著名风投公司KPCB和红杉资本各注入谷歌125万美元，分别获得10%股份。5后的2004年，也就是公司创立6年后，谷歌上市，近2 000名员工获得配股。谷歌则在上市时重拾美国资本市场消失已久的AB股模式，佩吉、布林、施密特等公司创始人和高管持有B类股票，每股表决权等于A类股票10股的表决权。2012年，谷歌又增加了不含投票权的C类股用于增发新股。这样，即使总股本继续扩大，即使创始人减持了股票，他们也不会丧失对公司的控制力。预计到2015年，佩吉、布林、施密特持有谷歌股票将低于总股本的20%，但仍拥有近60%的投票权。

股权分配问题是一种博弈，是不同角色之间的讨价还价，也取决于不同人的性格，没有一个标准答案。有一种说法是大股东保持30%～50%左右的股份比较好，考虑到公司治理的问题，避免一股独大，独断专权。另外一个大股东20%～30%之间，既有动力又有商量，达到治理和利益的平衡。

股权划分完了，必须要有相应的股权兑现约定，否则股权的分配没有意义。这是说，股权按照创始人在公司工作的年数、月数，逐步兑现给创始人。道理很简单，创业公司是靠人做出来的,股权要留给真正做事的人,中途离开公司将不能得到预期应给的全部股权。一般的做法是按照 4～5 年兑现。比方说,工作满第一年后兑现 25%,然后可以按照每月兑现 2%。这是对创业公司和团队自身的保护。谁也没办法保证,几个创始人会一起做 5～7 年。事实上,绝大多数情况是某个(些)创始人由于各种原因会离开。不想看到的情景是:2 个创始人辛苦了 5 年,终于做出了成绩。而一个干了 3 周就离开的原创始人,5 年后回来说公司 25%是属于他的。这个事容易忽略。如果股权已经分配好,忘了谈这个事情,大家必须坐到一块,加上股权兑现的约定。

案例分析六　马云 15 年传奇融资路:从 500 万美元到 243 亿美元

2014 年 9 月 8 日,阿里巴巴全球路演正式开启,纽约是路演第一站。在纽约的华尔道夫酒店,原本预计有大约 500 名投资者参加首站路演,最终参与人数竟然超过了 800 人,因此电梯间排起了长队,甚至一度需要排队半小时才能进入。而让人不得不服的是,受路演消息影响,阿里巴巴大股东雅虎当日收报 41.81 美元,创下 2006 年以来股价新高。这也从侧面证明了此次路演有多么的成功。

一、艰辛融资路,马云坚持到了"后天"

1999 年 2 月 21 日,马云和"十八罗汉"凑够 50 万元创办了阿里巴巴。并且这 50 万元,马云不允许任何人向他们的父母、朋友借钱。当时,马云希望网站能坚持 10 个月,期望 10 个月之后就能吸引到投资。这当然有些铤而走险。区区 50 万元对于需要巨大资金投入的互联网商业无疑是九牛一毛。尽管马云处处节省,但阿里巴巴维持到七、八个月的时候,50 万元已经花得一干二净了。这正是马云担心的,本来想大家凑的 50 万元,坚持 10 个月,但没过几个月,就一分钱没有了,这导致马云和十八"罗汉"饿着肚子过日子。而马云不能让员工不拿钱白干活,他只好四处借钱给员工发工资。

正当马云"钱紧"的时候,他的坚持使他看到了自己的"后天",当时也是互联网风起云涌的时候,马云四处游说,在杭州马云家中办公的阿里巴巴工作人员会经常接到投资者打来的电话,每一个电话都是一次离成功更近的信号。但是在具体的谈判中,马云拒绝了至少 38 家投资商,这 38 家投资商大多是内地的投资者。马云拒绝他们的主要原因是这些投资者们的投资风格太中国化了,对马云本人和阿里巴巴的管理层持有怀疑态度。

终于在 1999 年 8 月,一次偶然的相遇带来了阿里巴巴的第一笔"天使基金":高盛公司开始关注阿里巴巴。高盛经过考察,看中了阿里巴巴,随后就给阿里巴巴开条件。由于资金问题,阿里巴巴对投资人的谈判余地可以想象多么的有限,马云没有办法对高盛的投资提出的条件进行讨价还价。而高盛的要求非常苛刻,但马云还是决定接受高盛的投资。因为,一方面高盛是美国有名的投资公司,可能会对阿里巴巴未来开拓美国市场有些帮助;另一方面它的规模大,看事情比较长远。其实,马云的决定在当时是很令人不解的，因为马云是在一边拒绝着送上门的投资，一边又在忍气吞声的答应着高盛苛刻的投资条件。事后来看，马云看重的是高盛这个投资品牌。钱重要，未来的发展更为重要。马云不仅要解决钱的问题，更要借助高盛这样的“火车头”提升速度。

随后的发展证明了马云的决断是多么的正确，1999 年 10 月，正是由高盛公司牵头，美国、亚洲、欧洲多家一流的基金公司参与，阿里巴巴引入了第一笔高达 500 万美元的风险投资资金。此次投资不仅成为阿里巴巴首轮“天使基金”，也成为轰动一时的特大新闻。同年，马云和他的阿里巴巴被雅虎最大的股东、有网络风向标之称的软银老总孙正义所注意。而两人谈判的结果就是敲定了 8 200 万美元的投资。此次谈判的结果在全球互联网经济领域引起了巨大的反响，因为这是风险投资向纯互联网公司最大单笔投资，也是孙正义在互联网泡沫破灭以后最大的投资。

二、香港上市？远远不够！

2007 年 11 月 6 日，马云终于把阿里巴巴的 B2B 业务拆分并在香港上市。首日阿里巴巴宣布发行价为 13.5 港元，总融资额 15 亿美元。阿里巴巴股票香港公开发售部分共有 56.62 万人申请，分为 A、B 两组。其中 A 组有 55.55 万人，为申购金额 500 万港元以下的投资者，B 组 1.07 万人，为申购金额 500 万港元以上的投资者。此次阿里巴巴上市共冻结资金 4 475.18 亿港元，超过了当年 5 月份刚刚上市的百丽国际的 4 463.5 亿港元，并成为香港有史以来冻资规模最大的 IPO。而以一星期拆 3.02 厘计算，阿里巴巴仅冻资所获利息就达到 3.7 亿港元。从阿里巴巴上市那一刻起，马云及其团队，以及阿里巴巴近 5 000 名员工在阿里巴巴所拥有的财富也开始渐渐变得清晰。中国互联网有史以来最大的富人帮也由此诞生。

正当人们被马云和他的阿里巴巴所创造的成绩震惊得目瞪口呆时，马云并没有留给大家太多的时间去“缓冲”。2012 年 6 月 20 日，阿里巴巴 B2B 公司正式从香港交易所摘牌退市。在香港的退市意味着后面阿里巴巴在寻找更大的舞台。

阿里巴巴于美国时间 2014 年 9 月 5 日向美国证券交易委员会(SEC)提交的文件显示，该公司的暂定发行价区间为每股(美国存托股，ADS)60 至 66 美元，发行数量为 3 亿 2 010 万 6 100 股。阿里巴巴将发行 1 亿 2 307 万 6 931 股，IPO 最高融资额将超过 211 亿美元，如果以暂定发行价区间的中值计算，阿里巴巴的市值将达到约 1 560 亿美元。这也引得国外各大媒体争相报道，美国《纽约时报》就表示，这一数字逼近亚马逊市值，且大于 eBay、LinkedIn、Twitter 的合计市值。英国路透社报道称，如果以暂定发行价区间的上限值计算，阿里巴巴的市值将达到约 1 630 亿美元。美国《华尔街日报》报道，如果在 IPO 中实施超额配股(Over Allotment，追加配股部分)，最高融资额则有可能达到 243 亿美元，这将超过 2010 年中国农业银行上市时筹集的 220 亿美元，达到历史最大规模。

马云曾经戏称自己，“一个男人的才华与其容貌往往是成反比的。”这个貌不惊人的小个子用他的才华缔造出一个阿里帝国，也让世界记住了他。

案例七　中小企业融资选择

一、天使投资:创业者的“婴儿奶粉”

天使投资是自由投资者或非正式风险投资机构,对处于构思状态的原创项目或小型初创企业进行的一次性的前期投资。天使投资虽是风险投资的一种,但两者有着较大差别:天使投资是一种非组织化的创业投资形式,其资金来源大多是民间资本,而非专业的风险投资商;天使投资的门槛较低,有时即便是一个创业构思,只要有发展潜力,就能获得资金,而风险投资一般对这些尚未诞生或嗷嗷待哺的“婴儿”兴趣不大。

在风险投资领域,“天使”这个词指的是企业家的第一批投资人,这些投资人在公司产品和业务成型之前就把资金投入进来。天使投资人通常是创业企业家的朋友、亲戚或商业伙伴,由于他们对该企业家的能力和创意深信不疑,因而愿意在业务尚未开展之前就向该企业家投入大笔资金,一笔典型的天使投资往往只是区区几十万美元,是风险资本家随后可能投入资金的零头。对刚刚起步的创业者来说,既吃不了银行贷款的“大米饭”,又沾不了风险投资“维生素”的光,在这种情况下,只能靠天使投资来吸收营养并茁壮成长。

案例:牛根生在伊利期间因为订制包装制品时与谢秋旭成为好友,当牛根生自立门户之时,谢秋旭作为一个印刷商人,慷慨地掏出现金注入初创期的蒙牛,并将其中的大部分的股权以“谢氏信托”的方式“无偿”赠与蒙牛的管理层、雇员及其他受益人,而不参与蒙牛的任何管理和发展安排。最终谢秋旭也收获不菲,380 万元的投入如今已变成 10 亿元。

二、风险投资:创业者的“维生素 C”

在英语中,风险投资的简称是 VC,与维生素 C 的简称 Vc 如出一辙,而从作用上来看,两者也有相同之处,都能提供必需的“营养”。广义的风险投资泛指一切具有高风险、高潜在收益的投资;狭义的风险投资是指以高新技术为基础,生产与经营技术密集型产品的投资。根据美国全美风险投资协会的定义,风险投资是由职业金融家投入到新兴的、迅速发展的、具有巨大竞争潜力的企业中的一种权益资本。

案例:重庆江北通用机械厂从 1995 年开始研制生产大型氟利昂机组新产品,其具有兼容功能,并可以用其他冷冻液进行替代。由于银行对新产品一般不予贷款。重庆风险投资公司提供了 100 万元贷款。两年后,江北通用机械厂新产品销售额达 7 000 万元。

三、政府基金:创业者的“免费皇粮”

近年来,政府充分意识到中小企业在国民经济中的重要地位,尤其是各省市地方政府,为了增强自己的竞争力,不断采取各种方式扶持科技含量高的产业或者优势产业。

为此,各级政府相继设立了一些政府基金予以支持。这对于拥有一技之长又有志于创业的诸多科技人员,特别是归国留学人员是一个很好的吃"免费皇粮"的机会。

案例:2001 年在澳大利亚度过了 14 年留学和工作生涯的施正荣博士,带着自己 10 多年的科研成果回到家乡无锡创业。当无锡市有关领导得知施正荣的名声,以及他的太阳能晶硅电池科研成果在国内还是空白时,立即拍板要扶持科学家做老板。在市经委的牵头下,无锡市政府联合当地几家大国企投资 800 万元,组建了无锡尚德太阳能电力有限公司。有了政府资金的鼎力支持,尚德公司有了跨越式发展,仅仅 3 年时间销售额已经过亿元,成为业界明星企业。

四、典当融资:创业者的"速泡面"

风险投资虽是天上掉馅饼的美事,但只是一小部分精英型创业者的"特权";而银行的大门虽然敞开着,但有一定的门槛。"急事告贷,典当最快",典当的主要作用就是救急。与作为主流融资渠道的银行贷款相比,典当融资虽只起着拾遗补缺、调余济需的作用,但由于能在短时间内为融资者争取到更多的资金,因而被形象地比喻为"速泡面",正获得越来越多创业者的青睐。

案例:周先生是位通讯设备代理商,前段时间争取到了一款品牌新手机的代理权,可是问题在于要在三天内付清货款才能拿货,而他的资金投资在另一商业项目上,他可不甘心失去这得来不易的代理权。周先生脑子转到了自己的那辆"宝马"车上,于是,他马上开车来到典当行。业务员了解情况后告诉他:当天就可以办理典当拿到资金。周先生大喜过望,立即着手办理典当手续,交纳相关证件、填表、把车开到指定仓库、签合同。不出半天的工夫,他就拿到了他急需的 50 万元,一个月后来赎当,这笔当金帮他赚了近 10 万元。

五、创新基金:创业者的"营养餐"

近年来,我国的科技型中小企业的发展势头迅猛,已经成为国家经济发展新的重要增长点。政府也越来越关注科技型中小企业的发展。同样,这些处于创业初期的企业在融资方面所面临的迫切要求和融资困难的矛盾,也成为政府致力解决的重要问题。

有鉴于此,结合我国科技型中小企业发展的特点和资本市场的现状,科技部、财政部联合建立并启动了政府支持为主的科技型中小企业技术创新基金,以帮助中小企业解决融资困境。创新基金已经越来越多地成为科技型中小企业融资可口的"营养餐"。

案例:兰州大成自动化工程有限公司自运行一年来,主要进行产品开发,几乎没有收入,虽然技术的开发有了很大的进展,但资金的短缺越来越突出。当时正值科技型中小企业技术创新基金启动,企业得知后非常振奋,选择具有国际先进水平的"铁路车站全电子智能化控制系列模块的研究开发与转化"项目申报创新基金。为此,他们进一步加快了研发的速度,于 1999 年 12 月通过了铁道部的技术审查,取得了阶段性的成果。

正因为企业有良好的技术基础，于 2000 年得到了创新基金 100 万元的资助，它不仅起到了雪中送炭的作用，而且起到了引导资金的作用。同年，该项目又得到了甘肃省科技厅 50 万元的重大成果转化基金，教育部“高等学校骨干教师资助计划”12 万元的基础研究经费。2001 年，针对青藏铁路建设的技术需求，该项目被列入甘肃省重点攻关计划，支持科技三项费用 30 万元。

六、中小企业担保贷款：创业者的“安神汤”

一方面中小企业融资难，大量企业嗷嗷待哺；另一方面银行资金缺乏出路，四处出击，却不愿意贷给中小企业。究其原因主要在于，银行认为为中小企业发放贷款，风险难以防范。然而，随着国家政策和有关部门的大力扶植以及担保贷款数量的激增，中小企业担保贷款必将成为中小企业另一条有效的融资之路，为创业者“安神补脑”。

案例：上海一家高科技公司属国内一流艺术灯光景观建设专业企业，开发了数十项产品。在强大的科技研发能力支持下，该公司业务发展迅速。与业务发展相伴而行的则是资金困境。工程类企业的行业特点是资金回笼速度慢，营运资金占用情况严重。但由于公司规模较小，又缺乏与银行合作的信用记录，获得银行融资困难重重。2005 年底，该企业得到中投保的提供保证担保的 80 万元流动资金贷款，由此，该公司近两年取得了快速发展，2007 年 6—7 月，该公司先后中标北京奥运场馆照明工程合同。

案例八　迷　你　KTV

近期，外观形似电话亭，三面透明的玻璃，占地面积在 2 平方米左右，内设两个高脚凳可以同时容纳两人落座，提供“K 歌”功能，收费方式有按曲付费或者按时付费，歌曲录制后可以实现网上分享的这种被称为“迷你 KTV”的新型硬件设施备受关注。与传统 KTV 相比，迷你 KTV 利用市民逛街、等待时的碎片化时间，兼具唱歌、录歌、社交等多重功能，具有鲜明的“互联网＋”特点。

迷你 KTV 获得巨大的市场关注，主要原因是它结合了时下火热的几个概念：“互联网＋”、碎片化时间管理、硬件设施解体。

一、“互联网＋”与传统娱乐产业的结合

“互联网＋”是创新 2.0 下的互联网发展的新业态，是知识社会创新 2.0 推动下的互联网形态演进及其催生的经济社会发展新形态。“互联网＋”是互联网思维的进一步实践成果，推动经济形态不断地发生演变，让互联网与传统行业进行深度融合，从而带动社会经济实体的生命力，为改革、创新、发展提供广阔的网络平台。“互联网＋”概念的流行不仅在于互联网给人们提供了一个新的营销渠道和供应渠道，还在于如今的互联网已经深度地嵌入了人们的生活，同时也刺激企业丰富产品内涵，提升其服务水平。“互联网＋”与传统 KTV 行业的结合下，迷你 KTV 应运而生。这便是互联网重构之后的线下商业体，它们具有高度信息化、智能化，更加便利化的特点。以移动互联网为载

体，比如各类 APP、微信等方式，用户跟服务之间的互动非常及时，管理者能够非常方便地了解各方面的经营管理情况。这也就是大数据的魅力，也是共享应用成功因素中不可忽视的一点。

二、充分利用大众碎片化时间

借助“互联网＋”，轻娱乐时代已经来临。所谓轻娱乐就是基于互联网平台，满足用户碎片化时间娱乐需求的自助休闲娱乐方式。等待电影开场，餐饮店门口排号等吃饭，等待别人赴约等，现代人总有很多碎片化的时间，谁能将它们巧妙利用起来，做出针对性产品，谁就能在轻娱乐时代里占据一席之地。迷你 KTV 恰好满足了人们碎片化的时间的有效利用，在迷你 KTV 中唱一首歌仅需 6 分钟，随时开始，很快结束，不会占用使用者太多的时间。

三、拆分基础设施，实现了娱乐的便利性

随着整个社会的发展，消费的升级，社会分工也在逐渐分拆、细化，每一个属性的工作都可能被单独提出来成为一个底层服务基础，比如以前开公司都要招足够多的员工负责所有的事情，现在则有专业化分工的外部公司，最终的结果是让整个社会的运转更高效和便捷。同样，硬件的基础设施，也会有一个分拆的过程，硬件设施的解体，“迷你 KTV”就是其中的一种。类似的还有超级猩猩，是把健身房解体，铺设在小区中，成为零散的无人服务。还有咖啡零点吧，是把咖啡厅解体，变到商业广场和写字楼中，类似的还有鲜榨橙子、充电宝等等各种场景。这些因为移动支付而兴起的线下无人设施，可以给人们提供更便利的选择和更好的体验，并且运营成本更低。这类的东西都和共享单车是一脉相承的，只不过，共享单车是移动的，而这些是固定的。

利用有限的空间，利用人们碎片化的时间，所谓的线下无人值守智能服务终端实现了线上线下融合，这种从线下寻找新的场景和流量的模式已经成为创业者新的共识。新的服务终端结合了全新的支付方式，线下终端有了更好的支付体验。由于劳动年龄人口的下降导致了人力成本的上升，地价的上涨导致地租成本的上升，相比传统占地面积巨大并且需要雇佣很多员工的 KTV、便利店、健身馆等场所，拆解了的自动化无人值守服务终端不需要人力成本，同时，对地租成本要求也大幅减少，并能够更加接近终端用户，渗透到城市生活的各种地区。

迷你 KTV 作为硬件设施拆分的典型，虽然不是今年新出现的事物，但其发展时间也确实不长。而在过去短短两三年内，新事物迷你 KTV 的江湖已经涌入多位玩家。

四、两个背后推手

在友唱 M-bar 获得友宝集团 6 000 万元人民币 A 轮融资、艾美科技(主要产品为咪哒 miniK)获得唱吧战略投资后，一夜之间，线下迷你 KTV 突然站在了市场关注的中央。但友宝及唱吧的入局，只是将这个线下江湖带入更多人视野的催化剂，孵化出这个

江湖的力量主要来自两方面：一方面，线下传统KTV行业是主要推手；另一方面，线上移动互联网的创新应用也将用户转移到线下。

目前，市场主流迷你KTV主要有友唱M-bar、咪哒唱吧（原名咪哒miniK）、雷石WOW（哇屋）、聆嗒miniK、爱唱lovesing等，而这些迷你KTV的背后，多是传统KTV的身影。

友唱M-bar联合创始人兼CEO罗安武的另一个身份是前沿科技联合创始人兼总经理，前沿科技是一家位于厦门的提供KTV点播系统、娱乐管理系统等相关产品和服务的公司，成立于1998年。因此，罗安武是一位拥有20年KTV行业软件开发与销售经验的行业老兵。2015年，前沿科技获得友宝创始人王滨的投资，投资完成后双方“联合创建了KTV互联网+前沿2.0开放平台”，友宝和前沿的组合孵化出的结果便是友唱M-bar。根据介绍，友唱M-bar上线于2015年7月，2016年1月友唱M-bar获得友宝集团数百万人民币天使投资；2017年2月，再次获得友宝集团6 000万元人民币A轮融资。

与友唱类似，雷石WOW（哇屋）也是由传统KTV行业玩家孵化而成。根据官网介绍，雷石是一家以自主研发的KTV点歌系统为核心，将所涉及服务器、机顶盒、麦克风等硬件设备并入，打造一整套“雷石KTV生态系统”的技术公司。目前，雷石点歌系统系列设备及服务，覆盖全国数万家KTV门店，其创始人王川同时也是小米电视的创始人。从2016年下半年开始，KTV行业老牌玩家雷石也推出了自己的迷你KTV-WOW（哇屋），并从今年上半年开始加大了推广力度。

在友唱和WOW（哇屋）之外，迷你KTV的另一位重要成员咪哒研发方广州艾美科技，是一家研发互联网化音乐设备的公司，在推出咪哒miniK之前，艾美此前推出的产品为线下跳舞机E舞成名。而研发聆嗒miniK的公司为广州微狗科技，研发爱唱lovesing的公司为深圳爱唱者音响科技有限公司。

除了传统KTV行业推手们对其进行推动，移动互联网的创新应用典型代表，唱吧以“手机上的KTV”为名两年内笼络了超过2亿用户，现在唱吧计划将这些庞大的线上用户转移到线下。这种将线上流量迅速转移成线下流量也是迷你KTV能够迅速火爆的推动力量。

在唱吧CEO陈华看来，线上对线下的东西就是对关系的沉淀，还可能有些新的玩法。“比如有些人在手机上唱歌觉得不爽，一定要到KTV里面去，因为手机的体验再好都不会跟KTV一样，这是硬件的限制，唱吧把线上线下打通之后就会有一些新的玩法出来。”

早在2014年5月，唱吧与线下KTV品牌麦颂达成战略合作，成立“唱吧麦颂”品牌。而此次投资的“咪哒miniK”，可以看做是麦颂的2.0升级版。

从唱吧APP到“唱吧麦颂KTV”，再到如今的“咪哒唱吧”迷你KTV，在陈华操盘下的唱吧，品牌“扩张”路径很是清晰：从线上“手机KTV”，到互联网内容形式融合传统KTV的音乐O2O，以及现在在商场、超市、机场、车站等繁华地段都可以看到的自助式音乐休闲站。

目前的唱吧坐拥4亿多用户,月活量3 000万,这些用户基本上都是一、二线城市90后的年轻人,所以"咪哒唱吧"的定位,一是让普通人都能消费得起,二是用互联网的模式设置一些好玩的玩法,让年轻人High。唱吧迷你KTV被认为是典型的O2O模式,将线上用户需求拓展到线下,并尝试建立一个以唱吧App为核心的循环生态圈。在此之中,除支付行为不被唱吧掌控外,其余行为都在唱吧的生态圈内进行。

唱吧迷你KTV的优势在于无需再次发展用户,原本唱吧App的4亿用户有非常强烈的唱歌需求,唱吧只要为这些用户搭建一个双向通道,就可以连接App与迷你KTV之间的"O2O"生意。而线下实体铺设火热背后的原因则是线上流量很多时候比线下更贵了。

众所周知,互联网的核心是流量,占着流量入口的BAT可以衍生出很多变现方式。有一个被忽略的基本常识是:包括网购用户在内,几乎所有人都是线下用户,他们使用线下购物。相比线上,线下其实是一个更大的流量入口。互联网企业认识到这一点很重要,因为现在大多数互联网企业都遭遇流量瓶颈;在线上采取了很多措施后都不能增长用户,拓展线下是顺理成章的选择。

在唱吧投资"咪哒"的前一天,"友唱M-Bar"宣布获得友宝在线集团6 000万元A轮融资。而"友唱M-Bar"是这个行业里入局比较早的一家,从2016年6月份进入市场至今,友唱M-Bar在全国已经装机5 000多台,覆盖约29个省份,140座城市,直营比例约占80%,单台M-Bar日流水约400元。

那么,对于新一轮受资本热捧的迷你KTV行业,究竟"钱"景如何呢?

五、盈利模式

不少迷你KTV的从业者们对新一轮迷你KTV的风潮显得相对乐观,显然是因为它在拓宽着盈利模式——这不仅仅是一门线下生意,卖服务、赚广告费才是更大的盈利点。比如,友唱M-bar就与商家形成商业联盟,帮助商家做"跨界营销",通过多屏互动,帮助商家制订运营和营销方案。友唱M-bar创始人罗安武表示:"对于商家而言,友唱能提供免费广告平台,同时也能通过平台用户实现快速引流,而周边商家同时也为友唱反向引流,由此形成一个又一个小小的商业热点,这是双赢的合作。"

2017年2月22日,唱吧对外宣布战略投资咪哒miniK生产方艾美科技,对于投资以后的规划,唱吧的对外公告中如此表述:将打通双方用户,并实现线上和线下的多点互联,共同发掘"K歌"娱乐和音乐社交的更多"O2O"玩法。

据腾讯科技了解,在唱吧入股艾美科技之后,艾美科技的模式或将会进行一定的转变,由一家硬件售卖为主的公司,转变成一家服务型公司,未来可能会在全国各地增设服务中心,对"K歌"机进行定期保养、维修和更换等。

从硬件售卖转成服务型公司对艾美科技而言意味着商业模式要发生重大改变,此前其需要做的是尽量多地卖出自己研发的迷你KTV,而转型为服务型公司后,赚得利润的点变成基于硬件的增值服务,这是典型的互联网打法。尽管转变巨大,但互联网打法可能是迷你KTV的发展方向。

目前,迷你 KTV 厂商们多通过自营+加盟的方式进行线下铺设。自营模式下的经营所得与加盟方式的硬件售卖收入,盈利方式传统。

唱吧团队曾自己做过测试,在两个月的试水中,团队发现线下迷你 K 在北京出奇地受到欢迎。根据测试团队得到一个结果:算上设备成本和地租,每台机器大约需要前期投入 2 万多元左右,而投入使用后,在人流量大的地段每天能创造几百元到一千元的收入,这意味着只需要 3～6 个月一个迷你 K 就能做到盈亏平衡,此后就可以开始赚钱了。市场看上去很美好,但瓶颈是显而易见的:线下可铺设的量是固定的,而市场玩家众多,众多竞争者争抢一块大小固定的蛋糕,这个故事的吸引力是有限的。

无论对于雷石、友宝等老牌玩家,还是新手艾美科技而言,行业面临的瓶颈是一样的,且迟早都会到来。因此,在铺设线下设备的同时,如何挖掘线下设备的更大价值,成为摆在迷你 KTV 行业玩家们眼前的新问题。

因此精于互联网的线上玩家与迷你 KTV 互相联手,成为趋势。

目前,除了唱吧与咪哒的牵手外,全民 K 歌也已与友唱 M-bar 达成合作,以期加速全民 K 歌泛娱乐布局的构建,并以全新的自助娱乐消费模式,撬动移动“K 歌”多元化发展的无限可能性,打造“轻娱乐”市场的品牌。

对全民 K 歌、唱吧等在线“K 歌”应用而言,在移动互联网红利逐渐消退的趋势下,与迷你 KTV 达成合作意味着获得了一个线下获取用户的入口,同时线上与线下打通,可以丰富用户“K 歌”的体验。而对上线+线下的组合选手而言,这种 O2O 模式的想象力不止于互相导流,友唱投资方友宝的盈利模式足以证明。

成立于 2010 年的友宝,是一家以智能自动售货机为销售形式,通过线上、线下两种渠道销售饮料、食品等日用快消品,并辅之以售货机销售、租赁及售货机广告、陈列等相关增值服务的公司。已挂牌新三板的友宝发布的 2016 年半年度财报显示,报告期内友宝实现营业收入同比增长 71.66%,净利润近 5 000 万元,同比增加 189.50%,而净利润增加主要是加盟业务模式带来的收入增加以及广告收入的增加。在财务报表中,友宝公司还表示“未来几年广告收入占营业收入总额的比重将会持续提高”。

友宝这种基于线下大量铺设设备,进而通过线下入口推出增值业务(如广告)的经营模式,对当前的迷你 KTV 行业玩家们而言,是一套值得借鉴的玩法。而对于迷你 KTV 这种娱乐设施而言,有了线上平台的加入后,可能的玩法将超越广告范畴。

友唱创始人罗安武就曾介绍,“我们能通过多屏互动,帮助品牌制定运营和营销方案,比如最近,我们通过做可口可乐的新年福袋,发放了 100 多万张友唱券,还和娱票儿合作,通过友唱平台售出影票 100 多万”。

不过吃到增值服务大蛋糕的前提依然是在线下铺设足够多的设备,罗安武曾表示,“去年 4 个月上线了 5 000 多台,今年至少要扩张 1 万台”。而雷石从今年上半年开始,已经在新品发布会、线下展会中加大了 WOW(哇屋)的推广力度。但是众多投资机构也表示:“相对于探索多元的盈利方式而言,如何提升用户体验,用好的口碑抢占市场是众多迷你 KTV 品牌接下来应该考虑的重点。”即在充分吸引到大众眼球的同时,各家公司也在面临升级的竞争。

六、易于模仿降低市场门槛，同质化产品抢夺市场

对于普通用户而言，如果不仔细观察那些散落在商场的迷你 KTV 上的名字，可能并不会注意到它们来自不同的公司。实际上，主流迷你 KTV 在外观、功能、内部设施上，相似度非常高。简单来说，一个迷你 KTV 在硬件上基本具备以下特点：第一，占地面积小，多在 2 平方米左右，能容纳一到两人；第二，外观类似电话亭，四面封闭；第三，配备多块屏幕，分别用于播放 MV 及操作点歌；第四，配备头戴式耳机及话筒；最后，部分还配备调音台。而迷你 KTV 在系统操作方式上也大同小异，支付方式为投币或者微信、支付宝支付；计费为按单曲或按时长等不同方式；用户扫描 KTV 上的二维码后，可以通过微信点歌；唱完歌后，用户还可以把刚唱的歌上传至手机，分享给朋友或者发布到社交网络上。

这些硬件和软件的搭配，几乎是当下所有迷你 KTV 的标配，不过为了在竞争中获得优势，不同玩家主打的特点略有不同。

比如，友唱 M-bar 着重强调的是自己的多方位娱乐功能，包括“K 歌”、虚拟包房社交互动、游戏等。咪哒唱吧强调的是硬件上的优势，根据咪哒官网介绍，咪哒唱吧采用的是专业录音棚设备技术标准，设计了全新的整机高保真音频设备方案，选用 HIFI 级别的声卡，保证耳放话放性能达到国际平均水平，头戴式耳机和专业麦克风等，一系列技术和硬件措施都是为了提升音质。由 KTV 行业资深玩家雷石推出的 WOW(哇屋)突出的则是多年经营积累下的 KTV 运营经验，包括丰富的曲库以及多样的玩法等。

从铺设的范围来看，目前迷你 KTV 仍是一片蓝海，但可以预见，玩家们的“圈地运动”已经掀起，线下与线上的同步竞争，将为这个行业带来更多挑战以及想象。

案例分析九　医用甲壳质可吸收缝合线创业财务报告分析

一、投资分析

1. 股本结构与规模

公司注册资本 1 200 万。股本结构和规模如下：

案例分析表 9-1　股本结构和规模

股本来源 股本规模	风险投资	东华大学		设备入股
		技术入股	资金入股	
金　额	700 万元	300 万元	100 万元	100 万元
比　例	58.33%	25.00%	8.33%	8.33%

在该公司股本结构中,东华大学技术及资金入股占总股本的 33.33%,风险投资方面,公司打算引入 2~5 家风险投资共同入股,以利于筹资,化解风险,并为以后可能的上市做准备。

2. 资金来源与运用

公司初期需要外借资金 300 万元(金融机构一年期借款,利率 5.85%),用作流动资金,同时考虑到合理的负债比例,公司的资产负债比为 1∶5。

资金主要用于购建生产性固定资产(602 万元),以及生产中所需的直接原材料、直接人工、制造费用及其他各类期间费用等(498 万元)。(注:第三年追加固定资产投资 70 万元用于购买编织机等设备)

3. 投资收益与风险分析

主要假设:公司的设备、原材料供应商的信誉足够好,设备到货、安装、调试在 4~6 个月内完成,生产中能够保证产品质量;租赁厂房,选址在设施完善的浦东张江高新技术园区,付租金即可运营。投资现金流量表如下:

案例分析表 9-2 投资现金流量表 单位:万元

	初期	第一年	第二年	第三年	第四年	第五年
固定资产投资	602.00			70.00		
流动资金	498.00					
销售收入		1 000.00	3 250.00	5 750.00	7 250.00	8 750.00
变动成本		641.73	1 242.66	1 772.00	2 230.08	2 639.79
固定成本		509.55	888.00	1 294.00	1 540.00	1 836.00
税前利润	0.00	−151.28	1 119.34	2 684.00	3 479.92	4 274.21
税收		0.00	0.00	0.00	260.99	320.57
税后利润	0.00	−151.28	1 119.34	2 684.00	3 218.93	3 953.64
折旧		86.00	86.00	96.00	96.00	96.00
无形资产摊销		15.00	15.00	15.00	15.00	15.00
净现金流量	−1 100.00	−50.28	1 220.34	2 795.00	3 329.93	4 064.64

注:前半年为建设期(初期),后半年即投入生产,均记入第一个会计年度。

(1) 根据前述资料,计算得出本项目投资净现值如下:银行短期借款(1 年期)利率为 5.85%,长期借款利率为 5.92%。考虑到目前资金成本较低,以及资金的机会成本和投资的风险性等因素，i 取 10%(下同)，此时，NPV=6 760.97(万元)，远大于零。因此计算期内盈利能力很好，投资方案可行。

(2) 通过净现金流量、折现率、投资额等数据用插值法计算，投资回收期为二年零一个月，投资方案可行。

(3) 根据现金流量表计算内含报酬率得出 IRR=92%。内含报酬率达到 92%，远大于资金成本率 10%，主要因为本产品优质低价，使得销售利润率较高，而且前 5 年内市场增长性很好。

二、财务分析

1. 会计报表及附表

(1) 主要财务假设：公司设在上海市浦东张江高科技园区，被有关部门认定为高新技术企业，享受“三免三减半”的税收优惠政策。即在公司成立的前三年免征所得税，第四年至第六年所得税率为 7.5%，正常税率为 15%；存货控制采用先进先出，机器设备估计使用寿命 7 年，期末无残值，按直线折旧法计算；公司第一年不分红，第二年起按净利润的 30%分红。

(2) 利润表：

案例分析表 9-3 利 润 表

单位：万元

	第一年	第二年	第三年	第四年	第五年
一、销售收入	1 000.00	3 250.00	5 750.00	7 250.00	8 750.00
减：销售成本	393.73	650.66	666.00	770.08	875.79
销售费用	520.00	1 200.00	2 000.00	2 500.00	3 000.00
二、销售利润	86.27	1 399.34	3 084.00	3 979.92	4 874.21
减：管理费用	220.00	280.00	400.00	500.00	600.00
财务费用	17.55	0.00	0.00	0.00	0.00
三、利润总额	−151.28	1 119.34	2 684.00	3 479.92	4 274.21
减：所得税	0.00	0.00	0.00	260.99	320.57
四、净利润	−151.28	1 119.34	2 684.00	3 218.93	3 953.64

注：由于行业特殊性，本产品研发费用、销售费用(包括赠送产品和建立销售网络)远高于一般行业。

(3) 现金流量表：

案例分析表 9-4 现金流量表

单位:万元

项　　目	第一年	第二年	第三年	第四年	第五年
一、经营活动产生的现金流量					
销售商品、提供劳务收到的现金	955.00	3 216.25	5 718.50	7 234.20	8 736.30
现金流入小计	955.00	3 216.25	5 718.50	7 234.20	8 736.30
购买商品、接受劳务支付的现金	241.92	419.36	442.64	526.46	609.80
经营租赁所支付的现金	20.00	20.00	20.00	20.00	20.00
支付给职工的现金	96.00	102.00	115.00	135.50	152.00
支付的所得税	0.00	0.00	0.00	260.99	320.57
支付其他与经营活动有关的现金	728.56	1 528.63	2 383.89	2 985.12	3 590.39
现金流出小计	1 086.48	2 069.99	2 961.53	3 928.07	4 692.76
经营活动产生的现金流量净额	−131.48	1 146.26	2 756.97	3 306.13	4 043.54
二、投资活动产生的现金流量					
购建固定资产所支付的现金	602.00	0.00	70.00	0.00	0.00
投资活动产生的现金流量净额	−602.00	0.00	−70.00	0.00	0.00
三、筹资活动产生的现金流量					
吸收权益性投资所收到的现金	800.00	0.00	0.00	0.00	0.00
借款所收到的现金	300.00	0.00	0.00	0.00	0.00
现金流入小计	1 100.00	0.00	0.00	0.00	0.00
偿还借款所支付的现金	300.00	0.00	0.00	0.00	0.00
分配股利所支付的现金	0.00	290.42	805.20	965.68	1 186.09
偿付利息所支付的现金	17.55	0.00	0.00	0.00	0.00
现金流出小计	317.55	290.42	805.20	965.68	1 186.09
筹资活动产生的现金流量净额	782.45	−290.42	−805.20	−965.68	−1 186.09
四、现金及现金等价物净增加额	48.97	855.85	1 881.78	2 340.45	2 857.46

(4) 资产负债表:

案例分析表 9-5 资产负债表

单位:万元

资产	第一年	第二年	第三年	第四年	第五年	负债和所有者权益	第一年	第二年	第三年	第四年	第五年
流动资产						流动负债					
货币资金	48.97	904.82	2 786.60	5 127.05	7 984.51	应付账款	19.76	23.19	26.76	35.29	44.50
应收账款	56.25	90.00	121.50	137.30	151.00	短期借款	0.00	0.00	0.00	0.00	0.00
减:坏账准备	0.94	1.50	8.62	10.87	13.12	负债合计	19.76	23.19	26.76	35.29	44.50
应收账款净额	55.31	88.50	112.88	126.43	137.88						
存货	63.20	107.51	124.72	143.50	162.35						
流动资产合计	167.48	1 100.83	3 024.20	5 396.98	8 284.74						
固定资产											
固定资产原价	702.00	702.00	772.00	772.00	772.00						
减:累计折旧	86.00	172.00	268.00	364.00	460.00	所有者权益					
固定资产净值	616.00	530.00	504.00	408.00	312.00	实收资本	1 200.00	1 200.00	1 200.00	1 200.00	1 200.00
无形资产	300.00	300.00	300.00	300.00	300.00	盈余公积	0.00	300.00	500.00	800.00	1 000.00
减:累计摊销	15.00	30.00	45.00	60.00	75.00	未分配利润	−151.28	377.64	2 056.44	4 009.69	6 577.24
无形资产净值	285.00	270.00	255.00	240.00	225.00	所有者权益合计	1 048.72	1 877.64	3 756.44	6 009.69	8 777.24
资产合计	1 068.48	1 900.83	3 783.20	6 044.98	8 821.74	负债及权益合计	1 068.48	1 900.83	3 783.20	6 044.98	8 821.74

注:应收账款按当季销售收入的 30%定,其中 70%当季收回,剩余 30%下季收回。
坏账准备按当季应收账款发生额的 0.5%计提。
存货控制采用先进先出;机器设备估计使用寿命 7 年,期末无残值,按直线折旧法计算。
应付账款按当季材料采购额的 20%提,下季付款。

2. 会计报表分析

重要报表数据提示：

① 五年销售收入(万元):1 000.00;3 250.00;5 750.00;7 250.00;8 750.00;

② 五年净利润(万元):−151.28;1 119.34;2 684.00;3 218.93;3 953.64;

③ 达到正现金流所需时间:8 个月;

④ 达到收支平衡所需时间:14 个月。

(1) 比率及趋势分析

案例分析表 9-6

项目(%)	第一年	第二年	第三年	第四年	第五年
销售利润率	—	34.44	46.67	44.40	45.18
基本盈利能力	—	75.39	94.44	70.81	57.50
资产报酬率	—	75.39	94.44	65.50	53.19
净资产收益率	—	59.58	71.45	53.56	45.04
投资利润率	—	96.97	231.81	300.55	369.15

(2) 预计销售趋势分析

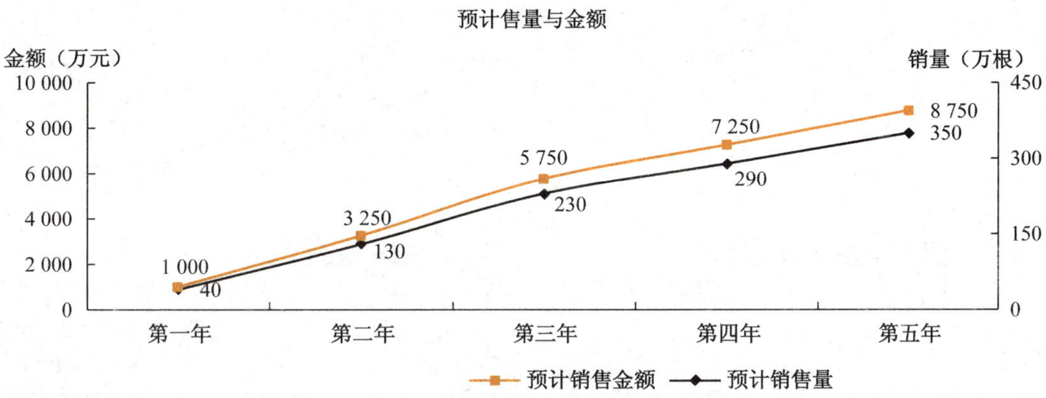

案例分析图 9-1 预计销售趋势分析

从销售趋势图可知第五年后销售量及销售收入增长趋于平缓,因而销售利润率基本保持在 45%左右。

收益表显示公司的经济利润在后三年比较高,是因为在预测和报表中使用固定预算,如果考虑弹性预算,销售收入受市场变动的影响,如竞争者加入或产品降价等,则销售利润会比预算数据低。具体考虑在风险假定与分析中。

(3) 风险假定与分析

由于在财务预测中,没有考虑弹性分析,假定产品价格定在 30 元/根(含税)的基础上,销售利润较高。变动成本占收入的 38.23%,现假设由于经济利润较高,使得潜在竞争者加入,争夺市场份额;公司经营达不到预期的销售量。这些因素都会对公司的销售收入造成比较大的影响。具体价格、销量、成本每年的可变化空间如表 7 所示：

案例分析表 9-7　风险假定下价格、销量及成本的变化趋势

		第一年	第二年	第三年	第四年	第五年
价格(元)	实际数	25.00	25.00	25.00	25.00	25.00
	临界值	28.78	16.39	13.33	13.00	12.79
销量(万根)	实际数	40.00	130.00	230.00	290.00	350.00
	临界值	46.05	85.23	122.64	150.80	179.03
变动成本(万元)	实际数	659.28	1 242.66	1 772.00	2 230.08	2 639.79
	临界值	490.45	2 362.00	4 456.00	5 710.00	6 914.00

将各因素实际数与临界值比，可见销售量每年变化到如表数据的临界点仍可以保本，达到盈亏平衡。最低售价为 12.5 元左右，变动成本允许有较大的增长。因此，公司有能力在各方面能承担一定的不确定性风险。

主要参考文献

[1] 李伟. 创新创业教程[M]. 北京:清华大学出版社,2017.

[2] 姚凤云. 创新与创业管理[M]. 北京:清华大学出版社,2017.

[3] 约翰・贝赞特. 创新与创业管理[M]. 2 版. 牛芳,译. 北京:机械工业出版社,2013.

[4] 庄文滔. 创新创业实用教程[M]. 厦门:厦门大学出版社,2016.

[5] 杰弗里・蒂蒙斯. 创业者[M]. 北京:华夏出版社,2002.

[6] 杰弗里・蒂蒙斯. 战略与商业机会[M]. 北京:华夏出版社,2002.

[7] 杰斯汀・隆内克. 创业机会[M]. 北京:华夏出版社,2002.

[8] 张玉利,李新春. 创业管理[M]. 北京:清华大学出版社,2006.

[9] 罗博特・D. 希斯瑞克. 创业学[M]. 上海:复旦大学出版社,2000.

[10] 丁栋虹. 创业管理[M]. 北京:清华大学出版社,2006.

[11] 王国红. 创业管理[M]. 大连:大连理工大学出版社,2005.

[12] 清华大学技术创新研究中心. 创新与创业管理[M]. 北京:清华大学出版社,2005.

[13] 杰弗里・蒂蒙斯. 创业学[M]. 6 版. 北京:人民邮电出版社,2005.

[14] 卢家仪. 财务管理[M]. 4 版. 北京:清华大学出版社,2016.

[15] 刘开瑞. 初级会计学[M]. 西安:陕西师范大学出版社,2016.

[16] 中国注册会计师协会. 财务成本管理[M]. 北京:中国财政经济出版社,2016.

[17] 菲利普・科特勒. 市场营销[M]. 16 版. 北京:中国人民大学出版社,2015.

反盗版举报电话 (010)58581999 58582371 58582488

反盗版举报传真 (010)82086060

反盗版举报邮箱 dd@hep.com.cn

通信地址 北京市西城区德外大街4号 高等教育出版社法律事务与版权管理部

邮政编码 100120

高等教育出版社

教学资源索取单

尊敬的老师：

您好！

感谢您使用**雷宏振**等编写的《**创新创业理论与实践**》。为便于教学，本书另配有课程相关教学资源，如贵校已选用了本书，您只要添加服务 QQ 号 800078148，或者把下表中的相关信息以电子邮件或邮寄方式发至我社即可免费获得。

我们的联系方式：

联系电话：(021)56718921/56718739　　　电子邮箱：800078148@b.qq.com

服务 QQ：800078148(教学资源)

传真：(021)56718517　　地址：上海市虹口区宝山路 848 号　　邮编：200081

<table>
<tr><td>姓　　名</td><td></td><td>性别</td><td></td><td>出生年月</td><td></td><td>专　　业</td><td></td></tr>
<tr><td>学　　校</td><td colspan="3"></td><td>学院、系</td><td></td><td>教 研 室</td><td></td></tr>
<tr><td>学校地址</td><td colspan="5"></td><td>邮　　编</td><td></td></tr>
<tr><td>职　　务</td><td colspan="3"></td><td>职　　称</td><td></td><td>办公电话</td><td></td></tr>
<tr><td>E-mail</td><td colspan="5"></td><td>手　　机</td><td></td></tr>
<tr><td>通信地址</td><td colspan="5"></td><td>邮　　编</td><td></td></tr>
<tr><td>本书使用情况</td><td colspan="7">用于________学时教学，每学年使用________册。</td></tr>
</table>

您对本书有什么意见和建议？

您还希望从我社获得哪些服务？

□ 教师培训　　　　□ 教学研讨活动

□ 寄送样书　　　　□ 相关图书出版信息

□ 其他____